Moje dziecko cz.II

Dorota Zawadzka

w rozmowach z Ireną A. Stanisławską

Moje dziecko cz. II

Jak mądrze kochać
i dobrze wychowywać dzieci
w wieku szkolnym

Wydawnictwo Czarna Owca

Warszawa 2010

Redakcja
Grażyna Mastalerz

Korekta
Bogusława Jędrasik

Projekt okładki
Magda Kuc

Skład i łamanie
Paulina Labus
Marcin Labus

Text © **Dorota Zawadzka**, **Irena A. Stanisławska**, 2010

Wydanie I

Wydawnictwo Czarna Owca Sp. z o.o.
(dawniej Jacek Santorski & Co Agencja Wydawnicza)
ul. Alzacka 15a, 03-972 Warszawa
e-mail: wydawnictwo@czarnaowca.pl
Dział handlowy: tel. (022) 616 29 36, 616 29 28
tel./fax (022) 433 51 51

Zapraszamy do naszego sklepu internetowego:
www.czarnaowca.pl

Druk i oprawa
Łódzkie Zakłady Graficzne
Książka została wydrukowana na papierze ALTO 80 g/m², vol. 1,5
dystrybuowanym przez:

91-202 Łódź, ul. Warecka 3A,
Tel. (42) 612 35 00, faks (42) 612 35 81
www.panta.com.pl

ISBN
978-83-7554-248-6

Spis treści

1. MOJE DZIECKO IDZIE DO SZKOŁY

Jeszcze nie tak dawno dzieci rozpoczynały edukację, gdy miały siedem lat. Teraz już w wieku sześciu. A za chwilę zaczniemy wysyłać do szkoły pięciolatki. Czy istnieje wiek, w którym najlepiej rozpocząć naukę?

Dziecko może rozpocząć naukę w szkole wtedy, kiedy jest na to gotowe. To po pierwsze. Po drugie – musi iść do szkoły wtedy, kiedy zaczyna go obejmować obowiązek szkolny, czyli od szóstego czy siódmego roku życia. I po trzecie – mówiąc trochę przewrotnie, ale to też jest ważne – dziecko może pójść do szkoły wtedy, kiedy gotowi są na to jego rodzice. Rozumiem przez to, że są gotowi wypuścić swoje maleństwo między ludzi, w ten, jak często myślą, okrutny świat. Bywa, że rodzicom wydaje się, że dziecko może pójść do szkoły wtedy, gdy już umie czytać, pisać i liczyć. Nauczyciele, pedagodzy, psychologowie i ja razem z nimi bijemy na alarm. Te umiejętności dziecko ma zdobyć w szkole! Powinno natomiast w tym wieku być usprawnione grafomotorycznie, to znaczy mieć skoordynowane oczy z rękami – umieć rysować w linijkach, wycinać nożyczkami, odwzorowywać pewne kształty. Kiedy w szkole nauczycielka będzie kazała napisać jedną z trudniejszych literek – małe „f" – takie dziecko sobie poradzi.
Pamiętasz, jak chodziłyśmy do szkoły i rysowało się szlaczki? Te zygzaki, kwiatuszki, kropeczki uczyły właśnie tego. Koordynacji ręki

i oka. Tylko temu służyły. Dzieci teraz i wtedy lubiły rysować i nikt nie marudził, że trzeba robić szlaczki. Rywalizowaliśmy, czyj szlaczek ładniejszy. Ja, żeby było ładniej, robiłam aż trzy, jeden pod drugim. Gdybyś jako nauczycielka poprosiła dzieci, aby narysowały dziesięć różnych szlaczków, zobaczyłabyś, z jakim zaangażowaniem pracują, ale już napisanie dziesięć razy litery „A" jest dla nich nudne.

W pojęciu dojrzałość szkolna mieści się wiele rzeczy. Dziecko musi posiąść bardzo dużo umiejętności. Przede wszystkim samowiedzę na temat odczuć własnych i cudzych oraz tego, jak sobie z nimi radzić. To dla małego człowieka ogromna wiedza. Powinno ją nabyć w domu. Co to znaczy: jestem rozżalony? Co to znaczy: jestem zdenerwowany? Jestem smutny? Kiedy jestem wściekły? Kiedy jestem zadowolony? Dziecko musi się tego przed pójściem do szkoły nauczyć, by mieć świadomość, że kiedy nauczycielka krzyczy (czego robić nie powinna), to nie znaczy, że krzyczy na nie, tylko – co często tłumaczę rodzicom – krzyczy do dzieci, ponieważ nie ma innego narzędzia, żeby zwrócić na siebie uwagę. To pierwsza rzecz. Kolejna to inteligencja emocjonalna. Dziecko musi wiedzieć, jak sobie radzić w grupie – co może powiedzieć, a czego absolutnie powiedzieć nie wolno, co nie jest dobrze widziane, jak powinno się zachowywać wśród rówieśników, że ktoś może mu powiedzieć: „Nie chcę z tobą siedzieć w jednej ławce. Nie chcę z tobą stać w parze. Nie chcę z tobą ćwiczyć", jak się zachować, gdy ktoś mu sprawi przykrość, co ma zrobić, gdy ktoś się na nie obrazi. Również te umiejętności dziecko powinno wyćwiczyć w domu lub przedszkolu. Ale czasami dzieci ich nie mają i wtedy w szkole jest im znacznie trudniej.

Następna rzecz, której dziecko musi się nauczyć, zanim pójdzie do szkoły, to skupianie uwagi, koncentracja. Nie spodziewajmy się jednak, że sześciolatek będzie skoncentrowany bez przerwy czterdzieści czy dwadzieścia minut! Zazwyczaj wytrzymuje pięć minut, może siedem, w porywach dwanaście. Tyle właśnie możemy oczekiwać od dziecka w tym wieku. Stopniowe wydłużanie tego czasu jest już obowiązkiem szkoły. Często tłumaczę matkom: „Jeżeli pani dziecko się bawi i jest w zabawę całkowicie zaangażowane, to nie wolno mu jej nagle przerywać, mówiąc na przykład: – Chodź na obiad! – Wyrzuć śmieci! – Teraz mamusia chce się z tobą poprzytulać!" i tak dalej. Nie należy tego robić dlatego, że w ten sposób uczymy dziecko, że to, co ono robi, jest dla nas nieważne, a równocześnie uczymy, że nie trzeba kończyć tego, co się zaczęło, że nie musi się na niczym koncentrować. Jeżeli chcemy, żeby dziecko potrafiło skupić uwagę, to musimy mu pozwalać kończyć różne rzeczy we własnym tempie. Dla dziecka zabawa jest pracą, więc gdy się bawi, pozwólmy mu na to. Możemy oczywiście powiedzieć: „Za dziesięć minut skończ, to pójdziemy na spacer" lub „Za dziesięć minut siadamy do obiadu". Wtedy dziecko zbuduje w głowie scenariusz, zastanowi się, jak skończyć to, co robi. Nie wolno również dziecku przerywać, kiedy ogląda bajkę, ponieważ skończy się na tym, że będzie czytać szkolną czytankę i przerywać w połowie, bo przecież każdą czynność można w każdej chwili przerwać.

Kolejna umiejętność, jaką dziecko musi opanować to samoobsługa. To coś, czego nie jestem w stanie wytłumaczyć mamusiom, babciom, ojcom – że dziecko bardzo wiele rzeczy musi umieć zrobić samodzielnie. Nie mówię tu o korzystaniu z nocnika, ale o tym, że dziecko musi pamiętać, że po skorzystaniu z toalety czy przed posiłkiem musi umyć ręce, bo mamusi nie będzie w szkole i nikt nie będzie tego pilnował. Dziecko musi mieć odruch, nawyk, choćby spuszczania wody w ubikacji. Chociaż znam domy, w których robią to za dziecko mamusie.

Ale to chyba nie dotyczy dziecka sześcioletniego?

Znam takie przypadki mam dziesięciolatków! Takiemu dziecku się wydaje, że gdy zrobi kupę, reszta już do niego nie należy – mamusia spuszcza wodę, myje mu rączki, a potem jeszcze je dezynfekuje. Nic dziwnego, że gdy korzysta ze szkolnej toalety, wychodzi i uważa, że ktoś spuści po nim wodę (z myciem rączek będzie kłopot, bo go już w łazience nie ma). Takich rzeczy też musimy dziecko nauczyć, zanim je poślemy do szkoły. Dziecko musi umieć samo się rozebrać, spakować i rozpakować tornister, pilnować swoich rzeczy. Z punktu widzenia sześcio- czy siedmiolatka to bardzo trudne rzeczy.

Popatrz, a ja nigdy w ten sposób nie pomyślałam! Do głowy mi nie przyszło zastanowić się, czy moja córka będzie umiała spakować tornister i czy zabierze do domu wszystkie ołówki.

Dlaczego jej tego nie uczyłaś?

Widziałam ją w sytuacjach domowych, podwórkowych, jak pilnuje swoich zabawek, i uważałam, że jest na tyle samodzielna, że sobie z tym poradzi.

Być może są dzieci, które to potrafią, i matki, które mają co do tego pewność, ale pamiętaj, że pójście do szkoły jest dla dziecka zupełnie nową sytuacją – dochodzi stres, inne dzieci i tysiące drobiazgów, o których dziecko musi pamiętać (gumka, klej, linijka, ołówek, flamastry, kredki). Tych nowych elementów jest strasznie dużo.

To znaczy, że rodzic na początku powinien pomagać w pakowaniu tornistra?

Rodzic na ogół kupuje dziecku piórnik na tydzień przed pójściem do szkoły i nie pozwala go dotknąć. Kupmy sporo wcześniej (może nawet dwa takie same) i uczmy dziecko, co ma być gdzie i jak włożone. Dziecko bawi się tym piórnikiem w domu i potem, idąc do szkoły, wie, że we wszystkich przegródkach musi coś być, a jeżeli za jakąś gumką nic nie ma, to znaczy, że czegoś brakuje.

Już w zerówce dzieci muszą mieć książeczkę, ołówek, długopis. Wtedy uczymy je, co danego dnia powinno się znaleźć w tornistrze. W ten sposób ćwiczymy umiejętność, która zaprocentuje za rok. Niestety rodzice nie myślą perspektywicznie: że jeżeli czegoś nauczą dziecko dzisiaj, to będzie mu łatwiej w przyszłości. Nie możemy tej nauki zaczynać dopiero wtedy, gdy dziecko idzie do szkoły.

A czy to nie zerówka ma uczyć takich rzeczy?

Cały problem polega właśnie na tym, że na początku matki wiedzą o wychowaniu dziecka wszystko, o karmieniu, piramidzie żywieniowej, potrzebach, a potem jest coraz gorzej. Od narodzin do pierwszych urodzin są mistrzyniami świata, do trzech lat – dobrymi specjalistkami, do sześciu lat – jeszcze sobie radzą, a gdy dziecko idzie do szkoły, to nagle się okazuje, że nie wiedzą, co powinno jeść dziecko w tym wieku, jak się powinno ubierać, zachowywać. Zrzucają ciężar odpowiedzialności na przedszkole, na zerówkę, a potem na szkołę: „Bo szkoła wychowa, szkoła nauczy, szkoła to zrobi". Otóż nie. Dziecko ma przyjść do szkoły z pewnymi umiejętnościami. W jej statucie jest wyraźnie napisane, że szkoła ma wspomagać system wychowawczy rodziny, a nie go zastępować albo jak w wielu znanych mi przypadkach – ten system wręcz stworzyć. Nie może być tak, że dziecko przychodzi do szkoły czy przedszkola i dopiero się uczy, że należy powiedzieć dzień dobry, do widzenia, dziękuję. Rodzice uważają, że wychowawczynie w przedszkolu nauczą dziecko zwrotów grzecznościowych, pokażą, jak jeść nożem i widelcem, ba – nauczą nawet korzystać z nocnika! Przedszkole nie jest od tego. Zawsze powtarzam, że miejscem, w którym wychowuje się człowiek, jest dom rodzinny, mama, tata, babcia, ciocia, rodzeństwo, a przedszkole powinno dać dziecku to, czego nie może mu dać dom, czyli relacje z rówieśnikami. Powinno również wzmacniać poczucie sprawstwa: mam wpływ na pewne rzeczy, daję sobie radę, umiem, i wzmacniać to, czego dziecko nauczyło się w domu. Przedszkole i szkoła nigdy nie zastąpią rodzinnego domu.

Rodzice powinni również przygotować dziecko do zmian, jakie zajdą w jego życiu, kiedy pójdzie do szkoły: nie będzie mogło spać, do której chce, będzie musiało sprawniej jeść śniadanie, samodzielnie się ubierać i rozbierać, nie będzie mogło się położyć na podłodze, na łóżeczku ani wisieć głową w dół, tylko będzie musiało dosyć długo siedzieć w ławce bez ruchu. Oczywiście w młodszych klasach nauczyciele pozwalają chodzić, robią przerwy, inicjują gimnastykę między lekcjami, po to, by dziecko nie przeżyło szoku, ponieważ siedzenie w jednym miejscu jest dla dzieci najtrudniejsze. Mało tego – w szkole nie można mówić! A dla dziecka w tym wieku to nienaturalne, bo ono nieustannie biega i gada. Rodzice muszą pokazać, że nie tylko można wysiedzieć w jednym miejscu, ale też robić w tym czasie całkiem fajne rzeczy.

A jak mam to zrobić?

Kiedy jesz z dzieckiem posiłek, ono wie, że wtedy zawsze siedzi przy stole, że nikt nie biega za nim z łyżeczką po całym mieszkaniu. Że kiedy skończy jeść, a my jeszcze nie, to w normalnym, cywilizowanym domu powinno siedzieć tak długo, aż mu się pozwoli odejść. Przecież dziecko może wysiedzieć przed telewizorem nawet sześć godzin. To znaczy, że potrafi!

Ale oglądanie telewizji to dla niego przyjemność, a przy stole siedzi, bo musi!

W takim razie wykorzystajmy przyjemność z oglądania telewizji i potraktujmy to jak lekcję. Powiedzmy: „Teraz siadasz na krzesełku przed telewizorem i oglądasz telewizję tak, jakbyś był w szkole". A kiedy wykona polecenie, chwalimy: „Brawo! Wytrzymałeś dwadzieścia minut. Całą lekcję". Możemy tego uczyć, jadąc tramwajem albo pociągiem. W kinie – siedzimy! W pociągu siedzimy! Kiedy podróżuję pociągami, z przerażeniem patrzę na matki, których dzieci nie potrafią wysiedzieć dwudziestu minut. Dzieci wdrapują się na półki, biegają po korytarzu. Wiem, że dzieci w tym wieku są ruchliwe, ale nie wszędzie można biegać, choćby dla własnego bezpieczeństwa (na fotelu dentystycznym trzeba siedzieć bez ruchu, u fryzjera również). Tę umiejętność musi posiąść każde dziecko. I trzeba ją wyćwiczyć. U babci na imieninach też się siedzi. Nie mówię, że ma siedzieć tak długo jak dorośli, ale kilkanaście minut przy stole może wytrzymać, i to my mówimy, kiedy ma wstać. Trening zaczynamy od dwóch minut, potem wydłużamy do pięciu, do dwudziestu. A kiedy dziecko tych kilka minut spokojnie wytrzyma, chwalimy: „Ale jesteś dzielny! Dasz radę w szkole!".

Czy powinniśmy przeprowadzić z dzieckiem taką rozmowę: „Za pół roku pójdziesz do szkoły i będziesz miał więcej obowiązków, ale dzięki temu, że do niej pójdziesz, poznasz nowych kolegów, dowiesz się, jak jest zbudowany samolot..."?

Gdybyś była moją mamą i tak powiedziała, broniłabym się przed pójściem do szkoły rękami i nogami! Rozmowa na temat szkoły powinna trochę przypominać rozmowę o wycieczce zagranicznej, kiedy z entuzjazmem opowiadasz: „Pojedziemy do Hiszpanii i będziemy mieszkać we wspaniałym hotelu! Będziemy codziennie chodzić na plażę i pływać w tak czystej wodzie, że będziesz mógł oglądać ryby! Nauczysz się nurkować!". Oczywiście możesz też powiedzieć: „Pojedziemy do Hiszpanii. Na pewno będzie lało, hotel będzie daleko od morza, wydamy kupę pieniędzy i jak zwykle wakacje będą nieudane".

Musimy dziecku przedstawić szkołę jako superatrakcję, bo nie wszystkie dzieci cieszą się na myśl, że będą musiały do niej chodzić.

Większość dzieci chce chodzić do szkoły. Powiedziałabym, że rodzic powinien skupić się raczej na tym, by dziecku jej nie obrzydzić, niż je specjalnie zachęcać. A rodzice mówią różne rzeczy: „Jeśli będziesz się tak zachowywał w szkole, to nikt cię nie będzie lubił! W szkole, jak będziesz niegrzeczny, to pani postawi cię do kąta!".
Nie wolno przekazywać własnych złych doświadczeń, własnych frustracji, lęków, obaw. Pracowałam z mamą, która mówiła: „Ja nienawidziłam szkoły! Mnie zamykano w szafie! Jego też pewnie będą zamykać!".

Dziecku chyba tego nie powiedziała?

Powiedziała! To była jedna z pierwszych rzeczy, jaką mu powiedziała o szkole! Niestety wielu rodziców ma problem z własnymi emocjami.

A jednym z objawów dojrzałości szkolnej dziecka jest umiejętność radzenia sobie z emocjami! Myślę, że tego najtrudniej się nauczyć. Czy możesz powiedzieć, jak to się robi?

Musimy się troszkę cofnąć, bo zacząć należy w okolicach drugiego roku życia. Małe dziecko płacze, denerwuje się, złości, ale nie wie, co się z nim dzieje. Powinni mu to wytłumaczyć rodzice. Kiedy dziecko rzuca się na ziemię, mówimy: „Teraz się złościsz". I mówimy, z jakiego powodu to robi. Nazywamy to, co się z nim dzieje: „Teraz jesteś smutny. Teraz jest ci przykro. Teraz jesteś wesoły, jesteś szczęśliwy". Nazywamy też swoje emocje i emocje ludzi, których widzimy w telewizji, w parku, na ulicy. Ćwiczymy z dzieckiem przy każdej okazji. Robimy miny i pytamy: „Jeśli ktoś tak strasznie marszczy czoło, co to może oznaczać?". Dziecko mówi: „Jest zły". „A jak myślisz, dlaczego? A teraz? Czy ten pan jest smutny, czy wesoły?"… Tak rozmawiamy o emocjach. A kiedy dziecko już się nauczy, że są różne emocje, że różnie się je wyraża, możemy uczyć je na tych emocjach pracować, czyli jeżeli jesteś zły, jak masz sobie ze złością poradzić. Tłumaczymy, że nie wolno bić młodszego brata, szarpać psa za ogon, rzucać przedmiotami, że trzeba na przykład stać i tupać, albo krzyczeć, albo podskoczyć sto razy, albo drzeć papier, albo walić pięściami w poduszkę. Ćwiczymy to z dzieckiem, a ono znajduje najlepszy dla siebie sposób rozładowywania emocji. I nie bije już młodszego brata ani psa. To nauka i trening. Na tym również polega wychowanie. Ale nie trzeba robić z domu szkoły. To są codzienne sytuacje. Najgorszą rzeczą, jaką może robić rodzic, jest dostarczanie dziecku sprzecznych informacji: na przykład matka spazmatycznie płacze, dziecko pyta: „Co ci się stało, mamusiu?", a ona odpowiada przez łzy: „Nic, synku. Wszystko w porządku. Jestem taka szczęśliwa". W ten sposób wyrządza dziecku krzywdę. Widząc płaczącą osobę, nie zwróci na nią uwagi. Uzna, że jest szczęśliwa. Albo mamusia czy tatuś biją dziecko, po czym je przytulają i mówią, że jest dla nich najważniejsze na świecie i kochają je miłością bezgraniczną. Wysyłają sprzeczne komunikaty: uczą, że aby doświadczyć miłości, trzeba najpierw albo zadać ból, albo go doznać samemu. Dziecko zapamięta: „Żeby mnie ktoś kochał, muszę albo go zbić, albo od niego dostać lanie". Będzie to robiło i tylko wtedy będzie się dobrze czuło. Pamiętajmy również, że jeśli chcemy dziecko czegoś nauczyć, przede wszystkim nie możemy go oszukiwać. Dzieci są bardzo wrażliwe na kłamstwo. Żadne dziecko nie rodzi się z umiejętnością kłamania. Żadne.

Gdy rozmawiam o tym z rodzicami, mówią: „Ale takie ćwiczenia z dzieckiem pochłaniają mnóstwo czasu!". A ja pytam: „Kogo chcesz wychować?". I słyszę: „Dziecko". To błąd! My nie wychowujemy dziecka. My wychowujemy człowieka.

Powiedziałaś, że z dojrzałością szkolną wiąże się gotowość rodziców, by wypuścić dziecko z domu. A przecież już je wypuścili – do przedszkola.

Przedszkole kojarzy się wszystkim – rodzicom, ciociom, babciom – raczej z funkcją opiekuńczo-wychowawczą. Raczej z zabawą – zresztą okres do szóstego roku życia nazywa się w psychologii czasem zabawy. Rodzice wiedzą, że w przedszkolu nie będą za dużo od dziecka wymagać. Musi być grzeczne, musi zjadać posiłki, spać podczas leżakowania i mogłoby się trochę samo ubierać. Koniec. Natomiast gdy zaczyna się zerówka i szkoła, zaczynają się konkretne wymagania: dziecko ma odrabiać lekcje i rodzicom dochodzą dodatkowe obowiązki. Nie znam matki, która w zerówce czy pierwszej klasie nie odrabia z dzieckiem lekcji, która nie rysuje za dziecko szlaczków (lub ich nie poprawia), która nie siedzi z dzieckiem, kiedy ono odrabia lekcje, która nie przepytuje, która nie kupuje piętnastu innych podręczników i najlepszych kredek, bo takimi się lepiej rysuje.

Ale nawet gdybyśmy tak nie wariowali, musisz przyznać, że w szkole trzeba dziecku poświęcić zdecydowanie więcej czasu niż wtedy, gdy chodzi do przedszkola. Choćby z tej prostej przyczyny, że do przedszkola dziecko szło na siódmą czy ósmą i pozostawało pod opieką do szesnastej lub siedemnastej. Wracało do domu, telewizja, kolacja, czytanie książeczek. I szło spać. Kiedy dziecko idzie do szkoły, nie zawsze jest w niej świetlica. Wtedy musimy je odebrać o dwunastej, co wiąże się z koniecznością zorganizowania pomocy: babci, cioci lub niani. Co chwila musimy kupić blok, kredki, plastelinę czy farby, no i odrobić pracę domową, przeczytać z dzieckiem czytankę. Musisz dopilnować, żeby odrobiło lekcje, bo strasznie ci zależy. Matki uważają, że dziecko jest ich wizytówką. To matka świeci oczami, gdy dziecko czegoś nie zrobi. Do głowy jej nie przyjdzie, że oczami powinien świecić ten, kto się nie wywiązał. „Moje dziecko nie będzie umiało dodawać?!". Więc je katują: „No, ile jest dwa plus dwa?! Powiedz, ile jest dwa plus dwa?!". I tak cały wieczór. Przez pierwszy rok czy półtora matki jeszcze pchają ten wózek, a potem odpuszczają. Bardzo często w okolicach trzeciej, czwartej klasy zaczynają się szkolne problemy, bo matce się już nie chce, nie ma siły i w końcu wypala: „Teraz sam się zajmuj swoją szkołą!".

Dochodzi chyba jeszcze jeden obowiązek – chodzenie na wywiadówki.

Rodzic ma obowiązek (ja zawsze mówiłam przewrotnie, że jest to prawo rodzica) uczestniczyć w życiu szkoły. Chodzi nie tylko o wywiadówki, lecz także o rozpoczęcie roku szkolnego. Rodzic powinien być na rozpoczęciu roku i na jego zakończeniu, nie tylko w pierwszej, drugiej i trzeciej klasie, lecz przez całą podstawówkę. Każdy rodzic. Nie tylko ten, którego dziecko odbiera świadectwo z biało-czerwonym paskiem.

Dlaczego?

Dlatego że to bardzo ważne dla dziecka. Ktoś mówi: „Ale moje dziecko tego nie chce!". Może nie chce, ponieważ byłabyś jedynym rodzicem albo dlatego że tak naprawdę wcale się nim nie interesujesz i tylko chcesz się pochwalić, albo dlatego że jesteś wściekła, że masz pójść: „No dobrze, pójdę! Wezmę wolny dzień, żeby ci zrobić przyjemność!". Początek roku szkolnego zawsze jest dla dziecka ważny i stresujący, bo chociaż w drugiej, trzeciej czy piątej klasie zna już dzieci, jest to moment, kiedy poznaje nowe nauczycielki, nową klasę. Oczywiście nie musimy go prowadzić do szkoły za rękę. Chodzi po prostu o to, żeby miało świadomość, że z nim jesteśmy. Moim zdaniem to dobry zwyczaj. Rozumiem, że dzieci nie chcą, bo często robimy z nich starych malutkich: „Nie pójdę na zakończenie roku, przecież moja córka ma już dwanaście lat. Jest już prawie dorosła!". A to jest wytłumaczenie mamusi, której się po prostu iść nie chce.

Ale nie ma zwyczaju, by dwunastoletnim dzieciom na rozpoczęciu i zakończeniu roku towarzyszyli rodzice.

Ale kiedyś był. Ja byłam prawie na wszystkich rozpoczęciach i zakończeniach roku moich synów, w gimnazjum i liceum. Zdarzało się, że wraz z mężem byliśmy jedynymi rodzicami. Zawsze pytałam synów, czy chcą, żebyśmy byli. I odpowiadali: „Tak". „Ale zdajecie sobie sprawę, że znów będziemy jedyni?". „Nie szkodzi".
Dlaczego w prywatnych szkołach rodzice uczestniczą w rozpoczęciu i zakończeniu roku? Dlaczego im na tym zależy? Początek i koniec roku to święto. Uważam, że należy wrócić do tych starodawnych, niech będzie komunistycznych zwyczajów i być wtedy z dzieckiem. Bo tu nie chodzi o to, ile dziecko ma lat. Tu chodzi o emocje, jakich doświadcza.
To pierwsza rzecz. Druga rzecz – kompletnie nie rozumiem, jak można nie chodzić na wywiadówki! Mamy na nie chodzić, mamy obowiązek kontaktować się z nauczycielem, mało tego – według mnie

zdecydowanie powinniśmy poznać wszystkich nauczycieli, którzy uczą nasze dziecko w starszych klasach. Znam wielu rodziców, którzy nie wiedzą, kto uczy ich dziecko, nie wiedzą nawet, jak wygląda. Powiedz mi, jak możemy rozmawiać z dzieckiem o jego relacji z nauczycielką, skoro nie spojrzeliśmy jej w oczy, nie porozmawialiśmy chwilę i nie mamy na jej temat zdania? Ja miałam taki zwyczaj, że chodziłam do wszystkich nauczycieli. Przedstawiałam się, mówiłam, czyją jestem mamą i przyglądałam, jaka relacja łączy ich z moim dzieckiem. I potem, gdy jeden czy drugi syn przychodził ze szkoły ze skargą: „Bo pani niesłusznie na nas krzyczała!", mówiłam: „W przypadku tej pani to niemożliwe!". Zaczynaliśmy rozmawiać i okazywało się, że prawda leży pośrodku. Albo któryś narzekał: „Pani jest niesprawiedliwa!", a ja myślałam: „Faktycznie, ta pani może taka być". Bo wiedziałam, jakim jest człowiekiem, bo na początku roku zadałam sobie trud, żeby ją poznać. A poza tym rozmawiałam z dziećmi o nauczycielach, pytałam, co o nich sądzą, czy ich lubią. Nigdy nie pytałam, czy nauczyciel jest mądry, nigdy nie kwestionowałam jego wiedzy. To też jest bardzo ważne, to też jest obowiązek rodzica. Rodzicom nie wolno mówić: „Bo ta pani jest głupia!". Kiedy coś takiego słyszę, włosy stają mi dęba na głowie.

A jeśli rzeczywiście taka jest?

Wtedy musimy z panią porozmawiać w cztery oczy. Nie wolno takich spraw załatwiać przy dziecku. Ja też miałam z tym problemy. Kiedy mój syn miał zastrzeżenia co do wiedzy pani nauczycielki, tłumaczyłam, że nauczyciel też jest człowiekiem i może popełniać błędy. A potem szłam do pani i wyjaśniałam: „Nie może pani mówić som, robiom, skaczom, ponieważ to nie jest po polsku" albo „Nie mówi się perjoratywnie tylko pejoratywnie". Co z tym zrobiła nauczycielka, czy mnie lubiła, czy nie, to już inna sprawa, ale nie wysyłałam z tym dziecka. Oczywiście zdaję sobie sprawę, że inteligentne dziecko bardzo szybko się zorientuje, że jego pani niewiele wie, że jest nieprzygotowana do lekcji albo że jej się nie chce tych lekcji prowadzić lub że nie lubi dzieci. I powinniśmy o tym z dzieckiem rozmawiać, ale nigdy nie wolno nam przy dziecku podważać autorytetu nauczyciela. Powinniśmy pokazać nauczyciela jako człowieka, który ma prawo popełniać błędy, ma prawo czegoś nie wiedzieć, ale na pewno robi wszystko, żeby dobrze nauczyć, żeby dobrze pracować.

Ośmioletnie dziecko nie wie, czy mówi się perjoratywny, czy pejoratywny, ale może wiedzieć, że dobrze napisało klasówkę, a dostało dwóję. Przychodzi do ciebie rozżalone. Czytasz klasówkę i widzisz, że ocena jest ewidentnie niesprawiedliwa. Co wtedy robisz?

Rozmawiam o tym z dzieckiem. Mówię, że być może pani była zmęczona i się po prostu pomyliła. Wyobraźmy sobie, że to się zdarzyło pierwszy raz. Czytam klasówkę i widzę, że nauczycielka popełniła błędy, że nie sprawdziła uważnie, że oceniła niesprawiedliwie i zaniżyła stopień, bo na przykład nie policzyła trzech punktów, więc staram się ją przed dzieckiem wytłumaczyć: „Pani się pomyliła i źle dodała. Pójdę i zapytam, o co chodzi". Idę z klasówką do nauczycielki, nie robię jej awantury, ponieważ nie chcę podważać jej autorytetu, tylko proszę grzecznie, żeby zwróciła uwagę, bo moim zdaniem chyba się pomyliła. Jeżeli zrobię to tak, żeby nie poczuła się upokorzona, obrażona, wyśmiana, to powinna – i pewnie w większości przypadków tak się dzieje – powiedzieć: „Rzeczywiście. Gdzie ja miałam głowę! Przepraszam. Rzeczywiście są trzy punkty więcej i należy się czwórka". I następnym razem już będzie bardzo uważać. Najgorzej jest wtedy, kiedy sytuacja się powtarza, czyli mamy następną klasówkę, dziecko przychodzi i mówi: „Pani znowu mnie źle oceniła!". Wtedy idziemy do pani i pytamy, o co chodzi, bo to nie jest zbieg okoliczności, że drugi raz się pomyliła. Czy nie lubi naszego dziecka? Czy nasze dziecko jest głupie? Czy się nie nauczyło? Niech nauczycielka wyjaśni, na czym polega problem. Kiedy mój starszy syn był w piątej klasie, bardzo się interesował biologią (teraz ten przedmiot nazywa się przyroda), lecz niestety raczej tym, czego nie było w podręczniku, i niespecjalnie przykładał się do nauki. Pamiętam pewną kartkówkę: trzeba było odpowiedzieć na trzy pytania dotyczące tasiemców. On przy każdym pytaniu napisał „nie wiem", bo nie miał pojęcia o układzie pokarmowym tasiemca. Rozpisał się natomiast o rodzajach tasiemców, o tym, jak żyją, jak się rozmnażają. Przyszedł do mnie z tą kartkówką, rozżalony, zapłakany, bo pani postawiła mu dwie dwóje: jedną za brak prawidłowych odpowiedzi na zadane pytania, drugą za to, co napisał. Przekreśliła to i napisała: „Nie na temat!". Nie rozumiał dlaczego. Ja również. Oczywiście poszłam do nauczycielki i powiedziałam: „Przyjęłam do wiadomości, że syn dostał dwójkę z kartkówki, bo nie znał odpowiedzi na pytania, i jeśli o to chodzi, zgadzam się z panią w stu procentach. Ale karanie dziecka za to, że wie więcej, jest niesprawiedliwe". Uważam, że nauczycielka albo w ogóle nie powinna oceniać dodatkowej wypowiedzi, albo, jeśli już chciała, powinna zrobić to uczciwie. Mogła to przekreślić, napisać: „Świetnie, że się interesujesz biologią, ale naucz się szczegółów na klasówkę". To byłaby dla dziecka informacja, że widzi, że ma większą wiedzę, tyle że powinien znać również te zagadnienia, które są w podręczniku. A efekt był taki, że mój syn stwierdził: „To po co mam wiedzieć więcej?! Moje więcej w ogóle się nie przydaje!" (był w tym wieku, kiedy uczył się dla stopni, nie dla siebie). W takiej sytuacji obowiązkiem rodzica jest stanąć po stronie dziecka. Nie robimy jednak w szkole awantury, bo w ten sposób niczego nie załatwimy. Musimy dyskutować na argumenty: „Wydaje mi się, że pani niesprawiedliwie traktuje moje dziecko. Wydaje mi się, że pani uprzedziła się do mojego dziecka" (tu ważna informacja: nie mówimy „uważam" tylko „wydaje mi się"). W ten sposób dajemy nauczycielowi szansę. Może powiedzieć: „Ale pani dziecko przeszkadza na lekcjach!". „To, że przeszkadza na lekcjach to inna sprawa. Na razie rozmawiamy o tym, co umie". I mądry nauczyciel (a naprawdę nie jest tak, że wszyscy nauczyciele są głupi) potrafi przyjąć dobre argumenty. Może w obawie, że po kolejnej klasówce przyjdziemy znowu, pracę naszego dziecka i oczywiście innych też sprawdzi uważniej?

W pierwszej klasie dziecko pisze literki i przychodzi do domu rozżalone, że tak idealnie napisało okrąglutkie „o", a pani tego nie zauważyła. A Zosia napisała krzywo, nie dociągnęła do linii i pani ją pochwaliła. Co zrobić w sytuacji, kiedy moje dziecko uważa, że inne jest faworyzowane?

To, które dziecko napisało lepiej, a które gorzej, ocenia nauczyciel. Dziecku może się wydawać, że zrobiło to świetnie, bo pierwsze trzy literki wyszły mu okrąglutkie, a że potem już mu się nie chciało skupić i reszta wyszła koślawa... A Zosia cały czas wkładała w pisanie całe serce, a że jest mniej sprawna manualnie, wyszło jak wyszło.
W młodszych klasach szkoły podstawowej stopnie zostały zastąpione oceną opisową, między innymi po to, by dzieci przestały się ze sobą porównywać. W skrócie chodzi o to, że dziecko nie jest porównywane z innym dzieckiem, oceniane są jego indywidualne postępy. Kiedy mój syn skończył drugą klasę, na zakończeniu roku szkolnego stanęła koło mnie mama chłopca, który miał ogromne problemy z nauką. Zajrzała mi przez ramię w świadectwo, które trzymałam, i z radością

stwierdziła: „O, widzę, że nasi chłopcy uczą się tak samo!". Ogarnął mnie blady strach. Zaglądam w świadectwo jej syna i co widzę? U mojego jest napisane: „Uczeń dodaje i odejmuje w zakresie tysiąca", a u jej „Dodaje i odejmuje w zakresie stu"; u mojego „Mnoży i dzieli biegle w zakresie stu", u jej „Mnoży i dzieli w zakresie dziesięciu". Obaj chłopcy zostali ocenieni bardzo dobrze, tyle tylko że każdy na miarę swoich możliwości. Mnie nie przyszło do głowy, żeby sprawdzać, jak mój syn wypadł na tle innych dzieci. Mnie interesują tylko jego umiejętności, ale rodzice są przyzwyczajeni do porównywania. Niestety robią to też dzieci. Musimy dziecku wytłumaczyć, że żaden człowiek nie jest bardzo dobry we wszystkim: jedno dziecko lepiej pisze, inne lepiej liczy, ktoś lepiej rysuje, a ty lepiej tańczysz, ktoś szybciej biega, a ty lepiej skaczesz, ktoś jest wyższy, a ty niższy, ktoś ma krótkie włosy, a ty długie. Ludzie się różnią. A rodzice niestety mają tendencję do wpajania dzieciom przekonania, że są najlepsze we wszystkim.

Rozumiem. Ale jeśli któreś z dzieci jest ewidentnie faworyzowane?

A skąd możesz to wiedzieć? Robisz awanturę nauczycielce, twierdzisz, że twoja córka ładnie pisze literki, a ona cię pyta: „Na jakiej podstawie pani uważa, że faworyzuję Zosię?".

Bo Zosia jest koleżanką mojej córki i widziałam jej zeszyt.

I wiesz, jaką odpowiedź powinnaś usłyszeć? „Bo ja nie lubię pani córki i pani też nie lubię!". Nauczyciele też są ludźmi. Nie chcę ich tłumaczyć, ponieważ powinni być supersprawiedliwi, ale być może twoja córka budzi w niej złe emocje, ponieważ jest tak roszczeniowa i nieprzyjemna jak ty. Albo nie lubi matki, która codziennie przychodzi do szkoły z pretensjami, w związku z czym nieświadomie przekłada swoją niechęć na dziecko. Matce nie powie, że jest wredną, pyskatą babą, a dziecko obrywa. Tak być nie powinno, ale zdarza się.

A jeśli dziecko spotkała jawna niesprawiedliwość?

Tłumaczymy, że ludzie są różni: jedni są mili, a inni nie. Jedni są uczciwi, a inni kłamią, jedni są sprawiedliwi, a inni stronniczy. Nauczyciel jest tylko człowiekiem. Bardzo wielu rodziców postrzega nauczyciela jako kogoś, kto stoi po drugiej stronie barykady. Po jednej stronie rodzic, po drugiej nauczyciel, a między nimi dziecko. A powinno być tak, że cała trójka stoi po jednej stronie. Rodzic może pójść do nauczyciela i powiedzieć: „Chciałbym w domu pomóc dziecku, ponieważ cały czas ma problem z pisaniem literki «a». Proszę mi pokazać, jak ma ją prawidłowo pisać, bo okazuje się, że mnie uczono inaczej, a nie chcę wprowadzać zamętu". Jeśli tego typu drobiazgi będziemy konsultować z nauczycielem, nasze dziecko będzie miało większą szansę na sukces.

Często rodzice boją się, że jeśli pójdą kilka razy do nauczyciela, źle się to odbije na dziecku.

Proszę cię! Oni nie pytają, oni idą z pretensjami! Byłam nauczycielką, wiem, jak to wygląda. Rodzice przychodzą i mówią: „Postawiła pani mojemu dziecku trójkę. Pytam dlaczego. Przecież mój syn się uczył, on wszystko umie!". Przewrotnie powiem, że nauczyciela trzeba podejść, trzeba go czasem nieco zmanipulować (pozdrawiam nauczycieli, którzy będą to czytać, ale taka jest prawda), bowiem zawód ten daje niekiedy złudne poczucie władzy. Dziewczyny, które kończą studia nauczycielskie, myślą: „Jestem Bogiem". Mogę wszystko: krzyknę i trzydzieścioro dzieci słucha mnie w milczeniu, powiem coś i patrzą na mnie z podziwem. Potem wchodzą do klasy i zderzają się z rzeczywistością. Najpierw z dziećmi, które wcale ich nie słuchają, bo są przyzwyczajone do wrzeszczących matek. Musiałyby lwa z siebie zrobić, by usłyszały. Z dziećmi przyzwyczajonymi do mediów, w których pani, fruwając, rozcina pomarańczę na sześć części, więc oczekują tego również od nauczycielki. Z dziećmi, które są niesamodzielne... Młodą nauczycielkę zaskakują tysiące rzeczy. A potem nagle staje na zebraniu przed rodzicami i ma przed sobą samych wrogów. O tym też jej nikt na studiach nie mówił. Myślała, że w szkole wszyscy będą ją kochać, tymczasem wszyscy jej nienawidzą: mamusie, bo muszą odrabiać z dziećmi lekcje, ojcowie, bo musieli przyjść na zebranie, babcie, bo pani prześladuje ich ukochanego wnusia. Wreszcie przychodzi do niej rodzic i udowadnia czarno na białym, że się pomyliła! Dlatego rodzic musi się posłużyć socjotechniką, powiedzieć: „Rozumiem, że pani jest zmęczona, że ma ich pani po dziurki w nosie, że dzieci są okropne, że moje też jest nieznośne, ale gdyby pani mogła jeszcze raz przeliczyć punkty na klasówce mojej córki, bo mnie wyszło ich trochę więcej". Wtedy nauczycielka wie, że jesteśmy po jej stronie, że rozmawia z rodzicem, z którym może się dogadać. Powie: „Pomyliłam się, przepraszam". Ale jeśli przyjdziemy do niej z awanturą, pójdzie w zaparte. Bo agresja rodzi agresję. Mało tego: może się to obrócić przeciwko naszemu dziecku. Jeśli natomiast zaprezentujemy się jako kontaktowi, słuchający, otwarci na współpracę rodzice, może pomyśleć: „Skoro ten dzieciak ma takich fajnych rodziców, ten jego wyskok to pewnie przypadek. To, że się wygłupia na lekcjach, nie znaczy, że jest źle wychowany". Jej opinia o dziecku ulegnie zmianie. Będzie je postrzegać przez pryzmat rodziców.

Proszę teraz o konkretną radę. Dziecko chodzi do pierwszej, drugiej klasy. Wraca ze szkoły. Czy rodzic ma spytać, co ma zadane? Sprawdzić, czy odrobiło lekcje?

Łatwiej będzie, gdy opowiem, jak powinien wyglądać jego dzień – mówimy o dziecku, które jest przyzwoicie przygotowane do nauki w szkole, to znaczy posiada wszystkie niezbędne umiejętności. Już wie, że gdy zadzwoni budzik, wstaje i samodzielnie się ubiera (sześciolatkowi możemy trochę pomóc), że samodzielnie je przygotowane przez rodziców śniadanie. W drodze do szkoły rozmawiamy z nim o tym, co się dzisiaj w szkole wydarzy: będzie rysować albo malować, będzie się uczyć liczyć lub pisać. Na pożegnanie nie mówimy: „Jesteś świetny, mądry, dasz radę!", tylko życzymy miłego dnia. Odbieramy dziecko ze szkoły (po lekcjach albo ze świetlicy) i nie zadajemy sztandarowego pytania polskich mam: „Co było na obiad?", tylko proponujemy: „Opowiedz mi o trzech najciekawszych rzeczach, jakie ci się przydarzyły w szkole. Opowiedz o trzech najśmieszniejszych rzeczach, jakie się zdarzyły w szkole. Albo o trzech najdziwniejszych". Bo jeśli zapytamy: „Co dzisiaj było w szkole?", to mogę się założyć, że każde dziecko odpowie: „Nic". „Czego się nauczyłeś?". „Niczego". „Co robiliście?". „Biegałem". Słuchajmy i reagujmy na to, co dziecko mówi. Przychodzimy do domu i najpierw dziecko musi odpocząć, czyli ponudzić się, pobawić. Potem musi coś zjeść. I dopiero potem może się zabrać do lekcji. Powinno je odrabiać zawsze o tej samej porze.

Jak powinno wyglądać odrabianie lekcji z pierwszo-, drugo- i trzecioklasistą? (starsze już powinno radzić sobie samo). Oglądamy z dzieckiem zeszyt i pytamy, co ma zadane. Jeśli dziecko dojrzało do nauki w szkole, jeśli jest do niej gotowe na poziomie zadowalającym, to będzie wiedziało. Jeżeli nie wie, to za pierwszym razem musimy się z tym pogodzić. W pierwszej klasie większość nauczycieli daje karteczkę z zadaniem domowym, ale jeżeli takiej kartki nie ma, idziemy do nauczycielki i mówimy: „Moje dziecko jest jeszcze gapcią i nie zaznaczyło, co jest zadane. W związku z tym proszę, by zwróciła pani na niego uwagę". Możemy też pójść do kogoś, kto ma dziecko w tej samej klasie i spytać o pracę domową. Czytamy polecenia (w pierwszej klasie nie są zbyt trudne) i rozmawiamy z dzieckiem o tym, o co w nich chodzi. Trzeba narysować konkretny szlaczek. Pytamy dziecko, czy umie go narysować palcem. Czy da sobie z tym radę? Dziecko mówi: „Dam". Potem rozmawiamy o następnym zadaniu. Małe dziecko może najpierw zrobić jedno zadanie. Kiedy skończy, sprawdzamy je i rozmawiamy o następnym. Ale tylko rozmawiamy: ma je zrobić samodzielnie.

Dzieci lepiej rozwiązują zadania, kiedy robią to same, w skupieniu, niż kiedy wisi nad nimi matka, ojciec czy babcia i dyrygują: „Równo! W linijkach! Nie tak!".

Kiedy piszę, a ktoś patrzy mi przez ramię, wpadam w furię.

Dzieci reagują dokładnie tak jak ty. Dlatego powinniśmy omówić problem i je z nim zostawić. Wtedy rozwiążą go najlepiej. Oczywiście na początku musimy obserwować, czy zajmują się zadaniem, bo mogą siedzieć, myśleć, płakać. Motywujemy do działania, a gdy już coś zrobią, mówimy: „Zacząłeś świetnie! Teraz skończ, a ja pójdę zrobić obiad". W ten sposób uczymy samodzielności. Kiedy dziecko skończy, chwalimy: „Bardzo ładnie" albo „Dobrze, starałeś się", robimy przerwę, a potem omawiamy następne zadanie. Musimy pamiętać o przerwach, ponieważ na początku dziecko nie może jednorazowo pracować dłużej niż piętnaście, dwadzieścia minut. Jedno zadanie, chwila przerwy, drugie zadanie i chwila przerwy. Już po miesiącu dziecko może wytrzymać nad lekcjami dłużej, ale nie całą godzinę. Najlepiej zrobić dwa posiedzenia po pół godziny. Gdy dziecko jest starsze, lekcji ma więcej (bo jest więcej przedmiotów) i nasza pomoc powinna polegać na czym innym. Powinniśmy pomóc zaplanować odrabianie, czyli nauczyć dziecko, by odrabiało lekcje w dniu, w którym zostały zadane, a nie w ostatniej chwili. Załóżmy, że historia jest dwa razy w tygodniu – w poniedziałek i czwartek. Dziecko odrabia lekcje w poniedziałek, a nie w środę, ponieważ w środę nie pamięta tego, co miało w głowie na świeżo po zajęciach. Pozostańmy przy poniedziałku: dziecko wraca do domu i odrabia wszystkie lekcje, które tego dnia zostały zadane (pisze wypracowanie, nawet jeśli ma na to tydzień, czyta, co było do przeczytania), po czym dzień przed lekcją czyta jeszcze raz. To już drugie czytanie, więc pamięta więcej i idzie do szkoły przygotowane. Takiego systemu pracy trzeba dziecko nauczyć już w trzeciej, czwartej klasie. Wiadomo, że na początku będzie się buntować: „Ale ja mam dużo czasu! Wcale nie mam tak dużo zadane. Inne dzieci odrabiają lekcje dzień przed zajęciami!". Tak, tyle tylko, że piszą wypracowania w stresie, a ten jeszcze nikomu nie wyszedł na dobre. Musimy nauczyć dziecko robić notatki (jeżeli nie nauczył go tego nauczyciel), bo to umiejętność, która przydaje się na każdym etapie nauki. Przeczytajmy razem tekst, spytajmy, co według dziecka jest w nim najważniejsze. Jeśli nie potrafi opowiedzieć, wytłumaczmy, jak się za to zabrać. Przećwiczmy kilka razy na różnych materiałach. Pamiętajmy jednak, że dziecko nie musi stosować naszych technik zapamiętywania. Dla nas rok bitwy pod Grunwaldem – 1410 – to dziesięć róż, które dostaliśmy na czternaste urodziny, a dziecko skojarzy tę datę z tramwajem numer czternaście, którym jedzie dziesięć minut do szkoły.

Nie narzucajmy dziecku naszego sposobu uczenia się. Możemy mu tylko zaproponować pewne rozwiązania. I nie róbmy głupot, jak matki, które z góry zakładają, że dziecko samo nie da sobie rady i siedzą z nim dwie godziny, wściekając się, że nic nie rozumie. Pamiętajmy: im bardziej ingerujemy, tym mniej dziecko jest samodzielne.

Lekcje odrobione, przychodzi czas na odpoczynek, na nudzenie się. Dziecko ma prawo się nudzić. Nie może non stop się uczyć, od przyjścia ze szkoły do pójścia spać. Musi wyjść na dwór, do kolegów, musi posiedzieć przy komputerze.

To znaczy, że pierwszoklasiście nie dokładamy żadnych zajęć dodatkowych?

Wielu rodziców dokłada zajęcia dodatkowe już w przedszkolu. Jeżeli są to zajęcia ogólnorozwojowe (judo, karate, taniec) i nie chcemy wychować mistrza olimpijskiego, dziecko chce na nie regularnie chodzić, a my mamy czas, by je zaprowadzić – jestem za. Dzięki takim zajęciom dziecko, chociaż się zmęczy fizycznie, odpoczywa po pięciu godzinach wytężonej pracy w szkole. Rozwija mięśnie, co mu pozwala wysiedzieć w ławce bez bólu pleców. Odstresowuje się, poznaje inne dzieci. Jeżeli natomiast zajęcia dodatkowe wymagają uczenia się, czyli mama zapisuje na angielski i francuski albo na do szkoły muzycznej, to na początku raczej bym się wstrzymała. Najpierw zobaczmy, jak dziecko poradzi sobie w nowej sytuacji, w szkole.

Poza tym to dodatkowe obowiązki również dla nas. A wtedy pojawia się niebezpieczeństwo, że będziemy wykonywać je po łebkach albo będziemy mieli pretensje, że nie mamy chwili, by odsapnąć.

Pytanie za pięć punktów: to dlaczego to robimy?

Pewnie dlatego, że chcemy, żeby nasze dziecko odniosło sukces.

To znaczy?

Uważamy, że rozpoczęcie nauki jest pierwszym etapem na drodze do kariery, a jedynym słusznym pomysłem na życie jest wyścig szczurów.

Tak jest. Podczas spotkań z rodzicami czy nauczycielami gdzieś w połowie proszę, by odpowiedzieli na pytanie: „Gdzie kończy się wyścig szczurów?". Przez moment panuje cisza, a potem ktoś nieśmiało odpowiada: „Na cmentarzu". Właśnie! Wszyscy się tam spotkamy. Tylko państwo ze swoimi dziećmi będą biegli przez życie na oślep i dobiegniecie do bramy cmentarnej szybciej, a ja posiedzę w kawiarni, pójdę do kina, spotkam się ze znajomymi, wyjadę na wycieczkę, czasem nic nie zaplanuję, a kiedy indziej coś zrobię – też tam zmierzam, tylko zdecydowanie wolniej. A do tego przeżyję życie ciekawiej. Wyścig szczurów to nieprzypadkowe określenie. Ja nie chcę przebiegać przez labirynt, żeby dotrzeć do końca. Mnie się na ten koniec wcale nie spieszy. Mnie najbardziej interesują rozgałęzienia, zwiedzanie bocznych korytarzy. Pokażmy dzieciom, że świat jest ciekawy właśnie dzięki temu, co jest za zakrętem. Nie pędźmy z nimi, bo muszą zdobyć wykształcenie, pójść na najlepszą uczelnię, a potem zostać menedżerami, którzy nawet nie wiedzą, jak się nazywają jego dzieci. Rozmawiałam z mamą szóstoklasistki, która uważała, że jej córka musi mieć same szóstki, bo jak nie będzie ich miała, to nie osiągnie w życiu sukcesu. Próbowałam jej uświadomić, że jej córka jest nieszczęśliwym dzieckiem, ponieważ strasznie dużo się od niej wymaga, a na dodatek zaczęła tyle wymagać sama od siebie. Piątka była dla niej dramatem. Kiedy ją dostawała, wpadała w taką rozpacz, że chciała popełnić samobójstwo. Udzieliło się to też nauczycielom. Bali się jej postawić piątkę, żeby nie zrobiła sobie krzywdy. Ta dziewczynka w podstawówce jest jeszcze pod silnym wpływem rodziców, jeszcze uczy się dla nich, dla stopni, a potem pójdzie do gimnazjum i tam, oby, otworzą się jej oczy. I mamy woltę.

Czyli nie będzie robić nic?

Właśnie. A do tego dochodzą problemy wychowawcze, złe środowisko, eksperymentowanie z różnymi dziwnymi rzeczami, bo dziecko odkrywa, że oprócz labiryntu, w który zostało wpuszczone jest inny świat, i musi się go szybko nachapać, zanim ją złapią i znowu wepchną w jedynie słuszny tunel. Powinniśmy od początku pokazywać dziecku, że świat tworzy mnóstwo rzeczy i że one są dla niego dostępne, a w tunelu niech biegnie w tempie, jakie mu odpowiada. Zawsze powtarzam rodzicom: kiedy dziecko przynosi stopień ze szkoły (dziecko w każdym wieku), pierwsze pytanie, jakie masz mu zadać, brzmi: „Jesteś zadowolony?". I dziecko może być zadowolone z dwójki, ponieważ udało mu się zaliczyć klasówkę, a strasznie niezadowolone z czwórki, bo było przekonane, że dostanie szóstkę. Jeżeli dziecko się cieszy z dwójki, my też się cieszmy. Czasami jest ona dla niego wielkim sukcesem. I my też w kategoriach sukcesu powinniśmy na to patrzeć. Znam dorosłych, którzy dostają w pracy awans i są z tego powodu nieszczęśliwi. Co z tego, że będą mieć lepszą pensję, skoro pracy będzie więcej, będą mu patrzeć na ręce, będzie miał więcej wrogów i stresów. Albo komuś proponują wyjazd do pracy za granicę. Wszyscy mówią: „Cudownie!", ale on nie zna w wystarczającym stopniu języka, nie czuje się bezpiecznie, chciałby zostać w Polsce, z rodziną. To są bardzo subiektywne odczucia. Pamiętajmy, że dziecko też ma do nich prawo. Jeżeli mówi, że satysfakcjonuje go trójka, możemy powiedzieć: „Jeżeli jesteś zadowolony, to ja też jestem. Ale czy to na pewno koniec twoich możliwości? Jeżeli uważasz, że tak, to w porządku". Swoim synom zawsze mówiłam: „Wybierz sobie jeden przedmiot, z którego nikt cię nie pokona, a reszty ucz się na tyle, abyś nie musiał się martwić, że będziesz zagrożony. Ze szkoły wychodzą nieuki i samouki. Jeśli będziesz chciał się czegoś nauczyć, poszukasz materiałów i sam się dowiesz".

Do jakiej w takim razie szkoły podstawowej wysłać dziecko? Państwowej, prywatnej, z wykładowym angielskim?

Tej, która jest najbliżej domu. Ze względów logistycznych – dziecko może pójść do szkoły samo i samo wrócić. Uważam, że ranking szkół nie jest obiektywny. Bo czy naprawdę zasługą liceum jest to, że wielu jej absolwentów dostało się na studia (w tej chwili może się dostać każdy), czy że wielu uczniów było olimpijczykami? Pamiętajmy, że do tej szkoły przychodzą dzieci już wyselekcjonowane. Byłam kiedyś na radzie pedagogicznej w renomowanym warszawskim liceum (pierwsza piątka w rankingu), w którym młodzież miała za sobą próby samobójcze, załamania nerwowe. Chciałam między innymi uświadomić nauczycielom, że te świetnie uczące się dzieci nie są w żadnym stopniu ich zasługą, ponieważ do tej szkoły przyszły dzieci po gimnazjum tylko z biało-czerwonymi paskami. Więc jeżeli mielibyśmy mówić o czyjejś zasłudze, to o zasłudze gimnazjum. Ale gdybyśmy sięgnęli głębiej, to do gimnazjum, o którym się mówiło, że dobrze w nim uczą, przychodziły dzieci z bardzo dobrymi świadectwami z podstawówek. Różnych podstawówek. Tak naprawdę tym, co te dzieci łączyło, były motywacja i zaangażowanie rodziców, samoświadomość dzieci, ich inteligencja. Różne składowe, a nauczyciele byli ostatnią.
Wróćmy do pytania: jaką szkołę wybrać? Oczywiście możemy się kierować różnymi kryteriami, ale należy także brać pod uwagę własne potrzeby i możliwości. Jeżeli na przykład jesteśmy małżeństwem mieszanym, planujemy emigrację albo wiemy, że za chwilę będziemy pracować za granicą, to możemy wysłać dziecko do szkoły amerykańskiej, z wykładowym językiem obcym, pod warunkiem że nas na to stać. Bo jeżeli chcemy to zrobić i w tym celu ściubimy, odejmujemy sobie od ust, to w którymś momencie dziecko znajdzie się pod presją: skoro jego

nauka wymaga wyrzeczeń od całej rodziny, to ono musi być w szkole najlepsze. A takie podejście samo w sobie najlepsze nie jest.

Ale wielu rodziców uważa, że w szkołach państwowych uczą kiepscy nauczyciele, chodzą do nich beznadziejne dzieci, ze specyficznych środowisk. Więc jeżeli muszą posłać dziecko do szkoły państwowej, bo na inną ich nie stać, to do renomowanej, takiej, która da gwarancję, że nauczyciele będą się przykładać do pracy, a dziecko zyska lepsze towarzystwo.

Co znaczy lepsze towarzystwo?

Dzieci, które nie pochodzą z rodzin patologicznych.

Z rodzin patologicznych!? A jak nazwiesz dzieci z tak zwanych dobrych domów, które łykają prochy, które mają czterysta złotych tygodniowej pensji, chodzą tylko w markowych ubraniach, a jeśli takiego nie masz, jesteś dla nich nikim, które uważają, że wszystkich można kupić? Łącznie z nauczycielem. O jakiej patologii mówimy?! Wiem, że mówi się o patologii społecznej, kiedy w rodzinie jest alkoholizm, przemoc, ale to nie znaczy, że dziecko musi się zachowywać źle. Oczywiście zdarza się, że dziecko wychowywane w takiej rodzinie przejawia agresywne zachowania lub kradnie, ale nie powiesz mi, że w tych superszkołach takie rzeczy nie mają miejsca. Tam również dochodzi do wymuszeń, kradzieży. We wszystkich szkołach może się dziać podobnie, wiąże się to z procesem rozwojowym. Młodzież się upija niezależnie od tego, do jakiej szkoły chodzi. Tyle tylko, że jedni upijają się wódką, a inni whisky rodziców, jedni rozbijają się starym fiatem, a inni BMW, jedni jeżdżą pod namiot do Dębek, a inni na Maltę, ale na tych wyjazdach balangują tak samo.

A opinia, że nauczyciele ze szkół prywatnych mają większą wiedzę, są bardziej otwarci na dzieci?

A odpowiadałaś sobie na pytanie, dlaczego tak może być?

Bo lepiej im płacą?

Albo bardziej boją się rodziców i robią rzeczy, których nie robiliby w szkole państwowej, nie dlatego, że kochają młodzież, lecz po to, by nie wylecieć z tej dobrze płatnej posady. Mam świadomość, że znajdą się tacy, którzy mi zarzucą, że jestem niesprawiedliwa, ale specjalnie szyję grubymi nićmi, generalizuję. Odłóżmy na bok szkoły elitarne, w których czesne wynosi kilkadziesiąt tysięcy rocznie. Pozostańmy przy wyborze między szkołą państwową, prywatną i społeczną. Każda z nich ma wady i zalety i musimy zdawać sobie sprawę z plusów – co możemy zyskać – i minusów – tego, co nasze dziecko może stracić (czyli jakie może mieć problemy). Moim zdaniem nie jest prawdą (i wiele rzeczy może o tym świadczyć), że szkoły państwowe reprezentują generalnie niższy poziom niż szkoły prywatne i społeczne. Znam bardzo wiele przypadków, kiedy rodzice tuż przed testem na koniec podstawówki albo tuż przed testem gimnazjalnym przenosili dzieci ze szkoły prywatnej do państwowej, zdając sobie sprawę z różnic programowych, które wynikają z takiego a nie innego prowadzenia dziecka. Nie jest też prawdą, że nauczyciele ze szkół prywatnych są lepiej wykształceni. Pewnie się zdarza, że ci ze szkół prywatnych i społecznych są większymi miłośnikami swojego zawodu, ale nie uważam, żeby to była reguła. Obydwaj moi synowie chodzili do szkoły państwowej i w szkole tej byli zarówno nauczyciele dobrzy, jak i źli, mądrzy i głupi, ciekawi i nieciekawi, z pasją i bez pasji. Znam kilka szkół prywatnych, w których jest podobnie. Oczywiście zdaję sobie sprawę z tego – i to jest zaleta szkół prywatnych, którą musimy wziąć pod uwagę...

Że w klasach jest mniej dzieci?

To też, i dzięki temu nauczycielowi jest łatwiej pracować, ale miałam na myśli to, że szkoły niepaństwowe trochę więcej oferują: dzieci mają różnego rodzaju zajęcia sportowe, basen, jeżdżą na wycieczki zagraniczne, na obozy. Te szkoły bywają lepiej wyposażone w pomoce naukowe, czasem mają nowsze budynki. Musimy natomiast wziąć pod uwagę, że gdy dzieci mają wszystko w szkole, często jest to sytuacja demoralizująca dla rodziców, ponieważ oni już nic nie muszą. Całe życie dziecka zamyka się w szkole. Byłam kiedyś na spotkaniu z dziećmi z prywatnej szkoły. Szkoła mi się szalenie podobała. Byłam pod wrażeniem różnych działań, które w niej podejmowano i z pewną zazdrością mówiłam, że kiedy ja chodziłam do szkoły, takich możliwości nie było. Wtedy wstał jedenasto-, może dwunastoletni chłopiec i powiedział: „Wie pani, z jednej strony jest tu fajnie, ale ja muszę wyjechać z domu o piątej rano, żeby być w szkole na siódmą. Po lekcjach idę do świetlicy i rodzice odbierają mnie o osiemnastej. Całe moje życie jest w szkole. Oczywiście mam tu kolegów i nawet mamy czas, żeby się pobawić w świetlicy, ale jestem bardzo zmęczony. Czuję się tak, jakbym cały dzień był w pracy. A gdybym chodził do państwowej szkoły koło domu, to wracałbym o trzeciej i już mógłbym się bawić. Mógłbym sobie pospać, poleżeć, pooglądać telewizję, a tu nie mam takiej możliwości. Jestem zmęczony i już mi się nic nie chce".
Jego organizm od rana do wieczora pracuje na najwyższych obrotach. On jest na terytorium publicznym, nie ma swojego łóżka, nie może założyć dresu, pójść do kuchni i zrobić sobie kanapki. Może po

lekcjach trochę poluzowuje krawat, ale poziom stresu jest cały czas ten sam.

Poza tym żyje w wyizolowanym świecie.

To druga rzecz, o której chciałabym powiedzieć. Załóżmy, że mówimy o szkole dla wybranych i że nie ma w niej patologii. Wszystkie dzieci naprawdę są z dobrych domów, nie ma narkotyków, agresji, nikt nie pije alkoholu, nikt nie pali, rodzice się nie kłócą, są dla dzieci mili, koledzy są mili, rodzice kolegów, nauczyciele, pracownicy szkoły. Jest cudownie! Trafiliśmy na rajską szkołę. Tylko czy takie życie pod kloszem ułatwi dzieciom przyszłe życie, czy utrudni? Bo przecież to dziecko zetknie się w pewnym momencie z patologią, z tramwajem, z brudem, ze smrodem, z nieuprzejmą panią w sklepie, która je spyta: „Czego?!" albo ktoś mu powie: „Wal się!". I ono będzie w szoku. Czy wychowywanie dzieci w takiej sterylności kulturalno-intelektualno--społecznej jest dobre?

Myślę, że takie dzieci mogą mieć poczucie wyalienowania i wyższej wartości.

W takiej szkole może się wydarzyć dużo różnych rzeczy, na które ani dzieci, ani rodzice, ani nauczyciele nie będą przygotowani. Bo wychowywanie kogoś w poczuciu wyższości i większej wartości jest bardzo niebezpieczne. Wszyscy są idiotami, wszyscy są źli, wszyscy nam zagrażają. Jaki świat tworzymy dziecku?! W ogóle nie uczymy go funkcjonować w świecie realnym, w którym ludzie mówią: „Dla mnie jesteś nikim. Jesteś głupi. Nie znasz się. Nie potrafisz. Nie rozumiesz. Nic nie umiesz". W ten sposób hodujemy dziwaków. Zdaję sobie oczywiście sprawę, że sensowny nauczyciel, sensowny rodzic pokazuje dziecku różne sytuacje, różne zachowania i o nich opowiadają, ale są tacy, którzy uważają, że dzieci należy przed nimi chronić. A potem wyrastają z nich ludzie, którzy nie mają kontaktu z prawdziwym życiem. Sama tego doświadczyłam, chociaż wydawało mi się, że moi synowie żyją w normalnym świecie. Otóż ja i ojciec moich chłopców jesteśmy nauczycielami akademickimi, w związku z czym ułożyliśmy sobie zajęcia tak, by zawsze, kiedy idą i wracają ze szkoły, któreś z nas było w domu. Pewnego dnia, kiedy mój starszy syn miał chyba dziesięć lat, siedzieliśmy wieczorem u mojej przyjaciółki, której mąż pracuje w warszawskich tramwajach. I nagle jej mąż powiedział: „Muszę iść spać, bo jutro idę na szóstą do pracy". Mój syn zrobił wielkie oczy. Kiedy wyszliśmy, spytałam go: „Co się stało?". A on: „To są ludzie, którzy chodzą do pracy na inną godzinę niż dziesiąta?". W jego dziesięcioletniej głowie nie mieściło, że ludzie pracują inaczej niż jego rodzice. Był zdziwiony, że nie wszyscy czytają swoim dzieciom książki. Kiedyś wrócił od kolegi i zdumiony powiedział: „Mamo, czy wiesz, że u niego nie ma ani jednej książki?! Obszedłem całe mieszkanie!". Dla nas pewne rzeczy są normalne: że siedząc przy stole, je się nożem i widelcem, że mówi się dziękuję, przepraszam, że gdy są święta, to w kamienicy, w której się mieszka i ma się zaprzyjaźnionych sąsiadów, idzie się do nich z symbolicznym stroikiem i daje po symbolicznym batoniku ich dzieciom, że do babci i dziadka wysyła się kartki z wakacji, że się odrabia lekcje. Nie zapomnę, jak moi synowie zbulwersowani obwieścili mi, że ich koledzy oszukują nauczycieli, a przecież kłamać nie można. Musiałam robić jakieś ekwilibrystyki intelektualne, żeby im wytłumaczyć, dlaczego koledzy tak robią. Uświadomiłam sobie, że chociaż obaj mieli kontakt z różnymi dziećmi, to wychowaliśmy ich tak, że trochę do tego świata nie przystawali. Usłyszałam nawet od starszego syna, że czuje się chwilami kaleką społeczną, ponieważ przeczytał kilkaset książek, a w liceum nie miał z kim rozmawiać, ponieważ nikt z kolegów nie przeczytał żadnej z nich.

Mówimy o wyborze szkoły podstawowej, ale pamiętajmy, że taką możliwość mają tylko ci, którzy mieszkają w dużych miastach. W małym mieście czy na wsi nie ma wyboru. Dziecko idzie do szkoły, która jest najbliżej domu. I – powiem to jeszcze raz – uważam, że takim kluczem powinniśmy się posługiwać przy wyborze. Dla mnie ważniejsze jest, abyśmy jako rodzice uczestniczyli w życiu szkoły, nie pozwolili, by naszemu dziecku stała się w niej krzywda, mieli wpływ na to, kto w niej pracuje, bo nie jest prawdą, że możemy mieć wpływ na to, jacy nauczyciele uczą nasze dzieci tylko w szkole prywatnej czy społecznej. W szkole państwowej też możemy protestować przeciwko zatrudnianiu niekompetentnej pani od polskiego. Jeżeli zażądamy hospitacji, jeżeli wykażemy, że nauczycielka źle prowadzi lekcje, że przerabia nie to, co trzeba, to ona najpierw dostanie uwagę czy naganę, a potem, gdy będziemy chodzić do dyrektora szkoły, dla świętego spokoju zastąpi ją kimś innym. I zmiana ta może nastąpić w trakcie roku szkolnego. Naprawdę mamy wpływ na wiele rzeczy, które dzieją się w szkole.

A jak według ciebie powinny się ubierać dzieci w szkole podstawowej? W mundurki?

Wychowałam się w szkolnym fartuszku, bo wtedy wszyscy je nosiliśmy, i nikt sobie nie zadawał pytania, czy to dobrze, czy źle. Uważam, że mundurki to nie jest zły pomysł, i kiedy przetaczała się przez Polskę dyskusja na ten temat, byłam za. Oczywiście rozumiem względy ekonomiczne, że dzieci w tym wieku szybko z ubrań wyrastają, że chłopcy muszą mieć pięć par spodni, bo niszczą je w błyskawicznym tempie, ale ten problem można rozwiązać tak jak na Zachodzie, gdzie w sklepikach szkolnych można kupić mundurki, z których starsze dzieci już wyrosły i nie zdążyły ich zniszczyć. Te mundurki nie muszą być szarobure, mogą być w stonowanych kolorach (zielenie, granaty, błękity), mogą być ciekawie zaprojektowane. Uważam, że można przekonać dzieci, by je chętnie nosiły. Odpada wtedy taki problem, że ktoś w klasie chodzi tylko w drogich ciuchach, a innego na nie nie stać. Dziecko się nie wyróżnia, a tym samym nie wpada tak łatwo nauczycielom w oczy. Zrobiłam eksperyment z moim synem, który strasznie się upierał, że chce założyć do szkoły żółtą bluzę. Zgodziłam się: „OK. Jeżeli chcesz, żeby nauczyciel cię zapytał, to ją załóż. Bo na bank cię zapyta!". I chociaż siedział grzecznie i się uśmiechał, był pytany na wszystkich lekcjach. Bo rzucał się w oczy. A gdy kilkoro uczniów ma na sobie ubranie w tym samym kolorze (nawet jeśli to kolor czerwony), sytuacja wygląda inaczej.

Pomysł, by uczniowie nosili jednakowe ubrania, mimo wszystko nie przeszedł, ale ja cały czas przypominałabym rodzicom, że szkoła to nie miejsce na rewię mody. Jeśli pracujemy w banku, musimy się odpowiednio ubierać. Nie możemy odkrywać ramion, nie możemy przyjść do pracy w różowej czy żółtej bluzce lub sukience z dużym dekoltem, bo następnego dnia już nie będziemy tam pracować. Szkoła również jest miejscem pracy i dlatego powinniśmy ustalić obowiązujące wszystkich zasady: jest lista kolorów dozwolonych i niedozwolonych, jest lista strojów dozwolonych i niedozwolonych, nie wolno chodzić do szkoły w makijażu, nie wolno nosić biżuterii. Ktoś powie, że tego się nie da zrobić. Otóż da się. Wystarczy się dogadać z rodzicami. W Australii w szkole podstawowej obowiązuje całkowity zakaz noszenia przez uczniów biżuterii. Kiedyś pewna dziewczynka przyszła do szkoły z małym tanim pierścioneczkiem na palcu. Nosiła go w weekend i zapomniała zdjąć. Nauczyciel natychmiast włożył go do koperty, podpisał nazwiskiem dziecka i powiedział, że pierścionek jest do odebrania u dyrektora pod koniec roku szkolnego. Mam świadomość, że gdyby taka sytuacja miała miejsce w Polsce, następnego dnia matka przybiegłaby do szkoły z awanturą. Powiedziałaby, że to cenny pierścionek i że natychmiast żąda jego zwrotu. I powinna usłyszeć: „Nie! Następnym razem niech pani lepiej pilnuje córki!". Bo rodziców trzeba wychować. Przecież tak naprawdę na początku szkoły podstawowej to oni ubierają dziecko. To rodzicom trzeba przypominać, że w szkole podstawowej nie chodzi się w mini i bluzkach z dekoltem, że są kolory, które w tym miejscu przystoją. Nie mówię, że dzieci mają być ubrane na czarno, ale to nie może być rewia mody, nie mogą wszystkie dziewczynki chodzić w różowych spodenkach, bo właśnie w takich tydzień temu przyszła do szkoły Kasia.

Jest jeszcze jedna rzecz, która wstrząsnęła mną kilka lat temu: teraz na zakończenie każdego etapu edukacji szkolnej urządza się bal. Urządza się go również pod koniec szkoły podstawowej. Byłam na takim balu i cóż ukazało się moim oczom? Dziewczynka w sukni do ziemi, z włosami upiętymi w kok, z odkrytymi plecami, tak że widać początek pośladków! A do tego złote kolczyki i prawie wieczorowy makijaż! Matki były nieco zszokowane. Zapytałyśmy mamę, szalenie dumną z córki, dlaczego tak ubrała dziecko. I usłyszałyśmy: „Przecież to pierwszy bal. Przecież ona jest już kobietą!". Nie wytrzymałam: „Proszę pani, to jest dwunastoletnie dziecko, a pani robi z niej lolitkę!". Myślę, że takim mamom przydałaby się wizyta u terapeuty. Dziewczynka oczywiście chętnie przebierze się za dojrzałą kobietę, ale nie jest dorosła i jak dorosła nie myśli. Nawet jeżeli tak wygląda.

Zostańmy przy końcu roku szkolnego. Rodzice kupują nauczycielom prezenty.

Ależ nie trzeba do tego zakończenia roku! W październiku masz Dzień Nauczyciela, potem pani ma imieniny, potem jest klasowa Wigilia i pani również dostaje prezent. Znam szkoły, w których właśnie tak jest.

Nie żartuj! A co mnie obchodzą imieniny nauczycielki?!

Nie żartuję, bo wcale mi nie do śmiechu! Rodzice z trójki klasowej zbierają pieniądze, kupują kwiaty i prezent! Po klasowej Wigilii pora na Wielkanoc (wtedy nauczyciele często dostają słodycze), a potem kończy się rok szkolny. Mam dużo koleżanek nauczycielek. Mówią, że teraz już jest dobrze, bo nie dostają kilkudziesięciu prezentów, tylko jeden porządny od wszystkich, na przykład perfumy, biżuterię, torebkę lub ekspres do kawy.

Powinnyśmy teraz powiedzieć: Rodzice, nie kupujcie prezentów nauczycielom, ponieważ za swoją pracę otrzymują pensję.

Oczywiście!

Usłyszymy, że nauczyciele są tak słabo wynagradzani, że trzeba im dać prezent, żeby poczuli, że ich ciężką pracę doceniamy!

Możemy powiedzieć, że ich doceniamy i kupić im kwiaty. Ale bez przesady, bo znam nauczycielki, które co roku narzekają: „Znowu dostałam tyle kwiatów, że nie mam ich gdzie trzymać! Stoją już we wszystkich wazonach i wiadrach, a jak się obsypują, to cały dom jest w paprochach!". Rodzice się wykosztowują, a dzieci biegają z kwiatami do pani od matematyki, do pani od fizyki i pędem do pani od polskiego. Na zebraniu w maturalnej klasie mojego syna padło hasło, że trzeba zebrać pieniądze na prezent dla nauczycieli. Byłam jedynym rodzicem, który zaprotestował. Powiedziałam, że się nie zgadzam, ponieważ za moją pracę nikt mi prezentów nie daje. I zapytałam: „Czy ktoś państwu daje w pracy prezenty?".

Czego uczymy dzieci, gdy siedząc przy stole, zastanawiamy się, co kupić nauczycielce. Żeby z jednej strony nie było za skromnie, a z drugiej za bogato?

Że za wszystko trzeba płacić, że jeżeli się tego nie zrobi, to ma się w plecy, że trzeba wyrażać wdzięczność i oczekiwać wdzięczności za dobrze wykonywaną pracę. To tak, jakbyś pani w sklepie dawała pięć złotych za każdym razem, kiedy się do ciebie uśmiechnie, panu listonoszowi, gdy przyniesie list, a urzędniczce, gdy zrobi coś, co wchodzi w zakres jej obowiązków. Chciałabyś żyć w takim świecie? Bo ja nie!

2. MOJE DZIECKO NIE LUBI SZKOŁY

Zrobiliśmy wszystko, co w naszej mocy, żeby dziecko zachęcić do chodzenia do szkoły, a ono nie chce. Chodziło chętnie do pierwszej, drugiej klasy, a w trzeciej coś się wydarzyło…

I od razu powinniśmy sobie zadać pytanie: „Co takiego się stało?". Rodzice bardzo często bagatelizują sprawy, które dla dziecka są bardzo ważne. Dla nas to, że ktoś nie chce z nim siedzieć w ławce albo koleżanka ze starszej klasy powiedziała: „Jesteś gruby!", albo że na WF-ie przegrało w zawodach, jest jednym ziarenkiem piasku na wielkiej plaży wydarzeń, a dla dziecka to naprawdę poważny problem. Jeżeli, tak jak powiedziałaś, zrobiliśmy wszystko, żeby dziecko chodziło do szkoły chętnie i przez dwa pierwsze lata z ochotą do niej chodziło, jeżeli z nim rozmawialiśmy i dużo wiemy o nauczycielach, kolegach, relacjach w klasie, potrzebach i możliwościach naszego dziecka, to dziecko opowie nam również o tym, co przykrego mu się przydarzy. Wtedy będziemy mogli mu pomóc. Może zmienił się nauczyciel? My nie widzimy problemu, nowy według nas jest fajniejszy, ale dla dziecka może być inaczej. Dlatego naszym obowiązkiem jest pomóc mu przyczynę tej niechęci zlikwidować. Nie zawsze to się udaje. Problem może być tak trudny, że zostanie nam tylko zmiana szkoły. Ale może wystarczy zmienić klasę lub porozmawiać z dyrektorem szkoły, nauczycielem lub innymi rodzicami. Zauważyłam, że niestety rodzice na zebraniach boją się mówić o tym, co nie wiąże się bezpośrednio z edukacją. Na przykład mnie bardzo denerwowało, że kolega z klasy mojego syna stosował przemoc emocjonalną w stosunku do innych dzieci. Nikt nie podjął się porozmawiać z jego rodzicami. Wszyscy załatwiali to po cichu, na boku. Uważam, że po to nam dano rozum i język, żebyśmy ich używali. Nie chodzi o to, żeby takiego rodzica oskarżać, tylko żeby wspólnie znaleźć rozwiązanie korzystne dla wszystkich dzieci – i tamtego, i naszych. Wszyscy wiemy, które dziecko w klasie kradnie, ale nie powiemy tego głośno, żeby rodzicowi nie było wstyd. To dla mnie niepojęte, że dorośli ludzie nie potrafią rozwiązać takich problemów. A potem robi się z tego supeł nie do rozwiązania.

Reasumując: trzeba znaleźć przyczynę tego, że dziecko nie lubi szkoły. Najczęściej ma to związek z nauczycielami albo kolegami. Myślę nawet, że innej opcji nie ma. Jeżeli chodzi o kolegów, trzeba się dowiedzieć, czy to kwestia sympatii, czy antypatii szkolnych, czy chodzi o przemoc, czy może o nieradzenie sobie w trudnych sytuacjach, jak w przypadku pewnego chłopca, z którym pracowałam. Dwunastolatek odmawiał chodzenia do szkoły, ponieważ cała klasa uciekała z lekcji, a on nie chciał tego robić. Wolał nie pójść do szkoły, niż przeciwstawić się grupie. Jeżeli problem tkwi w relacji dziecko–grupa, jest zdecydowanie poważniejszy, niż gdy dotyczy relacji dziecko–dziecko. Wtedy zawsze możemy zaprosić kolegę lub koleżankę do domu – samych lub z rodzicami – i spokojnie porozmawiać. Jest poważniejszy, ponieważ może być tak, że to nasze dziecko ma problemy z relacjami z innymi i nie potrafi się dogadać. Wtedy trzeba się dowiedzieć, dlaczego tak jest, umówić na spotkanie z psychologiem.

Jeśli dziecko nie chce chodzić do szkoły, bo nauczyciel go nie lubi, bo źle je ocenia, bo ono nie radzi sobie z przedmiotem, jesteśmy w stanie mu pomóc szybciej niż wtedy, kiedy ogólnikowo mówi:

„Nie lubię szkoły, bo jest głupia. Mam w nosie naukę!". Powinniśmy być wyczuleni na wszystkie zmiany – nie lubił chodzić do szkoły, a nagle lubi. Do tej pory nie mógł się rano obudzić, awanturował się, krzyczał, płakał, że nie chce, a teraz budzi się o siódmej, ubiera i wychodzi do szkoły. A my po dwóch tygodniach dowiadujemy się, że chociaż wychodził rano, wcale do szkoły nie docierał. Każda zmiana w zachowaniu dziecka powinna budzić czujność, niezależnie od tego, czy to zmiana na gorsze, czy na lepsze. Rodzice muszą mieć z nauczycielami na tyle ścisły kontakt, by zawsze wiedzieć, czy dziecka nie było w szkole przez cały dzień, czy może opuściło pierwszą lub ostatnią lekcję. Wiele szkół ma teraz internetowe dzienniki, do których rodzice mogą zajrzeć, a nawet jeśli nie wszyscy mają internet, dziewięćdziesiąt osiem procent ma komórki, więc nauczyciel może wysłać informację SMS-em.

Kiedy zaczyna się wagarowanie? Chyba nie dotyczy to uczniów pierwszych trzech klas?

Oczywiście, że dotyczy. Już siedmio-, ośmioletnie dzieci mogą mieć fobię szkolną, która pojawia się wtedy, gdy nie pomożemy mu pozbyć się lęku związanego z jakimś problemem. Dziecko nie chce iść do szkoły na przykład dlatego, że boi się, że koledzy zrobią mu krzywdę. Zaczyna mieć somatyczne objawy lęku: dostaje wysypki, gorączki, ma torsje, mdleje, ma tak silne bóle brzucha, że wezwany lekarz podejrzewa zapalenie wyrostka robaczkowego. Mogą nawet pojawić się drgawki przypominające atak padaczki. Dziecko wpada w taką histerię, że przerażona matka pozwala mu zostać w domu. I tak dziecko dowiaduje się, że najlepszym sposobem, by nie iść do znienawidzonej szkoły, jest choroba. Zaczyna regularnie łapać przeziębienia, zapalenie oskrzeli czy gardła.

Jak stwierdzić, czy przeziębienie jest wynikiem infekcji wirusowej, czy ma podłoże psychosomatyczne?

Musimy po prostu być bardzo uważni. Dziecko najpierw wysyła sygnały, na które w pierwszym momencie nie zwracamy uwagi. Na ogół mówi: „W szkole jest głupio! Pani jest niesprawiedliwa. Dzieci mnie nie lubią. W szkole się nudzę. Jutro idziemy na drugą lekcję. Może byś mnie odebrała dwie godziny wcześniej? Nie pójdę do kolegi na urodziny, bo go nie lubię. Nikt mi nie kupił prezentu na mikołajki. Siedzę sama w ławce. Nie mam pary na WF-ie". Mówi takie rzeczy raz na jakiś czas, a efektem końcowym jest: „Nie chcę chodzić do szkoły!". Wtedy pojawia się fizyczny ból. Rodzice aplikują jakiś proszek i stwierdzają: „Nie masz gorączki, możesz iść", a następnego dnia dziecko ma kaszel i temperaturę. Z reguły jednak wprawne oko rodzica jest w stanie odróżnić chorobę wirusową od choroby na tle lękowym. Nie zawsze, bo czasem dziecko bardzo skrzętnie ukrywa, że w szkole dzieje się coś złego. Im dziecko młodsze, tym trudniej mu to zataić, ponieważ stres wiążący się z utrzymywaniem czegoś w tajemnicy jest tak ogromny, że ono sobie z nim po prostu nie radzi. Natomiast dzieci starsze – koniec podstawówki – mogą już być w oszukiwaniu mistrzami. Generalnie jednak uważam, że jeżeli mamy dobry kontakt z dzieckiem, to w szkole podstawowej jeszcze jesteśmy w stanie się dowiedzieć, z jakimi kłopotami się boryka.

Myślę, że większość rodziców łączy ból brzucha z tym, że dziecko nie chce iść do szkoły. Przecież przed stresującą rozmową z szefem też nas ściska w żołądku.

Tak, ale rodzice bardzo często uznają, że dziecko nie ma prawa się denerwować. Bo co je może stresować w szkole?

Klasówka.

Przecież to łatwa klasówka! Tylko z dodawania do dziesięciu. Z ich punktu widzenia to żaden problem. Jeżeli rodzic nie może zrozumieć, że dwa plus dwa dla sześcio- czy siedmiolatka to trudna operacja intelektualna, albo dziewięć plus trzy, kiedy się przekracza próg dziesięciu, to jak ma zrozumieć, że dziecko może się stresować z powodu konkursu na rysunek o wiośnie albo konkursu recytatorskiego, na którym ma powiedzieć wierszyk, który zna od piątego roku życia?

A tymczasem operacja dziewięć plus trzy jest dla dziecka tym, czym dla dorosłego...

Na przykład wypełnienie od ręki PIT-u. Rodzice myślą na przykład: „Takie dyktando to żaden problem!". A dziecko stresuje się przed nim tak jak dorosły przed kontrolą szefa, chociaż wie, że wszystkie dokumenty ma w najlepszym porządku, albo jak wtedy, gdy policjant zatrzymuje go do rutynowej kontroli drogowej. Uważam, że jeśli dziecko powie nam, że boi się pójść do szkoły, ponieważ nie nauczyło się na klasówkę, to w zależności od tego, czy jest dobrym uczniem, czy możemy mu zaufać, czy to jednorazowa sytuacja, możemy mu pozwolić zostać w domu. Ja się na ogół zgadzałam. Uprzedzałam tylko synów, że będą musieli ten materiał nadrobić. Oni tego nie nadużywali, ale każdemu z nich zdarzyło się raz w semestrze, w każdej klasie, nie pójść do szkoły z powodu klasówki. Ważne, by dziecko nam powiedziało, dlaczego nie chce do szkoły pójść. Syn mówi na przykład, że się pokłócił z kolegą. Pytamy: „O co?". Mówimy, że może warto wyciągnąć rękę na zgodę albo jeśli wina leży po stronie naszego dziecka, spokojnie wyjaśnić: „Zrobiłeś Wojtkowi krzywdę, więc to ty musisz go przeprosić". Dobrze, by takie rozmowy toczyły się wieczorem, a nie rano, kiedy wszyscy w biegu szykują się do wyjścia. Z dziećmi trzeba rozmawiać. Nie tylko mówić do nich – a rodzicom często się wydaje, że na tym polega rozmowa – ale też słuchać, co mają do powiedzenia. Nasze dzieci nie potrafią rozmawiać. Dwunastolatek nie potrafi powiedzieć, dlaczego coś mu się podoba lub nie. Mówi: „Bo tak". Trudno się dziwić, skoro w szkole nikt tego od dziecka nie oczekuje, a w domu nie uczą, żeby wyjaśniło, dlaczego chce założyć czerwone skarpetki, a nie zielone. „Bo mi się takie podobają". A ja pytam: „Dlaczego?".

À propos stroju. Ponieważ w szkole nie obowiązują mundurki, dziecko może nie chcieć iść do szkoły z powodu ubioru zdecydowanie odbiegającego od średniej, dlatego że jest z tego powodu wyśmiewane.

Myślę, że wiele zależy od tego, jakie wartości wpoimy dziecku: czy ważniejsze jest mieć, czy być. Jeżeli od małego rośnie w przeświadczeniu, że być, i dostarczamy mu argumentów, to nie ma dla niego znaczenia, czy jego ubrania są markowe, czy nie. Możemy też o tym porozmawiać na zebraniu rodziców. Ja, gdyby mój syn znalazł się w takiej sytuacji, powiedziałabym: „Dzieci traktują szkołę jak rewię mody. Jeśli już muszą się przebierać, to bardzo proszę uczulić je na to, że to, jak ktoś się ubiera, nie może być kryterium wartościowania".

I usłyszysz odpowiedź: „To moje pieniądze i mogę ubierać dziecko jak chcę!".

Oczywiście że tak, ale po co? Czy człowiek jest wart tyle, ile rzeczy, które posiada? Uważam, że można się porozumieć z każdym rodzicem, nawet z takim, z którym na pierwszy rzut oka się nie da. Kiedy odrabiałam staż jako nauczycielka, musiałam przekonać rodziców, żeby wnosili comiesięczną opłatę do wspólnej kasy, z której miały być kupowane bilety do kina i teatru, również dla dwójki dzieci, których rodziców nie było na to stać. Większość rodziców zgodziła się bez problemu, tylko jeden ojciec zaprotestował: „Rozumiem, że dzieci mają chodzić do kina, ale po co do teatru?!". Zaczęłam tłumaczyć, że to wyższa kultura i że dzieci należy z nią zapoznawać, że rozwija wrażliwość, emocje. Ten pan popatrzył na mnie jak na dziwadło: „Ja rozumiem, że do kina, ale po co do teatru?". Wtedy powiedziałam, że moim marzeniem jest, by chociaż jeden członek rodziny raz w życiu był w teatrze. Nic już nie odpowiedział, i był jedynym rodzicem, który regularnie wpłacał pieniądze na początku każdego miesiąca!

Dziecko mówi, że nie lubi szkoły, bo brzydko pisze, robi błędy i dzieci się z niego śmieją. Powinniśmy sprawdzić, czy nie ma dysleksji?

Jeżeli wcześniej jej nie zdiagnozowaliśmy, problem wychodzi w klasach jeden–trzy. Może to być dysgrafia (kłopoty z gramatyką), dysortografia (z ortografią) albo dyskalkulia (kłopoty z matematyką). Mogą one występować osobno, a mogą wszystkie razem. Wtedy oczywiście dziecko musi włożyć w naukę więcej pracy. I więcej czasu muszą mu poświęcić nauczyciele i rodzice. Dobrze jest, jeśli może liczyć na wsparcie psychologa lub nauczyciela, który mógłby z nim indywidualnie pracować.
Powiedziałaś, że dzieci śmieją się z kogoś, bo brzydko pisze. Myślę, że nie. Mogą śmiać się z tego, że dostaje gorsze stopnie, ale równie dobrze może być tak, że tymi złymi stopniami im imponuje.

To z czego dzieci się wyśmiewają?

Z różnych rzeczy. Brytyjscy naukowcy udowodnili, że najtrudniej mają w szkole dzieci otyłe. Byli nawet zdziwieni wynikami tych badań. Myśleli, że najtrudniej jest dzieciom z dysfunkcjami ruchowymi, czyli na przykład poruszającym się na wózku lub o kulach. Okazało się, że tego typu niepełnosprawność dzieci akceptują, ponieważ rodzice uczulają je na to, że nie należy o osobie w jakiś sposób upośledzonej mówić źle. To osoba nieszczęśliwa, chora. Natomiast w przypadku otyłego dziecka nikt nie próbuje dociec, dlaczego ma taki problem. Natychmiast nazywa się je grubasem. Grubas jest mniej sprawny, więc nie ucieknie ze wszystkimi, nie pobiegnie tak szybko jak inni, nie pobawi się, nie schyli. Grubas poci się częściej niż inne dzieci. W okolicach czwartej czy piątej klasy dzieci zaczynają dojrzewać i grubas pachnie zdecydowanie gorzej niż inni. Nie jest atrakcyjny towarzysko, ponieważ jest nieśmiały lub ciągle walcząc o swoje, staje się agresywny.

Ale badania wykazują również, że coraz więcej dzieci ma nadwagę, więc nie rozumiem, skąd prześladowanie grubasów.

Ja nie mówię o dziecku z nadwagą, lecz o dziecku z otyłością. Pracowałam kiedyś z czteroletnim chłopcem, który ważył pięćdziesiąt dwa kilo. Dzieci generalnie wyśmiewają się ze wszystkiego, co inne, wykluczają: ponieważ jesteś inny, nie przynależysz do nas, nie będziesz się z nami bawił, bo nie wiadomo, czego się po tobie spodziewać. Nie uczymy ich, że inność znaczy też różnorodność. Uczymy niestety, że inny znaczy gorszy. W zdaniu: „On jest inny niż ty" dorośli często wkładają komunikat: „On jest gorszy niż ty". A przecież w nim żadnego wartościowania nie ma. To dorośli są mistrzami od wartościowania i stąd mamy piegusów, rudzielców, okularników. Tymczasem powinniśmy tłumaczyć dzieciom, że osoba, która nosi okulary albo aparat słuchowy, albo chodzi o kulach, różni się od nas tylko tym, że jest jej trudniej. Ale my często uważamy, że o pewnych rzeczach mówić nie wypada, że to nietaktowne. Dawno temu czekałam z synem na autobus. Spytał mnie, dlaczego przechodzący obok nas ludzie tak dziwnie machają rękami. Wytłumaczyłam mu, że osoby, które nie mówią lub nie słyszą, porozumiewają się w języku migowym. Wtedy odezwała się stojąca obok kobieta: „Co pani takie rzeczy dziecku tłumaczy!". Dorośli uważają, że nie powinno się pytać o „takie rzeczy", bo to niezdrowa ciekawość, nie wypada, bo osoba zapytana mogłaby się poczuć urażona. A efekt jest taki, że dzieci dokuczają jąkającemu się koledze. Bierze się to właśnie z tego, że unikamy rozmów na tematy, które uznajemy za trudne. A wystarczyłoby porozmawiać w klasie o tym, że każdy z nas jest inny. U każdego dziecka można znaleźć mocne i słabe strony, coś, z czym radzi sobie świetnie i coś, co jest jego piętą achillesową. Pokazać, że różnimy się od siebie wyglądem, kolorem skóry, długością nóg, kolorem oczu, odciskiem dłoni… I że ta różnorodność jest szalenie ciekawa i w niej tkwi wartość. Bo gdybyśmy wszyscy byli jednakowi, świat byłby potwornie nudny!

Chciałabym jeszcze wrócić do dysleksji. Jak mam rozpoznać, czy moje dziecko ją ma? Czy może powinien to zrobić nauczyciel?

Pewne sygnały zauważysz już u przedszkolaka. Powinnaś się zaniepokoić, jeśli twoje dziecko ma kłopoty z koordynacją oko-ręka, czyli wszystko wychodzi mu koślawe, nie potrafi narysować kwadratu, pisze od drugiej strony, czyli pismem lustrzanym, nie potrafi narysować obok siebie dwóch takich samych kształtów, nie potrafi zapamiętać wierszyka, nie potrafi powiedzieć, o czym była bajka, którą mu właśnie przeczytałaś. Wtedy dobrze jest się wybrać na badanie dojrzałości szkolnej, do poradni, i powiedzieć, że się podejrzewa u dziecka dysleksję. U dziecka w tym wieku psycholog raczej nie stawia jednoznacznej diagnozy, tylko sugeruje, że dziecko przejawia pewne cechy dyslektyczne i diagnozę można będzie postawić dopiero wtedy, gdy pójdzie do szkoły. Jeżeli w szkole okaże się, że pomimo pracy i ćwiczeń nadal ma kłopoty – źle odwzorowuje, nie zapamiętuje, nie rozumie, wyłącza się podczas lekcji (jest kilkanaście symptomów, na które należy zwrócić uwagę) – można zdiagnozować dysleksję. Dziecko dostaje zaświadczenie do szkoły, a oprócz tego skierowanie na terapię, podczas której pracuje z odpowiednio przygotowanym nauczycielem psychologiem. Jeżeli jest prowadzone rozsądnie i systematycznie, terapia przynosi bardzo dobre efekty. Ale czasem dysleksja jest tak głęboka, że dziecko będzie miało kłopoty z zapamiętaniem reguł wiążących się z ortografią czy gramatyką i będzie robiło błędy do końca życia.

Ale może chodzić do normalnej szkoły?

Oczywiście! Nauczyciel poinformowany o tym, że dziecko ma dysleksję, troszkę inaczej je ocenia.

Spytałam o to nie bez powodu, bo na przykład dzieci z ADHD nie są w szkołach mile widziane.

Dzieci z ADHD najbardziej przeszkadzają nauczycielom i kolegom wtedy, kiedy ADHD łączy się z agresją. Agresja jest powikłaniem ADHD, tak jak zapalenie płuc jest powikłaniem grypy. Dzieci z ADHD nie są agresywne z definicji. Mogą się takie stać wtedy, gdy są źle prowadzone, kiedy matka na wszystko pozwala, kiedy nie muszą przestrzegać zasad – ale w takiej sytuacji każde dziecko może się takie stać.

ADHD jest zaburzeniem składającym się z trzech elementów: nadpobudliwości psychoruchowej, nadruchliwości i niezdolności do koncentracji uwagi. Podejrzewa się, że to problem genetyczny, czyli dziedziczony po rodzicach lub dziadkach. Podobnie jak w przypadku dysleksji, możemy mówić o stopniu niewielkim i głębokim. Dotyczy on tak naprawdę sytuacji pobudzania do akcji i umiejętności jego wyhamowywania. Gdyby na przykład podczas lekcji spadł na podłogę żyrandol, część dzieci wystraszyłaby się i zaczęła płakać. Znalazłyby się takie, które by pobiegły zobaczyć, co właściwie się stało. Byłyby i takie, które tylko rzuciłyby na rozbity żyrandol okiem i pewnie znalazłyby się takie, które nie zwróciłyby na to najmniejszej uwagi. Dzieci najbardziej pobudzone to te, które można podejrzewać o ADHD, te, którym fakt, że wpadnie do klasy mucha, przeszkadza w wykonaniu zadania. Każde najdrobniejsze rozproszenie uwagi wywołuje dekoncentrację. To są dzieci, które cały czas muszą być w ruchu. To są dzieci, które mają nadmiar energii, a problem polega na tym, że ten nadmiar straszliwie trudno spalić. One mają nadwyżki zawsze. Dziecka z ADHD nie można wybiegać. Jego mózg wysyła w ciągu minuty dziesięć razy więcej impulsów niż mózg przeciętnego człowieka. Ono widzi i słyszy wszystko. To są na ogół nadwrażliwcy, artyści, w których głowach cały czas coś się kotłuje. Takie dziecko odpowiednio prowadzone może być wzorowym uczniem i świetnie skończyć szkołę, może być grzecznym dzieckiem, tylko że jest... gadułą. ADHD z wiekiem się wycisza. Mając naście lat, się z niego wyrasta.

Czy dziecko z ADHD może nie lubić szkoły?

Oczywiście. Musi siedzieć w ławce, a tego nie znosi. Nie lubi odrabiać lekcji, w ogóle nie lubi się uczyć. Może nie lubić szkoły, gdy nadpobudliwość przeszkadza mu w kontaktach z rówieśnikami. Takie dziecko jest męczące, bo zasypuje wszystkich pytaniami i nawet na chwilę nie zamykają mu się usta. Ale to często miłe dzieci, takie gaduły, przylepy, których nie sposób nie lubić, na dodatek czasem dużo inteligentniejsze niż ich rówieśnicy.

Mój młodszy syn w pewnym stopniu też jest dzieckiem z ADHD, chociaż nigdy nie był pod tym kątem badany. Był nadpobudliwy, nadruchliwy, superemocjonalny, miał problemy z koncentracją, ale postanowiłam, że nie pozwolę, żeby się różnił od innych dzieci. Nauczyciel skarżył się, że syn podczas lekcji rozmawia równocześnie z czterema osobami, które koło niego siedzą, że nie uważa, ale gdy próbował go na tym złapać, nie mógł tego zrobić, ponieważ mój syn słyszał również to, co mówił nauczyciel. Miał ogromnie podzielną uwagę. Nigdy nie był agresywny, zawsze uśmiechnięty, zawsze zadowolony, pogodny, w związku z czym był klasowym przeszkadzaczem, ale wzbudzał sympatię. Z czasem nauczył się, że nie wolno rozmawiać na lekcjach, ale pierwszy rok był trudny. Rzeczywiście potrafił nieźle dać w kość. Mnie jego ruchliwość nie przeszkadzała, ale doskonale rozumiem, że gdy w klasie jest trzydziestka dzieci, a jedno cały czas panią o coś pyta, poprawia i cały czas chce na sobie skupiać uwagę, pani może go mieć serdecznie dosyć. Na szczęście w klasach jeden–trzy miał fantastyczną nauczycielkę. W pełni akceptowała jego potrzebę aktywności.

Niestety dzieci z ADHD najczęściej nie są akceptowane: bo przeszkadzają na lekcjach, rozpraszają innych uczniów, biegają, zaczepiają, biją, i stąd protesty rodziców: „Proszę zabrać dziecko z naszej szkoły!".

Co mają zrobić rodzice, gdy wychowawca proponuje, żeby zabrali dziecko, a równocześnie dziecko sygnalizuje, że nie lubi szkoły?

Wychowawca musi przedstawić konkretny powód. Nie można wyrzucić dziecka ze szkoły z powodu czyjegoś widzimisię. Takim powodem może być przemoc, kradzież albo zachowanie na granicy patologii bądź przestępstwa. W innym przypadku taka opcja nie wchodzi w rachubę.

Nie sądzę jednak, żeby nauczyciele wzywali rodziców i prosili, żeby zabrali dziecko ze szkoły. Proszą raczej, żeby z dzieckiem pracować, poświęcać mu więcej czasu – albo proponują wizytę u psychologa.

W takim razie kiedy, i czy w ogóle, warto przenieść dziecko do innej klasy lub szkoły?

Jeżeli dziecko nie ma problemu z wejściem w grupę rówieśniczą, a ma na przykład problemy wynikające ze złej relacji z nauczycielem albo ze złych stopni, przeniesienia bym się nie bała – z tym że dobrze bym to dziecku wyjaśniła. Jeżeli natomiast ma trudności z wchodzeniem w grupę, to raczej zrobiłabym wszystko, żeby problem rozwiązać bez zmiany środowiska. Bo może się zdarzyć, że w nowej klasie sytuacja się powtórzy.

A jeśli chodzi o przemoc? Jeśli dziecko jest bite przez kolegów? Myślisz, że szansa, że trafi do klasy, w której dzieci będą mniej agresywne, jest niewielka?

Ale problem może tkwić w naszym dziecku. To ono może wywoływać wszystkie konflikty. Niestety niewielu rodziców jest w stanie z pokorą przyjąć do wiadomości, że ich dziecko nie jest aniołem, że robi rzeczy, które się im nie mieszczą w głowach, że to ono kogoś pobiło, że coś ukradło albo z premedytacją zniszczyło, że pyskuje nauczycielowi. Rodzic twierdzi, że to na pewno nie jego dziecko: „Przecież w domu jest taki grzeczny. Pomaga we wszystkim. Przynosi babci zakupy!".

Chyba się nie zrozumiałyśmy. Miałam na myśli dziecko, które jest ofiarą przemocy. Dziecko, które tłucze kolegów, nie będzie mówić rodzicom, że nie lubi szkoły.

Będzie, tylko inaczej. Ono nie powie wprost: „Nienawidzę szkoły!",
tylko pokaże to swoim zachowaniem: będzie niszczyć ławki i pomoce
naukowe, malować po ścianach, licząc na to, że ktoś się domyśli. Ono
nie wie, dlaczego się tak zachowuje. To jest jego wołanie o pomoc. I jeśli wyrzucą takie dziecko z jednej szkoły, w drugiej też może się nie
odnaleźć, bo problem jego awersji do szkoły nie został rozwiązany.
A teraz kilka zdań o ofierze przemocy. Uważa się, że dziecko noto-
rycznie bite przez kolegów z klasy zupełnie nie jest temu winne. A ja
przewrotnie powiem: jest! W psychologii mówi się o syndromie ofiary. Ktoś z takim syndromem w przełożeniu na język szkolny nazywa
się kozioł ofiarny. Załóżmy, że ktoś po raz drugi podłożył mi w pracy
świnię, przerzucił na mnie swoją robotę albo kazał przyjść do pracy, gdy byłam na zwolnieniu lekarskim. Mogę za to winić wyłącznie
siebie, ponieważ nie wyciągnęłam wniosków z poprzedniej sytuacji
i zdecydowanie się jej nie przeciwstawiłam. Wracam teraz na szkolne
podwórko: jeżeli raz pobili moje dziecko w szkole, to gdy się to powtórzy, jest to wina jego i moja, rodzica, dlatego że nic z tym nie zrobiliśmy. Już za pierwszym razem powinniśmy zgłosić to właściwym
osobom, by na przyszłość temu zapobiec. I pracować z dzieckiem, by
to się nigdy nie powtórzyło. Nie wolno się bać interweniować, bo to
prowadzi do eskalacji przemocy.

**Ale jeżeli moje dziecko jest kozłem ofiarnym, to nawet jeśli
powtórnie nie pobiją go dzieci, które zrobiły to za pierwszym razem,
zawsze znajdzie się ktoś inny.**

Nie. Po pierwsze tych, którzy je pobili, trzeba przykładnie ukarać.
Po drugie należy zorganizować dla wszystkich uczniów wykłady na
temat przemocy w szkole i rozmawiać o tym, dlaczego nie można
jej stosować. A po trzecie nasze dziecko, ofiarę, wysłać na terapię

do psychologa, po to, żeby je zmienić, żeby wzmocnić jego poczucie własnej wartości, żeby wiedziało, że nie może dawać się bić. Kiedy jeden z moich synów przyszedł do mnie zapłakany i powiedział, że nie będzie się bawić z kolegami, którzy mu dokuczają – zabierają mu czapkę i w pięciu rzucają do siebie – poradziłam: „Następnym razem gdy ją zaczną rzucać, usiądź na ławce, wyjmij książkę i zacznij czytać. Zobaczysz, co się stanie". Zrobił tak, jak mu powiedziałam. Przyszedł zaskoczony: „Wyobraź sobie, że rzucili ją na dach, ale przestali się ze mnie śmiać!". Trzeba dziecku podpowiadać, jak może się zachować w konkretnej sytuacji. I że jeżeli je biją, musi powiedzieć o tym dorosłemu.

Często wtedy ojciec mówi: „Oddaj!".

To najgorsze, co możemy dziecku poradzić. W ten sposób nic nie załatwimy. Konflikt między dziećmi będzie się tylko pogłębiać. A skoro już mówimy o biciu, wpadam w furię, gdy słyszę, jak grono pedagogiczne mówi, że w ich szkole nie ma agresji i przemocy. To nieprawda! Przemoc i agresja występują w każdej szkole, tylko nauczyciele udają, że ich nie ma albo to lekceważą, wychodząc z założenia, że bójki są wpisane w męską naturę. I druga rzecz: gdy już wybucha afera z przemocą w szkole – tak jak niedawno, gdy wyszło na jaw, że przez dwa lata dwóch chłopców zabierało kolegom pieniądze – nauczyciele są zdziwieni, że żadne sygnały do nich nie docierały. To znaczy, że w takiej szkole źle się dzieje, że dzieci nie mają zaufania do dorosłych. Gdyby je miały, nauczyciele byliby pierwszymi, którzy by o tym wiedzieli. Dla dziecka w tym wieku nauczyciel jest większym autorytetem niż rodzic, więc najpierw poszłoby ze skargą do niego. Miałoby pewność, że na niego nie nakrzyczy (co niestety w takich sytuacjach często robią rodzice), że załatwi sprawę w taki sposób, że nikt się nie dowie, że to ono zgłosiło problem. Jeżeli nauczyciel mówi, że nic nie wiedział i nic nie widział, to znaczy, że to kiepski nauczyciel.

A pedagog szkolny, który powinien być rzecznikiem dziecka?

Kiedyś ktoś miał dobry pomysł, żeby we wszystkich szkołach oprócz nauczycieli byli pedagog i psycholog szkolny, tyle że wszystko rozbiło się o pewien drobiazg. Mianowicie zarówno pedagog, jak i psycholog są pracownikami szkoły i członkami rady pedagogicznej, w związku z czym najczęściej nie stają przeciwko dyrektorowi i nauczycielom, z którymi są na ty i z którymi piją kawę na radach pedagogicznych. Oni powinni być mediatorami z zewnątrz. Owszem, mieć w szkole gabinet, lecz nie zależeć od dyrekcji. Inaczej uczeń myśli: „Jeśli pójdę do pani psycholog, to za chwilę o moim problemie będzie wiedział cały pokój nauczycielski". Bo niestety tak to jest, mimo że psychologa, tak jak lekarza, obowiązuje tajemnica zawodowa.

Można opowiadać o przypadkach, ale nie wolno operować nazwiskami, ponieważ szkoła jest zbyt małym środowiskiem, aby cokolwiek mogło pozostać w ukryciu. Poza tym dzieci uważają, że skoro pedagodzy i psycholodzy są w tej samej drużynie co nauczyciele, nigdy nie staną po ich stronie. I mają dużo racji. Znam niewielu, o których mogłabym powiedzieć, że są bezstronni. Moim zdaniem to błąd, że są członkami rady pedagogicznej i uczestniczą w roztrząsaniu problemów wychowawczych, bo to rzutuje na ich postrzeganie ucznia, a tym samym na jego ocenę. Powinni mieć własny pogląd, a trudno go mieć, kiedy podczas rady pedagogicznej wysłuchują, co na temat Krzysia Piotrowskiego sądzi jedna, druga i trzecia nauczycielka. A żadna nie ma o nim najlepszego zdania: uważają, że Krzyś jest krnąbrny, leniwy i bezczelny. Pani psycholog, która się tego nasłucha, dochodzi do wniosku, że może się myliła, uważając, że chłopiec jest fajnym, inteligentnym, samodzielnie myślącym dzieckiem.

To znaczy, że podstawówka jest dla dziecka niezłą szkołą przetrwania! Myślę, że nie mają o tym pojęcia nawet nadopiekuńczy rodzice, a co dopiero ci, którzy uważają, że dziecko jest odchowane, nie musi mieć posiłków na gwizdek, kupi hamburgera i jakoś sobie poradzi!

Rodzice przesypiają te lata i budzą się z ręką w nocniku, czyli wtedy, gdy dziecko jest nastolatkiem. Mówisz: szkoła przetrwania. Oczywiście, bo dziecko musi się odnaleźć w nowym środowisku, w nowych sytuacjach, musi się nauczyć nowych zachowań społecznych. Ale nie demonizujmy. Szkoła to nie pole ciągłej walki. Bywa tam również przyjemnie. To, o czym opowiadam, znam z pracy. Gdybyśmy rozmawiały o moich doświadczeniach szkolnych, usłyszałabyś sporo miłych rzeczy.

Ja uwielbiałam chodzić do szkoły, chociaż nie byłam specjalnie dobrą uczennicą, nie lubiłam się uczyć, nigdy w życiu nie miałam świadectwa z paskiem, ale dla mnie (pochodzę z nauczycielskiej rodziny, więc mogę na to trochę inaczej patrzeć) szkoła zawsze była fajnym miejscem. Chodziłam do państwowej podstawówki na trzecią zmianę (czyli na jakąś piętnastą), potem poszłam do zwykłego liceum, w którym też bywało różnie, ale lubiłam atmosferę szkoły, chociaż, jak mówiłam, orłem nigdy nie byłam. Kiedy moi synowie mieli iść do szkoły, opowiadałam im, że szkoła to miejsce, które jest trampoliną do zdobywania wiedzy, że spotkają w niej ciekawych ludzi, mądrych nauczycieli. I chociaż nie wszyscy byli idealni, moi synowie byli przygotowani na to, że przykre rzeczy się zdarzają, bo nauczyciel jest tylko człowiekiem, też wstał lewą nogą, też może go boleć głowa. Przeszli przez szkołę bez traumy, bez fobii, bez lęków, bez bólu brzucha, bez protestów: „Nie chcę iść jutro do szkoły!". Pozwalałam im na różne rzeczy, ale nie dlatego, że jestem psychologiem, tylko dlatego, że jestem uważną matką. Chciałabym powiedzieć wszystkim mamom, że nie trzeba być specjalistą w jakiejś dziedzinie, żeby się na niej znać. Po prostu trzeba być uważnym rodzicem. Może nim być urzędniczka z banku, policjantka, kasjerka z hipermarketu. Każdy rodzic, jeżeli włoży trochę wysiłku w poznanie swojego dziecka i rzeczywiście będzie rodzicem wychowującym, czyli spędzającym z dzieckiem czas i poświęcającym mu uwagę, zauważy, gdy z jego dzieckiem dzieje się coś złego, że ma jakieś kłopoty. Oczywiście niekoniecznie uda nam się rozwiązać wszystkie problemy. Możemy trafić na opór nauczyciela, ale wtedy to my z nim walczymy. Nie wysyłamy na linię frontu dziecka, nie wychodzimy z założenia, że jakoś sobie poradzi. Dziecko w starciu z dorosłym nie poradzi sobie nigdy!

Myślę, że nauka w szkole podstawowej jest w życiu dziecka trudniejszym etapem niż nauka w liceum, ponieważ wtedy po raz pierwszy jest oceniane. Co prawda w przedszkolu też ocenie podlegało – oceniała go grupa rówieśnicza i pani przedszkolanka – ale tam ocena była trochę rozmyta, a teraz jest konkret: stopnie, które wystawiają nauczyciele.

W tym, co mówisz, jest sporo racji. Faktycznie jest to zderzenie z oceną kogoś innego niż mamusia i babcia, które zawsze są dzieckiem zachwycone. Ale stopnie wprowadzają już nauczycielki w przedszkolu. Traktują je jako karę lub nagrodę. Pamiętajmy jednak, że to nie dziecko jest oceniane. Oceniana jest tylko i wyłącznie jego wiedza. I to trzeba dziecku uświadomić. Trzeba je nauczyć dystansu do tego: to, że dostałeś dwóję nie oznacza, że jesteś głupi. Jesteś mądry, tylko się nie nauczyłeś, bo ci się nie chciało, i musisz ponieść konsekwencje.

Przecież niektóre dzieci mają trudności z nauką. I to, że się nie nauczyły, nie wynika z tego, że im się nie chciało. Jedno dziecko przeczyta raz i wszystko zapamięta, a drugie musi czytać dziesięć razy i jeszcze wykuć na pamięć. Więc temu mniej lotnemu dziecku mam powtarzać: „Jesteś mądry"?

Nie musisz mu mówić: „Jesteś mądry". Możesz powiedzieć: „Włożyłeś w to bardzo dużo pracy, ale troszkę zabrakło".

Czasami nie troszkę, tylko bardzo dużo!

Ja musiałam kilka razy czytać materiał, robić notatki, powtarzać, a są dzieci, które czytają raz i wszystko pamiętają. Nie jest powiedziane, że wszyscy muszą być super. Dziecko, które ma kłopoty z nauką, również może mieć piątki. Uważam, że sześciostopniowa skala umożliwia sprawiedliwsze ocenianie. Oceniasz dziecko za wysiłek, za postępy. Nie porównujesz najlepszego ucznia w klasie z Marysią Makowianką, która ledwo czyta, tylko stawiasz Marysi piątkę za to, że po miesiącu nauki jest w stanie płynnie przeczytać czytankę, czego wcześniej nie potrafiła zrobić. Jej wysiłek zasługuje na piątkę. A Piotruś Borowiecki, który przeczytał już sto pięćdziesiąt książek, powinien być oceniany inaczej. Często tłumaczę rodzicom i nauczycielom: jeżeli dziecku coś przychodzi z łatwością, bo ma do tego duże predyspozycje, ocenianie go jak innych uczniów jest bez sensu. Stawiając mu piątkę, dajemy mu do zrozumienia, że nic nie musi robić i zostanie świetnie oceniony. A powinniśmy powiedzieć: „Bardzo ładnie", a piątkę postawić wtedy, gdy rzeczywiście włoży w pracę jakiś wysiłek. Trzeba mu podnosić poprzeczkę. Bo nagradzanie za to, że się nie pracuje, tylko bazuje na dobrych genach, jest demoralizujące. Ale sposób oceniania, o którym mówię, jeszcze ciągle przerasta możliwości polskiego nauczyciela.

Bo taki jest odgórnie narzucony system. Nie ocenia się samodzielnego myślenia, tylko znajomość szablonu. Jest test i trzeba go rozwiązać według klucza, który ktoś sobie wymyślił. A im bardziej odbiegasz od przeciętności, tym bardziej przegrywasz, bo nie jesteś w stanie się w ten schemat wpasować. Według mnie szkoła przypomina teleturniej „Familiada", w którym wygrywa ta rodzina, która myśli najbardziej przeciętnie.

To prawda. Ale moglibyśmy o zmianie systemu oceniania pomyśleć. Można by oceniać uczniów tak, jak oceniani są studenci – by o stopniu wiedział uczeń, nauczyciel i rodzic, a nie cała klasa.

Chciałabym się teraz skupić na dzieciach nieprzeciętnych, na geniuszach. One też mogą nie lubić szkoły… mogą się w niej nudzić.

Nie lubią szkoły, bo się nudzą, bo nauczycielka jest niedouczona, bo nikt nie chce wysłuchać tego, co mają do powiedzenia, nikt nie chce docenić ich wiedzy. Takie dzieci sprawiają trudności. Obydwaj moi synowie poszli do szkoły wcześniej. W przypadku starszego po dwóch tygodniach zostaliśmy wezwani do dyrektora. Kazał nam zabrać syna ze szkoły albo coś z nim zrobić, ponieważ się mądrzy, poprawia nauczycieli, poprawia dzieci, przejmuje funkcję nauczyciela i zaczyna prowadzić lekcję. I jest nie do wytrzymania, chociaż tak w ogóle jest grzecznym chłopcem. Poszliśmy do sąsiedniej szkoły i spytaliśmy dyrektora, czy mógłby syna przyjąć do drugiej klasy. Usłyszeliśmy, że nie ma takiej możliwości, ale skieruje go do klasy, którą prowadzi bardzo doświadczona i mądra nauczycielka. Będzie mu się bacznie przyglądać i po roku zdecyduje, czy jest sens, żeby przeskakiwał klasę. Pod koniec roku szkolnego zgłosiła go do egzaminu sprawdzającego wiedzę uczniów drugiej klasy. Napisał go najlepiej w szkole i zdecydowano dać mu promocję z klasy pierwszej do trzeciej. I w sumie miał dwa lata do przodu. Dzisiaj bym takiej decyzji nie podjęła, chociaż był świetnie przystosowany społecznie i dobrze sobie radził. Konsekwencje zaczęły się w gimnazjum i liceum. Wtedy jest rzeczą naturalną, że chłopcy zaczynają się interesować dziewczynami. A on był o dwa lata młodszy od koleżanek z klasy. Bardzo mu to utrudniało życie. W trzeciej klasie liceum był najmłodszy w szkole. Starsze od niego były nawet dzieci przychodzące do pierwszej klasy. Niezłe jazdy się tam odbywały, ale dał sobie radę.

Byłam w szkole częstym gościem, bardzo się udzielałam, oferowałam pomoc. Przeprowadziłam z synem miliony rozmów: że nie wolno tak traktować nauczyciela, że nie może się tak zachowywać, że nie może poprawiać nauczyciela i tak dalej, i tak dalej. On bardzo długo tego nie rozumiał. Bo skoro przez lata mówiliśmy mu, że wiedza jest najważniejsza, to dlaczego teraz jest karany za to, że jest mądrzejszy od innych? Nie wyobrażasz sobie, ile energii zużyłam, żeby go zmusić, by odrobił lekcje, które dla niego były nudne, żeby się nauczył. „Mamo, proszę cię! Nie będę tego robił, ja to wszystko wiem".

Na szczęście w szkole podstawowej trafiliśmy na wspaniałe nauczycielki: jedna skierowała go na zajęcia dla wybitnie zdolnych, na których się realizował, a druga zawsze miała dla niego dodatkowe zadania, więc skupiał się na nich i nie musiał udowadniać innym, że wie od nich więcej. Poza tym poziom klasy, do której chodził, był bardzo wysoki, więc pod koniec czwartej klasy już specjalnie od reszty dzieci nie odstawał. Bo ja – może to, co powiem, zabrzmi okropnie

– robiłam wszystko, żeby był normalnym dzieckiem, żeby też czegoś nie wiedział, żeby nie nudził się w szkole. Niektórzy mi zarzucali: „Miałaś geniusza, a wychowałaś przeciętnego". Odpowiadałam: „Nie wychowałam przeciętnego. On jest ponad przeciętność, ale jest szczęśliwy".

Chyba bardzo łatwo, mając takie dziecko, pękać z rodzicielskiej dumy i stracić zdrowy rozsądek?

Oczywiście. Trzeba się mocno kontrolować. Mój syn w drugiej i trzeciej klasie liceum chodził na dodatkowe zajęcia. Uczył się na nich rzeczy, o których nawet nie słyszałam. Coś takiego może mile łechtać rodzicielską dumę. Ale kiedyś wrócił do domu i powiedział: „Jest u nas chłopak, geniusz matematyczny, który leży na podłodze i kopie nogą w stół. Gdy mu zwróciłem uwagę, że tak się nie robi, facet prowadzący zajęcia powiedział, że on jest genialny i jemu wolno. Wiesz co? To ja wolę być normalny!". I przestał tam chodzić. Chciał być taki sam jak koledzy. Dla mnie najważniejsze jest to, aby był szczęśliwym dzieckiem, a nie żebym mogła się pochwalić, że mam syna geniusza.

Spotkałam rodzica, którego dziecko znało nazwiska wszystkich prezydentów Stanów Zjednoczonych, nazwy wszystkich dinozaurów, wszystkich laureatów Nagrody Nobla… Było chodzącą encyklopedią. Nigdy tego od moich synów nie wymagałam, bo po co sobie zaśmiecać głowę nadmiarem informacji? Nie chodzi o to, by wszystko wiedzieć, lecz o to, by wiedzieć, gdzie informację znaleźć i co z nią zrobić. Mądry rodzic nie będzie wymagał od dziecka piątek czy szóstek od góry do dołu. Pozwoli mu wybrać przedmioty, które go interesują.

Wielu psychologów uważa, że szkoła zabija w dzieciach indywidualność. A co ty o tym sądzisz?

Zgadzam się, że szkoła ma masę wad: między innymi zabija indywidualność, kreatywność, chęć poszukiwania, samodzielne myślenie. Ale uważam, że ma też parę zalet, i w sumie jakoś to się równoważy. Wiele zależy od osobowości ucznia i nauczyciela, i zaangażowania rodziców. A ci, którzy nie akceptują szkoły, mogą dziecko uczyć w domu. W Polsce taki system nauczania jest już dopuszczalny.

Może warto skorzystać z tej opcji również wtedy, gdy dziecko nie lubi szkoły?

Warto, tylko trzeba pamiętać, że nauczanie domowe wymaga nieprawdopodobnej samodyscypliny zarówno od dziecka, jak i od rodziców. Domowe lekcje trzeba prowadzić systematycznie, a nie jest to takie proste, jak się wydaje, bo w domu zawsze jest coś do zrobienia. Poza tym musimy dziecku zapewnić kontakt z rówieśnikami. Możemy uczyć w domu trójkę czy czwórkę dzieci i dzielić się obowiązkami – na przykład jeden rodzic uczy przedmiotów ścisłych, drugi humanistycznych – ale nawet ta trójka czy czwórka to trochę mało. W grę zespołową nie zagrają, więc muszą gdzieś mieć zajęcia dodatkowe: siatkówkę, basen, judo. Oczywiście dziecko co roku musi zdawać egzaminy końcowe, bo to nie my decydujemy o tym, czy zdaje do następnej klasy, czy nie. Musimy więc realizować program. Jest jeszcze jedna rzecz, o której chciałabym powiedzieć: często obserwuję rodziców, którzy pracują ze swoimi dziećmi i jest to droga przez mękę: nie mają cierpliwości, krzyczą na dzieci i mają w stosunku do nich zawyżone wymagania. Chcą coraz więcej.

Takiemu zadaniu może podołać rodzic spokojny, tolerancyjny, cierpliwy, zdyscyplinowany, taki, który lubi uczyć. Ja bym się nie nadawała. Zawsze znalazłabym jakieś wytłumaczenie, żeby nie było lekcji.

To znaczy, że nie widzisz minusów?

Nie. Jeżeli rodzice zapewnią warunki, o których powiedziałam, to jest to bardzo dobra forma nauczania.

Zajęcia mogą być ciekawsze niż w szkole. Wszystko zależy od inwencji rodziców. Opowiadasz dziecku o starożytności – jedziesz z nim do Egiptu. Uczysz o Norwegii i jedziecie nad fiordy.

Wycieczka do Egiptu kosztuje jakieś tysiąc dwieście złotych, to nie jest tak dużo. Możesz pojechać do muzeum, teatru, do ogrodu botanicznego, do zoo, wybrać się na jednodniową wycieczkę poza miasto, do lasu czy na wieś. Dla dzieci to ogromna atrakcja. Czy wiesz, jak wielu dziesięciolatków nigdy nie widziało na żywo krowy czy kury?

Myślę też, że można takie wypady planować razem z dzieckiem, by nie dostawało gotowca, tylko samo wykazało się inwencją.

A inwencja bardzo się przydaje w dorosłym życiu. Jeżeli chcesz, żeby twoje dziecko radziło sobie w życiu, musisz je nauczyć sobie radzić. Jak zawsze są dwie szkoły: falenicka i otwocka. Jedna mówi: naucz dziecko radzić sobie w życiu, podsuwając mu rozwiązania, a druga: stawiaj przed dzieckiem wyzwania i niech radzi sobie samo. Druga metoda jest dobra tylko wtedy, kiedy dziecko jest pewne siebie, gdy mamy do niego zaufanie, kiedy patrząc z boku i podpowiadając jedno słowo, jesteśmy w stanie skierować je na dobre tory. Na pewno jest tak, że dziecko, które miało do szkoły pod górkę, czyli miało trudności, szkoła stawiała przed nim wyzwania, zdarzały się sytuacje, w których musiało samodzielnie podjąć decyzję, w dorosłym życiu radzi sobie lepiej. To są ludzie, którzy szukają rozwiązań, którzy mając do dyspozycji opakowanie po jogurcie i gumę do żucia, potrafią uratować świat. To są ludzie kreatywni, z otwartymi głowami. Nie trzeba im podsuwać pod nos zestawu do ratowania świata, w którym jest wszystko, co do tego potrzebne.

3. MOJE DZIECKO NIC NIE ROBI

Czy dzisiejsze dzieci są mniej ciekawe świata? Pytam, bo często słyszę od matek: moje dziecko nie lubi szkoły, nie lubi się uczyć. Ale żeby chociaż miało jakąś pasję! A tu nic go nie interesuje!

Rodzicom się wydaje, że dziecko koniecznie musi się czymś interesować. Ale kiedy pytam ich samych: „A jaką wy macie pasję? Czym wy się interesujecie?", bardzo często pada odpowiedź: „Ja dużo pracuję". „Swoją pasję chwilowo odłożyłem na bok". „Nie mam czasu na takie głupoty". Nikogo nie dziwi, że dorosły nie ma hobby czy, jak kto woli, pasji życiowej, ale dziecko powinno mieć! Tylko skąd dziecko ma czerpać wzór, jeżeli widzi rodziców, którzy rano wybiegają z domu, po pracy przeglądają gazetę lub oglądają telewizję, a w weekend, kiedy mają czas wolny i mogliby tą chwilowo odłożoną na bok pasją się zająć, tłumaczą się, że są zmęczeni lub że nie mają na nią pieniędzy i na przykład włączają telewizor? Psychologowie uważają, że dzieci uczą się przez naśladownictwo. Więc kiedy rodzic mówi: „Moje dziecko niczym się nie interesuje", mogę się założyć, że sam nie ma żadnych zainteresowań. Bo nie mówią o braku pasji u swoich dzieci ci, którzy sami ją mają. Jeżeli rodzic ma dobry kontakt z dzieckiem, potrafi je swoją pasją zarazić. Często łączy ona kolejne pokolenia: od dziadka po wnuka wszyscy mężczyźni w rodzinie sklejają modele samolotów, zbierają znaczki. Ale pasja nie musi się wiązać ze zbieractwem. Może

to być podróżowanie (i nieważne, czy po świecie, czy po Polsce), jeż-
dżenie na rowerze, wspinaczka, żeglarstwo, motoryzacja. To może
być namiętne czytanie książek o określonej tematyce, fotografowanie
roślin, wycieczki do lasu i obserwowanie zwierząt, gotowanie... Można robić miliony rzeczy. Ale jeśli rodzic nie ma żadnych zainteresowań, dziecko również nie będzie ich miało. Przykład musi iść z góry.
Nie można oczekiwać, że młody człowiek będzie robił coś, czego nie
ma szans zaobserwować w otaczającym go świecie.

A dziecko w tym wieku jest otwarte na rodziców.

Do siódmego roku życia rodzic jest dla dziecka wzorem. Numerem jeden. Później pojawia się grupa rówieśnicza, która powoli odsuwa go na
drugi plan. Ale ja wychodzę z założenia, że jeżeli rodzic w ciągu tych
kilku pierwszych lat stworzył z dzieckiem zdrową relację, opierającą
się na zaufaniu, na szacunku, to mimo fascynacji dziecka rówieśnikami
wzorem pozostanie.
Zdrowo myślący rodzic, który usłyszy od dziesięcio- czy dwunastoletniego dziecka, że klejenie samolotów z papieru jest głupie, nie będzie
miał do niego pretensji, tylko spyta, co w takim razie chciałoby robić.
Może zamiast samolotów chciałoby zbudować makietę toru wyścigo-
wego, a może zająć się konstruowaniem modeli latających?
Musimy być elastyczni. Dziecko w wieku jedenastu, dwunastu lat odkrywa świat. Odkrywa, że może zrobić coś samodzielnie. Niektórzy
rodzice tego nie akceptują. Chcieliby, żeby ich dziecko pozostało dzi-
dziusiem, żeby cały czas było w zasięgu ich ręki.

Dwunastolatek chce jeszcze spędzać czas z rodzicami?

Dziecko zawsze chce spędzać czas z rodzicami! Nawet nastolatki z gimnazjum i liceum, chociaż deklarują, że absolutnie nie chcą. Myślę, że

problem tkwi w tym, że rodzice nie są dla nich atrakcyjni. Nie mówię, że mają stawać na rzęsach i wymyślać Bóg wie jakie atrakcje. Chodzi o to, że nie są dla dziecka partnerem, z którym mogłoby się podzielić swoimi zainteresowaniami. Jeżeli dziecko uwielbia łazić po centrum handlowym, to nie krytykujmy go na wejściu, tylko idźmy z nim i dowiedzmy się, co w tym takiego fantastycznego. Jeżeli uwielbia konwenty mangowe czy przebieranie się za postaci z kreskówek, to przebierzmy się i pójdźmy tam z nim. Może spojrzymy na to z innej strony. Jeżeli uwielbia jakiś rodzaj muzyki i ciągle jej słucha, nie krytykujmy tylko dlatego, że dla nas muzyka to tylko Beethoven albo Czerwone Gitary, tylko poprośmy, żeby nam o niej opowiedziało, wyjaśniło, co je w tej muzyce fascynuje. Jeśli tylko będziemy uważnie słuchać, przekonamy się, ile czasu będzie w stanie poświęcić na wytłumaczenie nam, czym różni się hip-hop od rocka albo manga od innych komiksów.

To nieprawda, że dziecko nie chce spędzać z nami czasu: ono nie chce spędzać z rodzicami całego czasu. Bo czas dziecka i nasz to są odrębne zbiory, i wspólna jest tylko ich część. Gdy dziecko jest małe, część wspólna jest większa. Kiedy staje się starsze, ta część robi się coraz mniejsza, by w którymś momencie praktycznie doszło do rozdzielenia. Będziemy teraz spotykać się z dzieckiem raz w tygodniu, a jeśli wyjedzie na stypendium zagraniczne – nawet raz w miesiącu. Taka jest kolej rzeczy. I musimy pozwolić dziecku odejść – emocjonalnie, fizycznie, ekonomicznie, społecznie. Na tym polega rozwój. Nie można trzymać dziecka za rękę, gdy ma lat sześć i wtedy, gdy ma lat szesnaście. Trzeba je puścić, bo inaczej wyrządzimy mu krzywdę. Oczywiście inaczej puszczamy trzylatka, inaczej sześciolatka, a inaczej dwunastolatka. A na to nie wszyscy rodzice są gotowi.

Myślę, że ważne jest też, by rodzice mieli świadomość, że dziecko może zmienić zainteresowania.

Mniej więcej do trzynastego roku życia dziecko ma prawo je zmieniać. Ma prawo, ponieważ nie ma jeszcze wiedzy o swojej tożsamości. Dopiero jej szuka i nie wie, co będzie je w życiu interesowało. Wielu psychologów, mądrzejszych ode mnie, uważa, że im więcej tych zmian się dokona, tym lepiej. Sięganie do wielu źródeł rozwija. Korzystanie z tylko z jednej studni jest ograniczaniem siebie.

Pamiętajmy też, że pasja może ewoluować. Ja w dzieciństwie zbierałam papierowe serwetki. Przyjaciel moich rodziców podróżował po świecie i przywoził mi je z hotelowych restauracji. Razem z mamą kolekcjonowałam też znaczki. Były moim oknem na świat. W atlasach, których miałam mnóstwo, sprawdzałam, z jakiego kraju pochodzą, planowałam podróże, jakie na pewno kiedyś odbędę. Wiedziałam dokładnie, jakimi drogami będę się przemieszczać, ile będę miała do pokonania kilometrów... Moja pasja zbieracza przełożyła się na podróżniczą i na miłość do geografii. Teraz moja biblioteka, poza książkami biograficznymi, pełna jest przede wszystkim książek o podróżach, o przygodach innych ludzi. Zresztą miłość do książek też wyniosłam z dzieciństwa. Odkąd pamiętam, moją pasją było czytanie. Potrafiłam czytać do rana.

Każdy rodzic byłby zadowolony, gdyby jego dziecko czytało książki. Ale jak się cieszyć z tego, że dziecko słucha hip-hopu?

Jest wiele rodzajów słuchania. Jeżeli tylko buja się w rytm i nic za tym nie idzie, to nie nazwałabym tego pasją. Ale jeżeli zna teksty piosenek, artystów hip-hopowych, wie, jaka jest geneza tego nurtu, kto jest najlepszy, kto najgorszy, kto w ciągu ostatnich lat dostał nagrody... to znaczy, że naprawdę się tym interesuje.

Niestety rodzice wymyślili sobie, że mają monopol na decydowanie, co jest dobrą pasją, a co złą, czyli w ogóle nie jest pasją, właściwie jest nałogiem. Deprecjonują to również dlatego, że sami się tym nie interesują.

Gdy rodzi się dziecko, rodzice planują dla niego jakieś życie. Na ogół – świadomie lub nieświadomie – popychają je w kierunku swoich nie-zrealizowanych marzeń i pasji, uważając, że tylko realizując je, dziecko będzie szczęśliwe. Czasem wychodzi to dziecku na dobre, ale czasem następuje kompletna klapa. Bo pomysł, żeby dziecko realizowało scenariusz rodzica, żeby było do niego podobne, jest po prostu chory. Dziecko ma prawo mieć własne zainteresowania i mogą one być o sto osiemdziesiąt stopni różne od zainteresowań rodziców. Wiadomo, że rodzic chętnie widziałby w dziecku kontynuatora, na przykład tradycji rodzinnej – bo w tej rodzinie wszyscy od stu lat są lekarzami albo prawnikami, albo matematykami. A tu nagle dziecko wyskakuje z pomysłem, że chce być artystą! Po prostu czarna owca! Powinniśmy dać dziecku możliwość samodzielnego rozwoju, stwarzać sytuacje, w których może dokonywać wyboru. Mamy prawo sugerować, co według nas byłoby dla niego dobre, a co nie do końca, i zawsze powinniśmy tłumaczyć dlaczego. Jestem zdecydowaną przeciwniczką mówienia dzieciom, że mogą osiągnąć wszystko, że wystarczy chcieć (i oczywiście się uczyć). To często zwykłe oszukiwanie. Nie można osiągnąć wszystkiego tylko dzięki temu, że się chce. Mamy pewne predyspozycje i uwarunkowania. Ktoś, kto jest krótkowidzem albo ma niedosłuch, albo nie ma talentu, pewnych zawodów nie będzie mógł wykonywać nigdy. Jeśli dziewczynka ma płaskostopie, nie będzie pri-mabaleriną. Może być fantastycznym znawcą teatru i baletu, ale sama nie będzie tańczyć! Robiłam program telewizyjny pod tytułem „Familijny Informator Kulturalny", w którym pokazywałam, co można robić z dziećmi w Warszawie, jak spędzać razem weekend… Pamiętam odcinek o zajęciach baletowych dla dziewczynek. Pod ścianą siedziały mamusie, a na środku sali tańczyły dziewczynki w trykotach. Dwie trzecie z nich nie powinno się tam znaleźć. Po części dlatego, że nie miały poczucia rytmu, miały nadwagę, płaskostopie lub nogi w iksy, ale przede wszystkim widać było, że nie chcą tego robić. Spytałam instruktorkę, jaki jest sens tych zajęć. Odpowiedziała, że widzi, które dziecko nie ma predyspozycji, ale gdy matka się upiera, żeby córka tańczyła, to przyjmuje ją na zajęcia.

Rodzice miewają własne pomysły na dziecko, często wbrew jego potrzebom. Uważają na przykład, że jeśli dziecko ma ADHD lub jest nadpobudliwe, najlepsze będą dla niego zajęcia wyciszające. Owszem, psychologowie mówią, że dobrze takie dziecko trochę wyciszyć, ale najpierw musi pójść na zajęcia, które jego emocje rozładują. Ono w garncarstwie się nie odnajdzie. Może będzie szybciej od innych kręciło kołem, ale nie łudziłabym się, że wyjdzie mu chociaż jeden zgrabny garnek. Radziłabym znaleźć coś, co odpowiada dziecku, a nie rodzicom.

A jeżeli dziecko idzie na zajęcia dwa razy, po czym obwieszcza, że już mu się nie podobają?

To trzeba się dowiedzieć dlaczego. Jeśli dziecko chciałoby na przykład chodzić na karate, proponuję pójść z nim na zajęcia, usiąść z boku i poprzyglądać się – naprawdę można się dogadać z trenerem, by na to pozwolił. Jeżeli powie, że mu się podoba, to niech pójdzie na jedne zajęcia – w większości są za darmo – i zobaczy, czy taki trening mu odpowiada. Poza tym musimy wytłumaczyć dziecku, jaka to ciężka praca. Rodzice w ogóle nie zderzają oczekiwań dzieci z rzeczywistością. Dziecko myśli, że po jednych zajęciach będzie Bruce'em Lee. Powinniśmy z nim porozmawiać: „Dlaczego chcesz chodzić na karate?". „Bo chcę być jak Bruce Lee". „A wiesz, że on ćwiczył dwadzieścia lat? Nie tylko kung-fu, ale i taniec, a nawet studiował filozofię". Ja, zanim moi synowie zapisali się na judo, przeprowadziłam z nimi rozmowę. Zapytałam, co chcieliby osiągnąć, jak im się wydaje, co po pierwszych zajęciach będą umieć, a co będą umieć po trzecich. Tłumaczyłam, że pewne rzeczy są niemożliwe, że tego, co sobie wymyślili, nie będą potrafili zrobić nawet po dziesięciu lekcjach. Opowiadałam, że trening wiąże się z bólem fizycznym, zmęczeniem. Obaj powiedzieli, że chcą chodzić. Byli bardzo zadowoleni. Szalenie podobała im się rozgrzewka i sam trening, ale nigdy nie interesowały ich zawody. Migali się od nich jak mogli. W końcu trener stwierdził: „Chłopcy, to nie są zajęcia ogólnorozwojowe. Ja szukam zawodników, których za parę lat będę mógł wysłać na olimpiadę". Pojechali na zawody. Wrócili do domu i powiedzieli, że już nie chcą ćwiczyć, że im się podoba sport, zabawa, ale nie rywalizacja. Bo oni nie są wojownikami. I po półtora roku treningów skończyło się chodzenie na judo. Oczywiście mogłam narzekać, że stracili tyle czasu (nie mówiąc o pieniądzach), ale musiałam uszanować ich decyzję. Przynajmniej wiedzieliśmy, co im zdecydowanie nie odpowiada. Zaczęliśmy szukać innych zajęć sportowych. Nic z tego nie wyszło, bo okazało się, że inni trenerzy też chcą raczej hodować zawodników. Próbowaliśmy różnych rzeczy – tych typowo chłopięcych, ale również dziewczyńskich. Chodziliśmy do warszawskiego Muzeum Etnograficznego na tak zwane prace ręczne. Chłopcy lepili z modeliny broszki, paciorki, robili koraliki. Myślisz sobie: „A nóż-widelec trafimy? Może kiedyś będzie artystą i będzie na przykład projektował biżuterię?". Nie wiesz, kim zostanie twoje dziecko. Ono przecież ma dopiero siedem, osiem, dziesięć lat. Nagle może się okazać, że malując na szkle, zawoła: „To coś dla mnie! To jest ciekawe!". My, dorośli, powinniśmy pomagać dziecku szukać. Nie wściekać się, że jest niekonsekwentne, że nie wie, czego chce, bo jak już powiedziałam, dziecko ma prawo, i wręcz powinno zmieniać zainteresowania. Musi mieć maksymalnie dużo bodźców, żeby się rozwijało, a naszym obowiązkiem jest tych bodźców dostarczać. Dlatego strasznie mnie denerwuje, że jeśli wybierzemy jakieś zajęcia, musimy zapłacić za cały semestr. Uważam, że w ciągu semestru dziecko powinno mieć szansę poznania kilkunastu różnych rzeczy. Wystarczy dobra organizacja: chodzi na dwa zajęcia pod rząd, po czym idzie na następne. Czyli na dwóch zajęciach lepi, na dwóch tka, śpiewa, tańczy, ćwiczy judo... Dopiero po takim semestrze dziecko wie, że bardziej podoba mu się tkactwo, mniej judo i łucznictwo, a reszta mu się nie podoba wcale. W związku z tym w następnym semestrze wybiera tylko te trzy rzeczy. Oczywiście są dzieci, które od razu wiedzą, co je interesuje, na przykład dzieci uzdolnione muzycznie.

Ale często to nie one, lecz rodzice wybierają szkołę muzyczną. I to rodzice zmuszają je, by codziennie ćwiczyły.

To odwieczny dylemat: zmuszać dziecko, żeby się uczyło grać czy nie zmuszać, a potem wysłuchiwać pretensji: „Byłam taka utalentowana, i co z tego? Gdybyś mnie pilnowała, żebym ćwiczyła, teraz grałabym na skrzypcach!".

Wyobraźmy sobie taką sytuację: nasze dziecko zaczyna chodzić na lekcje muzyki, na skrzypce lub fortepian. I zakładając, że naprawdę ma predyspozycje w tym kierunku, ma dwie możliwości: albo trafi na dobrego nauczyciela, albo na złego. Jeżeli trafi na dobrego, takiego, który zechce poznać jego potrzeby, będzie rozumiał, że dziecko szybko się nudzi, niecierpliwi, że chce szybko odnieść sukces, że chce robić po swojemu, że nie przepada za ćwiczeniem tego, co mu się nie podoba, a chętnie ćwiczy to, co mu się podoba, jeżeli to będzie nauczyciel z dystansem i z poczuciem humoru, nauczyciel, który lubi dzieci – bo to nie jest oczywiste – to mogę się założyć o każde pieniądze, że nie będzie problemu z nauką. Jeżeli natomiast trafi na takiego, który będzie uczył od–do, będzie wymagał, żeby dziecko w wieku sześciu lat grało piętnaście stron w określony sposób, i czy mu się podoba, czy nie, w kółko to samo przez dwie godziny, natychmiast od dziecka usłyszymy, że nie chce na jego lekcje chodzić. Nie jestem ekspertem od szkolnictwa muzycznego, ale wiele lat temu trochę to środowisko poznałam. Obserwowałam nauczycieli dobrych i nauczycieli złych i myślę, że edukacja w szkole muzycznej niczym się nie różni od normalnej edukacji szkolnej. Otóż na początku nauczyciel powinien sprawić, żeby dziecko chodziło do szkoły z przyjemnością. Jeżeli tego nie zrobi w ciągu pierwszych dwóch lat, jeżeli zrazi dziecko do gry na instrumencie, do matematyki czy do polskiego, to szansa, że kiedyś będzie się uczyło z przyjemnością, jest niewielka. Nauka zawsze będzie mu się kojarzyć z trudnościami i karą. Dziecko jeszcze nie do końca musi zrozumieć, do czego nauka jest mu potrzebna, ale musi ją polubić. Bo jak nie polubi, to będzie nienawidzić. Innej opcji nie ma. Widać to wyraźnie, gdy przyjrzymy się karierze szkolnej uczniów: dla tych, którzy mieli dobre początki, mieli fajną panią od nauczania zintegrowanego, szkoła jest miejscem, w którym można się dowiedzieć ciekawych rzeczy i spotkać fajnych ludzi, jest przygodą. A dla tych, ·którzy mieli fatalne pierwsze doświadczenia, jest źródłem traumy i fobii, z których na ogół nie wychodzą. Radzą sobie lepiej lub gorzej, ale nauka zawsze jest dla nich trudna. Czasem są bardzo dobrymi uczniami, ale ja nie mówię teraz o tym, jak się uczą, tylko jakim kosztem osiągają dobre wyniki. Chodzą do szkoły, bo wiedzą, że muszą zdobyć wiedzę – bo muszą być lekarzami czy prawnikami – ale nienawidzą tego z całego serca. Po latach wspominają szkołę jako najgorszą rzecz, jaka im się w życiu przydarzyła.

Czy więc powinniśmy zmuszać dziecko do nauki? To tak jakbym teraz zapytała, czy mogę cię zmuszać do pracy. Oczywiście, że mogę, tylko jak będziesz tę pracę wykonywała?

Szkoła muzyczna, podobnie jak sportowa, to trochę osobny rozdział. Wróćmy do zajęć pozaszkolnych. Dziecko lubi rysować, zapi-
sujesz je na kółko plastyczne i widzisz, że jego entuzjazm słabnie.
Mówi, że rysowanie przestało mu się podobać i nie chce już tego
robić. Czy mamy go nie zmuszać i z zajęć wypisać, czy może trochę
powalczyć?

Chodzi o to, by „nie zmuszać" nie było jednoznaczne z „odpuścić".
Rodzice zawsze powinni dbać o dobro dziecka, pomagać mu wybie-
rać to, co dla niego najlepsze. W takiej sytuacji ich obowiązkiem jest
dowiedzieć się, dlaczego dziecko już nie chce na zajęcia chodzić. Jeżeli je nauczyliśmy rozmawiać, a nie tylko słuchać, jeżeli nie boi się
nam powiedzieć, co myśli naprawdę – co w wielu domach nie jest
takie oczywiste – jeżeli ma do nas zaufanie, wie, że to, co nam powie,
zostanie między nami, jeżeli jesteśmy dla niego autorytetem, to być
może usłyszymy: „Nie wiem. Ta pani jest jakaś dziwna". „A co to
znaczy?". I dowiadujemy się na przykład, że brzydko pachnie – dzieci
zwracają na to uwagę – jest agresywna, mówi za głośno lub za cicho,
niczego nie uczy, nigdy nie chwali, chociaż dziecko tak się stara. Może
być też tak, że dziecko oczekiwało czegoś innego. Wydawało mu się,
że po kilku zajęciach będzie malować jak Matejko, a ma problem z na-
rysowaniem wazonika. A może inne dzieci się z niego śmieją? Musimy wziąć pod uwagę wszystko, co mówi, rozłożyć to na czynniki
pierwsze i znaleźć prawdziwą przyczynę jego niechęci. Wtedy możemy nad tym popracować. Psychologia mówi bardzo wyraźnie: coś, co
się omówi, oswoi, łatwiej opanować. Dlaczego w sytuacjach trudnych
dobrze jest z kimś porozmawiać, powiedzieć, o co chodzi, wyrzucić to
z siebie? Bo wtedy bardzo często przestaje to być straszne i groźne.
Oczywiście musimy problem wyjaśnić. Porozmawiać z rodzicami
dziecka, które wyśmiewa się z naszego, zwrócić uwagę instruktorce,

by nie wymagała zbyt wiele, bo nam nie chodzi o to, by nasze dziecko zostało Leonardem da Vinci, a tylko by miło spędzało czas. Może się okazać, że problem jest nie do przeskoczenia. Bo jeżeli dziecko boi się pani na poziomie podświadomym (bo ma oczy jak wiedźma z telewizji), to rozmowa z nią żadnych pozytywnych efektów nie przyniesie. Wtedy trzeba będzie przepisać dziecko do grupy innego instruktora. Jeżeli mówiąc „powalczyć", miałaś na myśli takie rzeczy, to jestem jak najbardziej za.

Rodzice, których dziecko nie ma żadnych zainteresowań, często mówią z wyrzutem, że nic nie robi. Czy są dzieci, które naprawdę nic nie robią?

Czy są dorośli, którzy naprawdę nic nie robią?

Może nie mają jakichś szczególnych zainteresowań, ale pracują.

A dziecko chodzi do szkoły.

Oni po pracy mają drugi etat w domu.

Dziecko też. Musi odrobić lekcje. Czy ty wiesz, jakim wysiłkiem dla dziecka jest nauka? Pójście do szkoły jest w życiu dziecka taką samą rewolucją jak pójście do pierwszej pracy. To potwornie ciężka fizyczna i intelektualna harówka! Po kilka godzin dziennie. Ty jako urzędniczka pracujesz w cudownych, komfortowych warunkach – w ciszy. Dziecko pracuje w hałasie. Bo nawet gdy w klasie jest w miarę cicho, to na przerwach panuje hałas jak na lotnisku. Dziecko cały dzień jest w stresie: wyrwą mnie do odpowiedzi czy nie? Jeśli pracujesz w biurze czy na poczcie, nie grozi ci co czterdzieści pięć minut, że ktoś cię o coś zapyta, a ty nie będziesz znała odpowiedzi. Bo miałaś sto pięćdziesiąt szkoleń i wiesz, co mówić, jak się zachować. A jeśli przychodzi awanturujący się klient, to po prostu odsyłasz go do kierownika. Twoje dziecko takiej możliwości nie ma! Może być zapytane na każdej z pięciu czy sześciu lekcji, które ma w ciągu dnia. Może mieć kartkówkę, zapomnieć zeszytu, nie odrobić pracy domowej, wylać sok na książkę od polskiego. Coś musi zapamiętać, coś napisać, coś zrobić. Cały czas na pełnych obrotach, w potwornym stresie! Po czym wraca do domu, musi odrobić lekcje i jeszcze przygotować się na następny dzień. To naprawdę ogrom pracy! Dlaczego rodzicom się wydaje, że uczyć się, to jak pstryknąć palcem?

Teraz zdałam sobie sprawę, że rodzicom wydaje się coś jeszcze: że skoro dziecko jest hałaśliwe, to w hałasie szkolnym czuje się dobrze. Nie przychodzi nam do głowy, że może być dla dziecka męczący.

Zapewniam, że dziecko nie czuje się w hałasie dobrze. Krzyczy, bo w szkole musi walczyć o przetrwanie, bo inaczej nikt by go nie usłyszał. Ale to bardzo wyczerpujące. Są już szkoły, w których nauczyciele dbają o to, by na przerwach było cicho.

Może więc, skoro dzieciom jest tak ciężko, odpuśćmy dodatkowe zajęcia i dajmy spokój pasjom? Niech robią to, na co mają ochotę.

To nie do końca tak. Każdy rozsądny nauczyciel, psycholog, pedagog powie, że im bardziej uporządkowany dziecko ma dzień, im ma więcej poukładanych obowiązków, tym lepiej. Ale dziecko nie może być przeciążone. Pamiętajmy, że jego kilka godzin w szkole równa się naszym ośmiu godzinom pracy, a odrobienie lekcji i przygotowanie się do następnych jest równoznaczne z ugotowaniem przez nas obiadu, posprzątaniem mieszkania i wyprowadzeniem na spacer psa. Teraz wyobraźmy sobie, że kiedy już się z tym uporaliśmy i marzymy, by w końcu usiąść i włączyć telewizor, musimy jeszcze pójść na angielski, na tenisa, basen i zajęcia taneczne. Wyobrażasz sobie, żeby dorosły to się na to zgodził? Nie. A dziecko musi.

Ale dziecko ma więcej energii niż my.

I uważasz, że skoro ma więcej energii, to należy ją tak spożytkować, żeby nie wiedziało, jak się nazywa? To trochę tak, jakbyś powiedziała, że ci, którzy mają więcej pieniędzy, obowiązkowo muszą wydawać ich więcej od tych, którzy mają mniej.

Nie powiesz mi, że dziecko męczy się tak jak dorosły.

Dziecko męczy się tak samo szybko jak my. Oczywiście bywa tak, że ma większą wytrzymałość, bo my, prowadząc siedzący tryb życia – samochód, fotel, autobus, biuro – nie mamy kondycji. Dziecko jest częściej w ruchu. Ale ten spadek kondycji mamy na własne życzenie. Gdybyśmy dbali o siebie tak, jak powinniśmy dbać, to przynajmniej do czterdziestego piątego roku mielibyśmy taką samą wydolność jak wcześniej. Wiadomo, że młodszy organizm lepiej się regeneruje, ale weź pod uwagę, że w szkole dziecko jest bardzo aktywne fizycznie i umysłowo. Jedno i drugie zżera potworne ilości energii. Czy uważasz, że w pracy – na poczcie, w sklepie, w biurze – tracimy tyle samo energii fizycznej i intelektualnej co dziecko? Czy mniej? A może więcej?

Mniej.

To dlaczego uważasz, że dziecko po lekcjach jest mniej zmęczone niż mama, która wraca z pracy na poczcie? Jest bardziej zmęczone. Bo ono cały czas żyje w napięciu. Jeżeli powiemy, że matka wydatkuje pięćdziesiąt jednostek energii fizycznej i pięćdziesiąt intelektualnej, to dziecko wydatkuje sto jednej i sto drugiej.

Czy w taki matematyczny sposób możesz powiedzieć, ile godzin dziennie mogą dzieci spędzać na zajęciach dodatkowych? Przyjmijmy, że dziecko ma dziesięć, dwanaście lat.

Doba ma dwadzieścia cztery godziny. Dziecko w tym wieku powinno spać minimum dziesięć. Najnowsze badania wykazały, że u nastolatka każda nieprzespana godzina zwiększa ryzyko otyłości. Więc dziecko powinno dużo spać. Nawet dwanaście godzin. W tym wieku sen jest zbawienny. Robimy prosty rachunek: od dwudziestu czterech odejmujemy dziesięć i zostaje nam czternaście. Jeśli dziecko idzie do szkoły na siódmą trzydzieści i nie zostaje po lekcjach w świetlicy, to wraca do domu mniej więcej o czternastej trzydzieści. To osiem godzin. Zostaje nam sześć. Trzeba doliczyć poranny rozruch, wszystko, co wiąże się z tak zwaną higieną – niech to będzie godzina dziennie. Zostaje pięć godzin. Kolejna godzina to posiłki. Zostają cztery. Mamy jeszcze odrabianie lekcji. Załóżmy, że dziecku w szkole podstawowej zajmuje to dwie godziny. Zostają mu dwie godziny na odpoczynek. I co robią rodzice? Przeznaczają ten czas na zajęcia dodatkowe. Nie chcę powiedzieć, że dziecko nie powinno mieć żadnych zajęć dodatkowych. Powinno, ale te zajęcia powinny się odbywać raz w tygodniu, góra dwa. Nie codziennie, i nie dwa razy dziennie. A znam dzieci, które tak mają. Jak to funkcjonuje? Ano tak, że przed szkołą czeka mama, babcia, tata, wujek lub niania. Gdy tylko dziecko pokazuje się w drzwiach, jest biegiem pakowane do samochodu. W samochodzie spożywa obiad z termosu, i często nie jest w stanie go zjeść do końca, bo już rozpoczynają się zajęcia. Wychodzi, a raczej wybiega z nich pięć minut przed końcem i mama, babcia, tata, wujek lub niania wiozą je na następne. Z tych następnych zajęć przywożone jest do domu. W trybie ekspresowym zjada już stojący na gazie gorący obiad, po czym musi z mamusią lub tatusiem odrobić lekcje, bo jest tak potwornie zmęczone, że samo już nie daje rady. Ze zmęczenia usypia w połowie…

I o której idzie spać?

Różnie. Młodsze dzieci rodzice kładą o dziewiątej, dziesiątej, starsze – o jedenastej, wpół do dwunastej. Nie śpią tyle, ile powinny. Rano zaczyna się od awantury, bo po siedmiu godzinach snu trzeba wstać do szkoły, a dziecko jest niewyspane, zmęczone, niezregenerowane. To udręka – dla dziecka, dla nauczycieli, dla rodziców. I tak przez cały tydzień.

A jakie są konsekwencje?

Jest ich cała masa. Zmęczenie na każdym poziomie. Dziecko jest niewyspane, rozdrażnione, wyczerpane psychicznie. Ma problemy z nauką, ponieważ nie jest w stanie przyswajać wiedzy. Jest zmęczone fizyczne, i co się z tym wiąże – spada jego odporność i siada cały organizm. Natychmiast pojawiają się katary, przeziębienia, dziecko ucieka w chorobę. Tylko wtedy może się wyspać albo nie pójść na dodatkowe zajęcia i posiedzieć w domu. Spotkałam mamę, która codziennie woziła córkę na trzy zajęcia pozalekcyjne! Na pytanie jednej z matek: „Dlaczego Ania jest taka blada?" odpowiedziała: „Bo w tym tygodniu nie zdążyłyśmy do solarium". Dziewczynka miała jedenaście lat!

Już mówiłam, że nie jestem przeciwniczką zajęć pozalekcyjnych. Uważam, że dobrze zorganizowany dzień to podstawa dobrego funkcjonowania, że lepiej, żeby dziecko miało zorganizowany czas i jakieś zajęcia, niż aby siedziało przed telewizorem lub komputerem. Ale powinny to być zajęcia dostosowane do wieku dziecka, do jego zainteresowań, możliwości. Między zajęciami powinny być przerwy. Nie można też przemieszczać się biegiem z jednych na drugie. Poza tym, jeżeli następnego dnia dziecko ma w szkole trudniejsze lekcje, powinno być z dodatkowych zajęć zwolnione. Naprawdę nic się nie stanie, jeśli je opuści. Rodzic powinien uwzględnić to, że dziecko ma klasówkę, do której musi się przygotować. A nie może przecież uczyć się w nocy. Mam świadomość, że w piątej, szóstej klasie klasówki mogą być codziennie. Rodzice mogą stwierdzić: „Gdybyśmy mieli się zastosować do tego, co mówi Zawadzka, to nasze dziecko nigdy by nie chodziło!". To trzeba dziecko zapisać na jedne zajęcia, a nie na trzy! Ale rodzice chcą, żeby ich dziecko było omnibusem.

Widziałam w telewizji dzieci jeżdżące na łyżwach. Wstają bladym świtem, mają treningi do późna. Chociaż jest im ciężko, mówiły, że same tego chcą.

Wersja oficjalna, którą słyszysz, która została im wdrukowana, brzmi: „Uwielbiam jeździć na łyżwach i mogłabym to robić codziennie". Świadczy to o tym, że dziecko jeszcze nie ma kłopotów w szkole i nie ma kłopotów z treningami. Wtedy z pełnym przekonaniem może mówić: „Lubię to, sprawia mi to przyjemność, nie mam z tym problemów, w tym się realizuję". Ale za moment dziecko wraz z rodzicem będzie musiało zdecydować: „Czy mam mieć wykształcenie ogólne, czy mam być łyżwiarką? Czy mam mieć wykształcenie ogólne, czy mam być pływaczką?".

Ale są dzieci, które chodzą na angielski, zajęcia plastyczne i rytmikę i też mówią, że życie w ciągłym biegu absolutnie im nie przeszkadza!

Tylko w którymś momencie rodzic zauważy, że te zajęcia, które oczywiście rozwijają, nie pozwalają dziecku być najlepszym uczniem w klasie. A on by bardzo chciał, żeby jego dziecko było najlepsze. Problem zaczyna się, gdy dziecko dostaje dwóję z historii, dwóję z matematyki, tróję z geografii: „Jakie ty masz stopnie! Przecież zaraz pójdziesz do gimnazjum!". A dziecko na to: „Ale ja chodzę na zajęcia pozalekcyjne, które uwielbiam!". Wtedy rodzic musi dokonać wyboru: wykształcenie ogólne czy zajęcia pozalekcyjne? Oczywiście znam masę dzieci wpuszczonych w tryby: szkoła, lekcje, odpoczynek, zajęcia, zajęcia, sen. I funkcjonują świetnie. Pozornie. Pracowałam z dziewczynką, która grała na skrzypcach. Uwielbiała grać, uwielbiała ćwiczyć. Tak minęły dwa lata. Urodził się brat, a ona nadal poza grą na skrzypcach nie widziała świata. Kiedy brat miał prawie trzy lata, nagle zobaczyła, że robi dziwne rzeczy: na przykład bierze dwa samochodziki i robi: bach! Albo zabiera jej laleczki i wozi je w wózku. Zapytała mamę: „Mamusiu, co robi Adaś?". A matka odpowiedziała: „Adaś się bawi". „Bawi? A co to znaczy?". Ta dziewczynka nigdy się nie bawiła! Ona od piątego roku życia miała tylko i wyłącznie obowiązki. I dopóki nie urodził się brat, dopóki nie zobaczyła, że można mieć inne dzieciństwo, kompletnie jej to nie przeszkadzało. Zaczęło przeszkadzać, gdy zobaczyła, że gdy brat się bawi, jej mama wygłupia się razem z nim, śmieje się, a do niej mówi: „Ćwicz!". Wtedy się zbuntowała i powiedziała, że też chce się bawić. Wyobraź sobie, że marzeniem tej dziewczynki było mieć jeden wolny dzień w tygodniu. Jeden! Może popołudnie, może sobotę.
Rodzice czasem się zapędzają. Dziecko zaczyna odnosić pierwsze sukcesy w dziedzinie, którą się zajmuje, i rodzic dostaje małpiego rozumu.

Jeśli gra w tenisa – musi być Sereną Williams, jeśli pływa – Michaelem Phelpsem. I nagle się budzi: „Zaraz, zaraz. A co ze szkołą?!".

Czy wmawiając dziecku, że musi być najlepsze, nie wychowujemy kaleki? Zaprogramowaliśmy je na wyścig szczurów, a nie nauczyliśmy odpoczywać.

Oczywiście. Wystarczy popatrzeć na młode rekiny biznesu: wpuszczone w labirynt nie widzą otaczającego ich świata. Oni już nie potrafią inaczej żyć. A jeśli mają wolne chwile, to grają w squasha, który ich wykończy, zamroczy. A weekendy, by o niczym nie myśleć, zalewają alkoholem. To ich jedyny sposób na odreagowanie stresu. Nie uczymy dzieci odpoczywać, relaksować się, regenerować, nie uczymy, jak przestać się uczyć. Wszyscy mówimy, jak się uczyć, ale jak przestać? Jak przestać myśleć o szkole? To również dziecko musi umieć. Rodzicom się wydaje, że dziecko nie myśli o szkole, bo siedzi przed komputerem i gra. Mogę się założyć z każdym, że tył głowy świdruje mu myśl: „Nie odrobiłem lekcji!". I im dłużej siedzi przy komputerze, tym tył głowy robi się większy. Dziecko ma coraz większe poczucie winy, że nie sprostało obowiązkom, coraz ciężej mu z tym, bo zaczyna mieć zaległości i coraz więcej lekcji ma do nadgonienia, a potem przychodzi moment, kiedy już mu wszystko jedno. Bo i tak zaległości nie nadrobi.

Myślę, że rodzice popadają w skrajności: jedni zawalają dziecko mnóstwem zajęć dodatkowych, a drudzy uważają, że jedynym obowiązkiem dziecka jest uczenie się i w związku z tym dają mu żadnych obowiązków domowych.

Według mnie ci drudzy wymagają jednak, by oprócz nauki dziecko miało obowiązkowe zajęcia pozaszkolne – na przykład musi się uczyć języka obcego i chodzić na jakieś zajęcia usprawniające. Dopiero wtedy jest zwolnione z obowiązków domowych. Wszystkich! Nie robi nic! Niejednokrotnie nawet nie wynosi brudnych kubków ze swojego pokoju. A o umyciu po sobie talerza możesz zapomnieć!

Spotykam różnych ludzi: bardzo, bardzo zamożnych i bardzo, bardzo biednych, i zdumiewa mnie, że ci bardzo, bardzo bogaci tak bardzo, bardzo nie myślą, bo u nich w domu jest pani, która sprząta. Jej obecność zwalnia dziecko z robienia czegokolwiek. Codziennie wraca do domu jak do pokoju hotelowego: ma posprzątany pokój, pościelone łóżko, codziennie full serwis. Natomiast w tych bardzo biednych rodzinach rodzice potrafią nauczyć dzieci wypełniać obowiązki. Oczywiście nie chcę generalizować, że dzieci bogatych rodziców nic nie robią, bo znam i takich, którzy wpoili dzieciom obowiązkowość. Ale często jest tak, że gdy rodzice osiągają pewien status materialny, mają poczucie, że są lepsi od innych i uważają, że ich dziecko sprzątać nie musi, ponieważ w jego domu zawsze ktoś będzie to robił. Strasznie trudno ich przekonać, że to dla dobra dziecka. Proponuję: „Umów się z panią, która sprząta, że przez miesiąc będzie sprzątała wszędzie poza pokojem dziecka. Chyba że dziecko w swoim pokoju ogarnie bałagan na tyle, że można będzie do niego wejść". Dziecko trzeba nauczyć, że w domu należy pomagać. Dla mnie jest to wpisane w definicję szacunku dla dorosłych. Matka nie jest służącą, ojciec nie jest robotnikiem domowym. Czy dziecko ma się tylko uczyć i robić karierę?! Ono powinno umieć sprzątnąć, uprać, pozmywać, wyprasować, umyć lodówkę, wytrzepać dywan. Nie mówię, że ma to wszystko robić codziennie, i tylko ono, ale to są czynności, których musi się nauczyć w domu. Wyobraźmy sobie, że tego nie uczymy i nasz syn czy nasza córka poznaje drugą połówkę, której również nikt tego nie nauczył!

Niektóre matki mówią, że na obowiązki domowe przyjdzie czas. Jeszcze się w życiu napracuje, jeszcze się w życiu nasprząta.

Przecież nie mówię, że ma po przyjściu ze szkoły codziennie pucować całe mieszkanie! Mówię o dwunastolatku, który kończąc posiłek, nie wstawi nawet brudnych naczyń do zlewu, który nie wynosi z pokoju śmierdzących skarpetek, tylko czeka, aż zrobi to za niego mamusia, który nie potrafi odkurzyć swojego pokoju albo po drodze ze szkoły kupić chleba. Uważam, że pewne obowiązki należy dziecku przydzielić na stałe – na przykład odkurzanie, wyprowadzanie psa, podlewanie kwiatów, dbanie o umywalkę w łazience czy sprzątanie kociej kuwety, a oprócz tego samoobsługa, czyli wynoszenie ze swojego pokoju brudnych rzeczy, śmieci, odkurzanie, dbanie o porządek w szafie. Żeby mogło się obrócić o trzysta sześćdziesiąt stopni, nie zabijając się o własny bałagan. I może to spokojnie robić dziesięciolatek.

Moja córka zawsze miała w pokoju bałagan i nie pomagały ani prośby, ani groźby.

Bałagan według niej czy według ciebie?

Według mnie. Ona uważała, że ma porządek.

A na czym ten nieporządek polegał? Co cię denerwowało?

Denerwowało mnie, że na biurku miała mnóstwo porozrzucanych rzeczy.

To jej biurko czy twoje? Czy przychodziła do ciebie z pretensjami: „Mamo, dlaczego masz tak sterylnie na swoim biurku? Jak możesz w takich warunkach pracować?!".

Ale mnie się wydawało, że ona w takim bałaganie nic nie znajdzie.

Wiesz, co się robi? Zadajesz pytanie: „Córcia, a ty to wszystko ogarniasz? Nie gubisz się?". Jeśli odpowiada: „Tak!", to znaczy, że wszystko w porządku. To, że ma inny system układania książek, zeszytów, trzymania długopisów nie kolorystycznie jak mamusia, tylko rozmiarem jak tatuś, albo jeszcze inaczej – to jej sprawa. Mój syn też ma na biurku bałagan i też na początku miałam z tym problem: „Jak można w takich warunkach pracować!". Usłyszałam: „Ja mogę!". Przyjęłam to do wiadomości i wymagam jedynie, żeby na biurku nie było kurzu, kubków po herbacie czy sterty brudnych talerzy. Bo co innego artystyczny nieład, a co innego brud, na który się nie zgadzam. Poza tym pamiętaj, że to, co dobre dla ciebie, niekoniecznie jest dobre dla twojego dziecka. Twoja córka w tym bałaganie świetnie się odnajduje, a jeśli jej zrobisz porządek, nie będzie wiedziała, co gdzie leży.

To bardzo trudne. Jesteśmy niekonsekwentni. Nie jestem osobą pedantyczną i nie można powiedzieć, żeby na moim biurku panował idealny porządek. Mam wrażenie, że od dziecka wymagamy więcej niż od siebie. Własny bałagan mi nie przeszkadzał, ale ubzdurałam sobie, że córce utrudnia życie.

Myślę, że własny bałagan ci przeszkadzał i dlatego strasznie chciałaś, żeby twoja córka miała porządek. Nie lubimy w dzieciach tego, czego nie akceptujemy u siebie. Powiem więcej: nie akceptujemy tego, co sami u siebie musieliśmy zmienić. Na przykład jesteśmy śpiochami, a musimy rano wstawać, w związku z czym awanturujemy się z dzieckiem o poranne problemy z budzeniem się. My potrafimy, ale robimy to wbrew sobie. Wściekamy się, że dziecko nie potrafi, ale ono jest takie samo jak my. Chcę powiedzieć o jeszcze jednej rzeczy: rodzice bardzo często walczą z cechami swoich dzieci: „On jest potwornie uparty! Nie do zniesienia! Co mam zrobić, żeby taki nie był?". Wtedy pytam: „Przeszkadza ci upór twojego dziecka, a jak uważasz, czy ta cecha w dorosłym życiu pomaga, czy przeszkadza?". I wtedy matka często mówi: „Pomaga. To dobrze, gdy się ma swoje zdanie!". „Mówisz, że twoje dziecko ciągle mówi nie. Czy umiejętność mówienia nie w dorosłym życiu pomaga, czy przeszkadza?". „Pomaga. Bo trzeba być asertywnym!". Walczymy z cechami, które u dzieci uważamy za wady, a gdy przełożymy je na dorosłych, stają się zaletami. Wiesz, do czego to się tak naprawdę sprowadza? Do poczucia, że ma się władzę. Rodzic chce mieć pełne poczucie władzy i kontroli nad dzieckiem! I nie jest dla niego ważne, że cechy, z którymi walczy, powinien w swoim dziecku wzmacniać. Matka się skarży: „Bo ona jest trochę inna niż wszystkie dzieci". Ja mówię: „To wspaniale, że jest inna, znakomicie, że jest oryginalna!". „Ale ona nigdy nie pójdzie jak wszyscy, tylko zawsze swoją drogą!". „Świetnie!". „Zawsze ma swoje zdanie!". „Będzie kiedyś świetnym copywriterem w agencji reklamowej". Chcemy, żeby wszystkie dzieci były jednakowe. Jak z matrycy. Uważam, że to chore.

Często powtarzam: „Czy to, o co dzisiaj robisz swojemu dziecku awanturę, będzie ważne jutro?". Rodzice tracą masę energii na duperele, nie myśląc o tym, że one jutro nie będą miały większego znaczenia, że są w życiu ważniejsze rzeczy, o które trzeba walczyć. Trzeba się zastanowić, czy to, o co teraz kruszymy kopie, będzie ważne jutro. Moim zdaniem rodzice walczą czasem dla samej walki.

Jest takie powiedzenie: zapomniał wół, jak cielęciem był. Uważam, że rodzice powinni napisać je sobie na kartce wielkimi literami i powiesić w takim miejscu, żeby codziennie mogli sobie o tym przypominać.

4. MOJE DZIECKO NIE JEST TAKIE JAK JA

Zaczęłyśmy już trochę o tym mówić w poprzednim rozdziale. Rodzice wdrukowują dzieciom obowiązki: po pierwsze spełniania ich oczekiwań, a po drugie realizowania ich niespełnionych marzeń. Pracowałam z pewną rodziną. Matka strasznie chciała, żeby syn chodził na zajęcia taneczne. Ona jako dziecko marzyła, by zostać tancerką, ale nie zgadzali się na to jej rodzice, więc zamiast sama zapisać się w dojrzałym wieku na takie zajęcia, wpadła na pomysł, żeby tańczył jej syn. Z kolei jej mąż chciał zapisać syna na boks, ponieważ kiedyś marzył o tym, żeby zostać bokserem, ale z jakichś powodów mu się to nie udało. Spytałam ich, czy wiedzą, jakie marzenia ma ich syn. Matka stwierdziła, że syn chce tańczyć, a ojciec – że chce boksować. A wiesz, o czym marzył ten chłopiec? On chciał zostać fryzjerem!

Kiedy rodzi się dziecko albo rodzice dowiadują się, że kobieta jest w ciąży, układają w głowach scenariusz: kim w przyszłości będzie ich dziecko, co osiągnie. I strasznie się denerwują, gdy to się nie sprawdza. A nie daj Boże, jeśli dziecko urodzi się niepełnosprawne! Wtedy wali im się świat, ponieważ dziecko już żadnej ich wizji nie urzeczywistni. Rodzice mają tendencję do decydowania za dziecko. W każdym wieku. Wiesz, jak niewielu rodziców pyta dziecko, do jakiego gimnazjum chciałoby pójść? Jedna z matek, którą poznałam, wymyśliła, że jej syn pójdzie do najlepszego gimnazjum w Krakowie. Tłumaczyła mu, że podstawówka w procesie edukacji nie jest jeszcze tak ważna, ale gimnazjum już jest, ponieważ to pierwszy krok w dorosłość. A syn upierał się, że chce iść do gimnazjum położonego najbliżej domu. Zrozpaczona matka spytała mnie, jak ma go przekonać, by poszedł do gimnazjum, które wybrała. Ona już zaplanowała, że później pójdzie do konkretnego liceum, a potem na jedynie słuszne studia. Powiedziałam, że jeżeli syn sam nie będzie chciał pójść do szkoły, którą mu wybrała, i wyśle go do niej wbrew jego woli, to może się liczyć z tym, że on na złość jej nie będzie się uczył. Lepiej więc zawrzeć z nim kontrakt, umówić się, że pójdzie do gimnazjum, które wybrał, które ma niższy poziom, ale będzie tam najlepszym uczniem (a najlepszy uczeń dostanie się do dobrego liceum). Dziecko ma prawo powiedzieć, że nie chce iść do szkoły, którą wybrali mu rodzice, bo wszyscy koledzy z klasy idą do gimnazjum koło domu. I trzeba to uszanować. Lub oczywiście mieć argumenty pozaemocjonalne, takie, które przekonają nastolatka.

Ktoś może mi zarzucić, że chciałabym, żeby dzieci miały zbyt dużą autonomię, żeby mogły częściej decydować o sobie. Uważam – i będę to powtarzać na okrągło – że rodzice powinni częściej pytać dzieci o zdanie. Powinni się również z tym zdaniem liczyć i uczyć dzieci dyskutowania, rozmawiania i argumentowania. Oczywiście nie jest to proste, bo dziecko, które umie argumentować i bronić swojego zdania, często ma w szkole pod górkę. Nauczyciele na ogół tego nie lubią. W podstawówce uczeń ma przede wszystkim słuchać! Ma też być bezwzględnie posłuszny rodzicom!

Nie jest proste również dlatego, że dyskusja często zamienia się w kłótnię. Zwłaszcza gdy dziecko i rodzic mają podobne temperamenty.

Rodzic jako osoba może nie zawsze mądrzejsza, ale na pewno z większym doświadczeniem nie może dać się w kłótnię wciągnąć. Czym bowiem różni się dyskusja od kłótni? Zarówno jednej, jak i drugiej mogą towarzyszyć duże emocje, tyle tylko że podczas kłótni przestają się liczyć argumenty obiektywne i merytoryczne, a zaczyna brać górę ton głosu, mimika, język ciała. Kłócimy się wtedy, gdy brakuje nam argumentów i zostają tylko emocje. Gdy pytam matkę i syna czy matkę i córkę, o co się pokłócili, bardzo często pada odpowiedź: „Nie wiem". Bo w międzyczasie tak się zagalopowali w gniewie, że zaczęło się wyciąganie spraw z przeszłości, czepianie się nic nieznaczących drobiazgów.

Jeżeli dziecko krzyczy, trzeba to przeczekać, powiedzieć: „OK, ja też cię kocham. A teraz spokojnie wytłumacz, o co ci chodzi".

Załóżmy, że dwunastoletnia córka ubrała się do szkoły jak na dyskotekę. Na pytanie matki, dlaczego założyła bluzkę z dekoltem, odszczekuje: „Bo tak chcę!". Matka może podnieść głos: „Co to ma znaczyć! Nie życzę sobie, żebyś mówiła do mnie takim tonem!" – i zaczyna się awantura. Ale może też powiedzieć: „Wytłumacz mi, dlaczego tak się ubrałaś". I jeżeli wcześniej nauczyła córkę argumentować, to ona będzie potrafiła powiedzieć: „Bo uwielbiam tę bluzkę, bo w tym kolorze jest mi do twarzy, bo ta bluzka tuszuje mój brzuszek, bo w niej widać, że mam biust". Teraz możemy jej przyznać rację: „Zgadzam się z twoimi argumentami w stu procentach, tylko że szkoła nie jest miejscem, gdzie ważne jest eksponowanie biustu. Wolałabym, żebyś założyła do szkoły bluzkę z mniejszym dekoltem, bo ta, którą masz na sobie, na pewno nauczycielom się nie spodoba. Szkoła to nie konkurs na najlepszy biust, tylko na zdobycie jak nawiększej wiedzy". Walczymy na argumenty, nie na emocje. I jeżeli dziecko przeszło odpowiedni trening, przyzna nam rację i nie będzie się bezsensownie upierać.

Oczywiście trudno takie nauki zaczynać, gdy dziecko ma lat piętnaście. Wtedy jest to strasznie mozolna praca. Startujemy dużo wcześniej – kiedy dziecko ma lat sześć – i dyskutujemy z nim o drobiazgach:

o tym, jaką zabawkę chce wybrać, w co chce się bawić, czy woli bajkę
o misiach, czy może o królewnie.

My mieliśmy zwyczaj wraz z synami spędzać pierwszy dzień wiosny
w Zakopanem. Tego dnia obowiązkowo szliśmy do baru na Krupów-
kach na lody. Co roku była dyskusja o tym, ile kulek zjedzą. Oni chcieli piętnaście, ja upierałam się, że kupię im po trzy, bo więcej zjeść nie
dadzą rady. Któregoś roku pomyślałam, że kupię im tyle, ile chcą. Byli
zaskoczeni, że poddałam się bez walki. Zjedli po dwie kulki i obaj
mieli dosyć. I wtedy na spokojnie im wytłumaczyłam, że nie chodziło
o to, że ja im takiej ilości lodów nie chciałam kupić, tylko o to, że nie
da się zjeść tak dużo. „A teraz lody, które zostały, trzeba wyrzucić,
a wam jest tak niedobrze, że długo nie będziecie mieli na nie ochoty.
A czy nie byłoby miło pójść na lody również jutro?

Jeśli rozmawiamy tak z dzieckiem codziennie, w różnych sytuacjach,
to kiedy ma lat naście i słyszy od rodzica, że pomysł, na który wpadło,
nie jest najlepszy, ma do niego zaufanie i przyzna mu rację.

Ja nie uważam, że moi synowie muszą podzielać mój pogląd na świat,
chociaż akurat tak się składa, że wiele cech po mnie przejęli – tak jak
ja są społecznikami, walczą o podobne rzeczy, kierując się empatią. Ale
ja im nie kazałam, by tacy byli. Oni, obserwując mnie, mając do mnie
zaufanie, czując, że mam do nich szacunek – chcą być podobni. I to jest
istota wychowania: że dzieci chcą być podobne do rodziców, a nie że
muszą. Ale żeby tak było, rodzic musi być dla dziecka autorytetem.

Dla dziecka sześcio- czy siedmioletniego chyba jesteśmy?

Jesteśmy, jeżeli się o to postaraliśmy. Wielu rodzicom wydaje się, że
autorytet ma się z nadania, że automatycznie jest przypisany wszystkim rodzicom. Niestety nie jest to prawda. Autorytet zawsze tworzy się w relacji z drugim człowiekiem. Dopóki dziecko nie myśli

logicznie – czyli mniej więcej do trzeciego roku życia – trudno mówić, że jesteśmy dla niego autorytetem. Powiedziałabym raczej, że jesteśmy dla niego wzorem. Co prawda dziecko nas słucha, co jest wpisane w definicję autorytetu, ale ta definicja jest o wiele szersza. Nie chodzi tylko o to, że my wydajemy polecenia, a dziecko bez szemrania je wykonuje, że nas słucha. Ważne jest również to, że postępuje podobnie jak my nie dlatego, że mu tak każemy czy dlatego, że się nas boi. To jego autonomiczna decyzja. Chce nas naśladować właśnie dlatego, że jesteśmy dla niego autorytetem.

Autorytet wiąże się również z wiedzą. Kiedy dziecko zaczyna logicznie myśleć, podejmować własne małe decyzje, autorytet rodzica wystawiony jest na próbę. Do około piątego roku życia dziecka rodzic jest alfą i omegą. Nawet jeśli czegoś nie wie. Dziecko i tak sądzi, że wie wszystko. To jest ta mądrość dorosłych. Dziecko pyta: „Skąd się biorą dzieci?" i bez mrugnięcia kupuje odpowiedź: „Z nadmanganianu potasu". A potem dostaje od babci książeczkę *Encyklopedia malucha* i babcia czyta mu prawdziwą wersję, która różni się od tego, co mówiła mamusia. Wtedy po raz pierwszy dowiaduje się, że rodzic czegoś nie wie, nie umie, nie rozumie. Oczywiście tłumaczymy wtedy, że nie każdy człowiek musi wszystko wiedzieć i rozumieć, tylko że niestety nie przekłada się to na nasze wymagania w stosunku do dziecka: „Jak możesz nie rozumieć, że nie wolno niszczyć zabawek! Tyle razy ci mówiłam, a ty ciągle zapominasz!". Swoją niewiedzę rozgrzeszamy, dziecka – nie. A później mały człowiek idzie do szkoły i okazuje się, że jego pani wie pięć razy więcej niż mamusia czy tatuś, a na dodatek potrafi o tym ciekawie opowiadać, wytłumaczyć, jeżeli coś jest niejasne. A poza tym ma pięćdziesiąt książek, z których można się tego wszystkiego dowiedzieć. Do tego interesuje się tym, czym interesuje się dziecko, a rodziców to kompletnie nie obchodzi. Rodzic pomału traci autorytet, zyskuje go nauczyciel.

Jest jeszcze jedna ważna rzecz: autorytetem jest dla nas człowiek, z którym możemy podyskutować. Przychodzi do rodzica dziesięciolatek i mówi: „Wiesz, tato, uważam, że to niemożliwe, żeby na świecie żyły takie wielkie dinozaury!". Jak może zareagować tata? Może próbować mu wytłumaczyć, mogą razem zajrzeć do książki lub obejrzeć film, mogą się wybrać do muzeum ewolucji. Ale może też po prostu powiedzieć: „Możliwe!" – i nawet nie podnieść wzroku znad gazety. Bo dziecko jest za małe, żeby z nim o czymś takim rozmawiać. A im dziecko starsze, tym więcej ma wątpliwości, bo styka się z coraz większą grupą ludzi i dowiaduje się coraz więcej. Rodzice mówią, że świat jest okropny i zły, a ono widzi, że wszyscy są fajni, mili i serdeczni. Albo odwrotnie: w domu mówią mu, że wszyscy są fajni, mili, *love and peace*, a w szkole spotyka się z przemocą, wobec której jest kompletnie bezradne. Z wiekiem coraz wyraźniej dostrzega różnice między tym, co dzieje się w domu a tym, co poza nim.

Wiem, że znowu się powtarzam, ale rodzic ma obowiązek przygotować dziecko do prawidłowego funkcjonowania w świecie. Jeśli matka mówi, że nie może sobie poradzić z ośmiolatkiem, który zachowuje się skandalicznie w sklepie lub restauracji, tłumaczę, że nie przećwiczyła tego w domu. „Ale w domu on siedzi przy stole i w ogóle się nie rusza!". „A gdyby zaczął wybrzydzać przy jedzeniu albo chciałby wstać?". „Mąż na niego krzyknie i siedzi jak trusia". „To nie może krzyknąć w restauracji?". „Przecież w restauracji są ludzie!". To dowód na to, że dziecko nie rozumie, dlaczego ma siedzieć spokojnie, że tak należy się zachowywać przy stole, że reaguje tylko i wyłącznie na podniesiony głos ojca.

Mogłabym podać mnóstwo przykładów tego, jak oczekujemy od dziecka rzeczy, których go nie uczymy. Dziecko ma wiedzieć, ma rozumieć, powinno umieć. Moje pytanie brzmi: skąd?, skoro przedstawialiśmy mu świat inaczej, niż funkcjonuje w rzeczywistości.

Powiedziałaś w poprzednim rozdziale, że drażnią nas u dzieci cechy, których nie akceptujemy u siebie. Skupiłyśmy się na bałaganiarstwie, ale podejrzewam, że tak samo denerwuje nas na przykład objadanie się słodyczami, odkładanie spraw na później czy skłonność do zalegiwania na kanapie z pilotem w ręce.

Często wymagamy od dziecka czesto tego, czego nie wymagamy od siebie. Jeśli nam się nie podoba, że się objadamy, że nie ćwiczymy (a powinniśmy), że nie chodzimy na spacery (a powinniśmy), że nie mamy znajomych, a dziecko też nie ma znajomych, też ciągle siedzi w domu i objada się batonikami – będzie nas to irytować potwornie. U siebie tego nie akceptujemy, ale nie jesteśmy wystarczająco silni, by to zmienić, więc jakoś musimy z tym żyć. Ale dziecku takiego prawa nie dajemy. Je chcemy zmienić, chociaż ono kompletnie nie widzi problemu. Bo dziecko jest lustrem, w którym odbijają się nasze wady.

Ale jeśli dziecko jest tak jak rodzic empatyczne, odpowiedzialne, punktualne, wrażliwe, chyba nie ma powodu się denerwować?

Wszystko zależy od tego, czy rodzic akceptuje te cechy u siebie, czy nie. Jeżeli matka jest cicha i spokojna, i tego nienawidzi, ponieważ w pracy wszyscy jej wchodzą na głowę, nie będzie akceptowała tych cech również u dziecka. Chciałaby być przebojowa i oczekuje, żeby takie było jej dziecko. Mówimy, że rodzic chce, żeby dziecko było do niego podobne, ale często chce, żeby dziecko było podobne do idealnego rodzica, do jego, rodzica, obrazu, jaki sam stworzył. Na dziesięć swoich cech w skali od jednego do dziesięciu wszystkie oceniam na dziesięć. I chociaż to moja subiektywna ocena, bo ludzie oceniają mnie na pięć, właśnie do niej porównuję dziecko. Chcemy, by dziecko było podobne do pomnika, który zbudowaliśmy. Posłuchaj, jak rodzice wspominają podczas rozmowy z dziećmi swoje szkolne lata: „Ja nigdy nie byłem na wagarach! Nigdy nie powiedziałem nauczycielce, że jest głupia! Nigdy z nikim się nie pobiłem, zawsze wszystko zjadałem, słuchałem mamusi". Dlatego proponuję dzieciom: „Jeśli chcesz się dowiedzieć się, jak zachowywał się twój tatuś czy mamusia, gdy byli w twoim wieku, najlepiej zapytaj dziadków. To też nie będzie prawda obiektywna, ale przynajmniej poznasz inną wersję". Bo babcia powie: „Z twojej matki to był diabeł wcielony!". A mamusia opowiadała, że była święta i nóżki do osiemnastego roku życia trzymała razem. Babcia mówi: „Twój ojciec pierwszy raz upił się, jak miał czternaście lat". A wersja tatusia jest taka, że pierwszy raz upił się w wojsku. Dzieci długo wierzą w to, co słyszą od rodziców. Konflikt pokoleń polega na tym, że w pewnym momencie dziecko, które bezgranicznie wierzyło, że mamusia do osiemnastego roku życia była dziewicą, a tatuś pierwszy raz napił się alkoholu w wojsku, zaczyna liczyć i wychodzi mu, że urodziło się, gdy matka miała siedemnaście lat, a tata w ogóle nie był w wojsku, bo się wymigał. Przychodzi do rodziców dwunastolatek, w którym budzi się tożsamość i mówi: „Chwileczkę, urodziłem się w maju, sześć miesięcy po waszym ślubie!". I co robią rodzice? Natychmiast podnoszą głos i zmieniają temat: „Nie garb się! Zabierz się za lekcje! A może byś tak posprzątał ten bałagan w pokoju?!". Powiedziałabym, że w pewnym wieku dziecko dostaje od wróżki czarodziejski młoteczek i dłutko do odrąbywania brązu z pomnika rodziców. Odkuwa i okazuje się, że nigdy nie byli tacy cudowni. Rodzice nie bardzo wiedzą, co z tym fantem zrobić. Możliwości jest kilka. Można dziecku powiedzieć: „Część opowieści, które do tej pory snułam, faktycznie była podkoloryzowana. Ale robiłam to po to, żebyś miał dobre wzorce, żebyś nie powielał moich błędów. Bo gdybym ci opowiedziała, co wyprawiałam, mógłbyś nie daj Boże zachowywać się podobnie". Można też iść w zaparte: babcia ma demencję i nic nie pamięta. Można też zrobić dziecku awanturę i w ogóle o tym nie rozmawiać. Jeśli rodzicowi zależy na zbudowaniu dobrej relacji z dzieckiem, to powie, jaka jest prawda i wytłumaczy, dlaczego niektóre opowieści podbarwiał. Bo uczciwość w relacjach z młodym człowiekiem jest niebywale ważna. A jeśli mu nie zależy, będzie udawał, że tak właśnie było, że nie ma sobie nic do zarzucenia.

Czy siedmioletnie dziecko może się już przeciwko rodzicom buntować?

Dzieci zaczynają się buntować, kiedy mają dwa lata. To charakterystyczne nie, bo nie, kiedy rodzic każe im coś zrobić. One nie wiedzą, dlaczego tak robią. To bunt nieuświadomiony. Natomiast dzieci siedmioletnie buntują się już świadomie. Bo dziecko w tym wieku zaczyna doświadczać własnej tożsamości, odkrywa, że może być sprawcą. To oczywiście inna forma buntu niż u nastolatków, ale sześcio-, siedmiolatek też kłóci się z rodzicami, mówi im: „Jesteś głupia! Nie kocham cię! Wyprowadzę się do dziadków!".

Przyjmijmy, że rodzic jest idealny, jest dla dziecka wzorem. Czy dziecko może się buntować dlatego, że zmienia się jego fizjologia? Czy bunt może być jakby narzucony odgórnie?

Bunt przeciwko czemu? Jeśli jesteś rodzicem, który potrafi rozmawiać ze swoim dzieckiem, który go słucha, to przeciwko czemu ma się buntować?

Nastolatki się buntują.

Niekoniecznie. Tak sobie wymyślili ci, którzy nie bardzo wiedzą, co zrobić z tym, że nastolatki dostrzegają w nich osoby omylne. Odpowiedz mi na pytanie: przeciwko czemu ma się buntować nastolatek, który może się dogadać z rodzicem?

Nastolatek może być tak samo wściekły jak rodzic, który widzi w dziecku jak w lustrze swoje negatywne odbicie. A to lustro działa w obie strony. Równie dobrze może się w nim przeglądać dziecko. Wkurzają je pewne cechy rodziców, a widzi, że jest dokładnie taki sam jak oni. I powód do buntu gotowy!

Ale takie dziecko buntuje się nie przeciwko rodzicom, tylko przeciwko sobie! Jeżeli rodzic jest dla dziecka autorytetem, nie ma ono żadnego powodu do buntu. Cała masa dzieci go nie przechodzi. Mówi się, że bunt wiąże się ze zmianami hormonalnymi. Nie wiąże się. To psychologowie i pedagodzy wymyślili sobie, że dziecko ma być jakieś, i ono się buntuje przeciw temu, że ma takie być.
Dziecko w ogóle sprzeciwia się wszystkiemu, co mu się nie podoba, co jest niezgodne z jego aktualnymi potrzebami. Tak zachowuje się każdy człowiek. Jeżeli mówisz dziecku: „Nie pójdziemy na lody", buntuje się. Jeżeli mówisz: „Nie kupię ci tej zabawki", też się buntuje. I będzie się buntowało, kiedy powiesz: „Nie mogą przyjść do ciebie koledzy". Dziecko zawsze znajdzie powód do buntu, bo ono chce inaczej. Jeżeli nie jesteś dla niego autorytetem, nie potrafisz mu przedstawić argumentów, wytłumaczyć, dlaczego nie pójdziecie na lody, dlaczego nie kupisz zabawki, dlaczego nie mogą do niego przyjść koledzy, będzie się buntować niezależnie od tego, czy ma lat pięć, dwanaście czy dwadzieścia. Jeżeli natomiast będziesz je od małego uczyć, że można toczyć walkę na argumenty – ty mi przedstawiasz trzy argumenty za, ja tobie trzy przeciw – to będziecie rozmawiać o argumentach i raz

ono ciebie przekona, raz ty je. Wtedy zawsze się dogadacie. Przeciwko czemu ma się buntować dziecko, skoro zawsze może przyjść i powiedzieć: „Chciałbym, żebyś mi kupiła nowe spodnie, ponieważ stare są podarte, ponieważ te są najmodniejsze i koleżanki twierdzą, że są najlepsze na świecie"? Odpowiadasz: „Nie kupię ci tych spodni, bo są za drogie i nie mam na nie pieniędzy. Twoje spodnie są świetne, a koleżanki nie mają racji". Możecie się o to pokłócić albo pójść na kompromis: „Dobrze, kupię ci te spodnie, ale nie kupię już bluzy, o której mówiłeś" albo: „Słuchaj, teraz naprawdę nie mam pieniędzy, ale obiecuję, że jak tylko będę miała, to ci te spodnie kupię". Takie dziecko dogada się z matką. Ono wie, że pierwsze pieniądze przeznaczy na jego spodnie. Ma do niej zaufanie, wie, że go nie oszuka, że nie powie, że teraz jednak trzeba opłacić rachunki. Ono nie ma się przeciwko czemu buntować, bo wie, że z najdrobniejszą sprawą lub problemem do rozwiązania zawsze może do niej przyjść: „Chciałbym iść na całonocną imprezę do kolegi" (świat się zmienił i dzieci kilkunastoletnie już na takie imprezy chadzają. Ja tego nie pochwalam, ale tak bywa). Matka może mieć obawy: „Boję się, że będzie alkohol i zaczniecie wyrabiać głupoty", a dziecko może zaproponować: „Jeśli chcesz się upewnić, że nie będzie alkoholu, możesz zadzwonić do mamy Krzysia. Ona cały czas będzie z nami". I tak rodzice powinni negocjować z dziećmi niezależnie od tego, czy te dzieci mają lat dwanaście, czy osiemnaście.

Świat zmienia się w błyskawicznym tempie i dzieci dojrzewają coraz szybciej, ale rodzicom trudno się z tym pogodzić. Wydaje nam się, że między naszym dzieckiem a nami, kiedy mieliśmy dwanaście lat, nie powinno być większej różnicy. Dlatego tak często oczekiwania dziecka wydają się nam wzięte z kosmosu.

Ale to jest problem rodzica. Rodzic nie ma prawa karać dziecka za to, że świat się zmienił. Rodzic musi nadążać za tym światem, ale nie zadaje sobie takiego trudu. Musi przyjąć do wiadomości, że jego dzieci to inny gatunek człowieka, że to są dzieci, które za kilka lat będą miały bezpośrednie dordzeniowe łącze z internetem. Bo to są inni ludzie, nie tacy jak czterdzieści lat temu. Mają inne potrzeby, inne zainteresowania. Dlaczego podupadło harcerstwo? Bo dzisiaj to nikogo nie bawi. Nie mówię, że jestem tym zachwycona, bo chciałabym, żeby moi synowie należeli do harcerstwa – które dla mnie było wspaniałą przygodą – ale oni woleli gry wirtualne. Musimy się z tym pogodzić. Nie da się wrócić do tego, co było kilkanaście czy kilkadziesiąt lat temu. Często słyszę narzekania: „Za moich czasów było inaczej!”. Ale „za moich czasów” ludzie na wsi nie mieli telefonu, telewizora, pralki. Więc było lepiej czy nie? Dorośli muszą nadążać za zmianami. Trzylatek potrafi włączyć telewizor, wie, który z trzech leżących na stole pilotów jest do satelity i na satelicie znajdzie swoją ulubioną bajkę. A rodzic jest bezradny: „To w końcu który przycisk mam wcisnąć?!”. Bo kiedyś, żeby wcisnąć przycisk, trzeba było podejść do telewizora. I przycisk był jeden.

Ale przyznasz, że świat był wtedy prostszy.

Był prosty dla nas, dzieci, ale dla naszych rodziców nie był. Mój ojciec, kiedy elektryfikowali wieś i po raz pierwszy zobaczył żarówkę, był w szoku. A jego ojciec był w szoku, gdy mu przynieśli buty. Oczywiście w tej chwili postęp już nie idzie, a wręcz pędzi. Przykład: rodzice kupują dziecku komputer. I mamy dwie możliwości: albo głupieje przy grach, albo zaczyna się zastanawiać, co jest w środku. Jeśli zaczyna się zastanawiać, jak to działa, interesować się hardware'em, czyli tym, z czego komputer jest zbudowany, i software'em, czyli oprogramowaniem, to mija pół roku i mówi rodzicom, że musi mieć nową kartę graficzną. Rodzic woła: „Jak to, przecież dopiero dostałeś komputer! Masz nowy, półroczny, a ja jeżdżę dwunastoletnim samochodem. I mogę!". Dziecko nie ma jeszcze pewności, że dobrze myśli, więc wraca do siebie. Za kolejne pół roku przychodzi i mówi, że musi mieć nowe chłodzenie, najlepiej wodne, albo dwa nowe wiatraki, bo mu się grzeje procesor. A w zasadzie to powinien mieć nowy procesor, a w zasadzie to płytę… Rodzic jest w szoku. Bo nagle dowiaduje się od dziecka, że komputer ma jakieś części w środku i w zasadzie powinien być wymieniany co pół roku, bo technologia tak idzie do przodu, że na tym, który kupił dwa lata temu, nie można uruchomić żadnej nowej gry. Rodzic tego nie rozumie. Jemu się wydaje, że z komputerem jest jak z samochodem – można go eksploatować aż do śmierci. Rodzice nie chcą się pogodzić z tym, że świat pędzi do przodu, ale również z tym, że dzieci się z tym godzą i że sobie z tym fantastycznie radzą. Mają pretensje do dzieci, że wiedzą więcej od nich.

Wniosek jest taki, że nie jest możliwe, by dziecko było podobne do rodzica kropka w kropkę. Uniemożliwia to chociażby postęp cywilizacyjny.

Na pewno nie będzie takie jak ja. Ale może wyznawać ten sam system wartości, może mu zależeć na tych rzeczach, na których mnie zależy, może chcieć podążać w tym samym kierunku co ja, może chcieć realizować swoje marzenia, które w nim zaszczepiłam… Ale to zależy też od tego, na ile będę podążać za dzieckiem.

Mnie jest trudno. Nie wyobrażam sobie, żebym mogła siedzieć i czytać książki o informatyce.

Dlaczego? Bo wolisz oglądać ulubiony serial?

Dlatego że mnie to nie interesuje.

A dlaczego cię nie interesuje?

Bo mnie interesują inne klimaty. Mam się interesować informatyką tylko dlatego, że interesuje się nią mój syn? I tak nigdy nie dorosnę do tego, by w tej kwestii być dla niego partnerem.

Ja dorosłam. A nawet prześcignęłam.

Może masz predyspozycje. Ja nie mam!

OK, mogę się zgodzić! Ważne, że gdy dziecko przychodzi do ciebie z pytaniem, potrafisz powiedzieć, że nie wiesz – bo rodzic nie musi wszystkiego wiedzieć – ale znajdziesz dla niego czas i pomożesz mu znaleźć odpowiedź. Ja nie mówię, że masz się nauczyć składać komputery i ścigać się z dzieckiem na wiedzę. Mówię o tym, że gdy dziecko przychodzi z jakimś problemem czy pytaniem, możesz powiedzieć: „Nie wiem, ale poszukamy razem. Nie wiem, ale może zadzwonimy do syna mojej koleżanki, bo on się na komputerach świetnie zna". Ale nie możesz powiedzieć: „Synu, to mnie nie interesuje!". Co niestety robi cała masa rodziców. A potem się dziwią, że dzieci nie szukają u nich porady, gdy mają problem.

Przychodzi dziecko i mówi: „A wiesz, że na Marsie jest ropa?". Mówię: „Nie wiem". Przychodzi z następnym, podobnym pytaniem. Ja mówię: „Nie wiem". I jest duże prawdopodobieństwo, że w oczach dziecka wyjdę, mówiąc delikatnie, na człowieka o małej wiedzy.

Wielu rodziców się tego boi, więc kiedy słyszą pytania, na które nie znają odpowiedzi, reagują agresywnie: „Nie zawracaj mi głowy! Nie mam czasu na takie głupoty!". Nie potrafią powiedzieć: „Ja w szkole tego nie przerabiałem. Jestem pełen podziwu, że ty się tego uczysz. Chętnie się od ciebie czegoś dowiem. Może razem poszukamy odpowiedzi?". W takich sytuacjach warto też zadać dziecku kilka pytań, na które to ono nie będzie znało odpowiedzi: „Kiedy ja chodziłem do szkoły, uczyliśmy się o złożach boksytów w Surinamie. Wiesz, co to boksyt? Wiesz, gdzie leży Surinam?". Myślę, że inteligentny, uważny rodzic bez trudu potrafi zadać dziesięć pytań, które zrównoważą jego niewiedzę, na które dziecko odpowie: „Nie wiem". Powinniśmy pokazać dziecku, że to, że czegoś nie wiemy, nie dyskwalifikuje nas jako rodziców i jako ludzi. Ważne, by być otwartym na wiedzę. Oczywiście każdemu rodzicowi może się zdarzyć powiedzieć: „Nie zawracaj mi teraz głowy". Bo nie chodzi o to, że rodzic zawsze ma być w pełnej gotowości, na wypadek gdyby dziecko akurat chciało go o coś zapytać.

A czy dziecko w wieku dziesięciu, dwunastu lat ma potrzebę zadawania rodzicom podchwytliwych pytań?

Jak najbardziej. Bo chce złapać rodzica na niewiedzy. Zdaje sobie sprawę z tego, że świat pędzi tak szybko, że wiedza rodziców do niego nie przystaje. Naczyta się w internecie i będzie ich egzaminowało.

I z czego to wynika?

Z potrzeby poczucia, że jest się coś wartym, z potrzeby bycia docenionym, udowodnienia rodzicowi, że nie ma racji.

Na tym etapie rozwoju dziecko musi się w ten sposób sprawdzać?

Nie odważyłabym się powiedzieć, że to rozwojowe i że wszyscy rodzice muszą tego oczekiwać. Dzieje się tak zwłaszcza w domach, w których dziecko nie ma zbyt dużo do powiedzenia albo w tych, w których rodzice swoich dzieci nie doceniają. Właśnie wtedy dziecko przynosi takie szkolne kwiatki i siłuje się z rodzicami na wiedzę. Bo to obszar, na którym dziecko ma władzę. Takim obszarem są na przykład komputery. Znam bardzo wiele domów, w których matka prosi: „Synku, wydrukuj mamusi, bo mamusia nie umie". A synek odpowiada: „Za chwilę!" albo „Mogłabyś się w końcu nauczyć!". W ten sposób odbija piłeczkę, czyli robi dokładnie to, co robi rodzic, kiedy ono ma do niego pytanie. I często towarzyszy temu niezbyt miły ton, i co tu dużo mówić – złośliwość. Ale tak być nie musi. To może być forma zabawy w argumenty. Zawsze uwielbiałam encyklopedyczną wiedzę, książki typu „co by było, gdyby" albo „czy wiesz, że…" i lubiliśmy się z synami bawić w sprawdzanie wiadomości. Oczywiście mam potworne luki, ich program szkolny absolutnie nie przystaje do tego, czego ja się uczyłam, ale są tematy, które się nie zmieniły i w których mi nie podskoczą: na przykład chemia, biologia, geografia. A jeśli czegoś nie wiem, dzięki nim się uczę.

Powiedziałaś wcześniej, że autorytet rodzica wiąże się między innymi z wiedzą, jaką posiada. Nie każdy wyniósł z domu miłość do encyklopedii i nieustanną chęć uczenia się, ale może do tego, by być autorytetem dla dziecka, wystarczy tak zwana życiowa mądrość?

To, czy się jest autorytetem, nie ma nic wspólnego ze statusem socjoekonomicznym, z poziomem wykształcenia. Oczywiście autorytet może być wspomagany przez wiedzę. Dziecko może być dumne, że rodzic dużo wie i wszystko umie, ale nie o to chodzi. Możesz zaimponować dziecku wiedzą, ale wcale nie musisz być dla niego autorytetem. Jesteś nim wtedy, gdy dziecko pięć razy się zastanowi, zanim coś zrobi, by nie zawieść twoich oczekiwań, gdy potrafi powiedzieć koledze: „Ja tego nie zrobię, bo mój tata powiedział, że to jest głupie". Autorytet nierozerwalnie wiąże się z szacunkiem i godnością. Jeśli nie szanujesz dziecka, nigdy nie będziesz dla niego autorytetem. A to, czy się szanuje i akceptuje drugiego człowieka, nie zależy od tego, czy się ma maturę, czy wyższe studia. Znam domy ludzi wykształconych, ambitnych, którzy nie są autorytetami dla swoich dzieci, ponieważ nigdy autorytetu nie zbudowali.

Powiedziałaś, że nie każdy wyniósł z domu miłość do nauki, ale jako dojrzali ludzie możemy się przekonać, jak wykształcenie może w życiu pomóc. I nie ograniczać się do mówienia dzieciom: „Ja nie zdobyłam wykształcenia, ale ty masz się uczyć", lecz stać się dla dziecka przykładem. Jestem szalenie dumna z matek, z którymi pracowałam, które mimo różnych przeciwności losu, mając już duże dzieci, dom na głowie, podjęły dalszą naukę: zrobiły maturę, poszły na studia. Poznałam matkę, która robiła maturę w tym samym roku co jej córka. Na początku córka się wstydziła, że matka nie ma średniego wykształcenia, ale kiedy zobaczyła, z jakim przejęciem podchodzi do nauki, jak się do niej przykłada, że nie wstydzi się jej prosić o pomoc – była z niej dumna. To było niesamowite, jak razem się uczyły i wspierały. Doszło do tego, że córce na maturze mamy zależało bardziej niż na własnej. Zdały ją obie. Córka poszła na studia, a matka natychmiast awansowała w pracy i dostała kierownicze stanowisko. Dziewczyna czarno na białym zobaczyła, że matura to nie tylko papier. Że za nią stoi konkret. Zadaniem rodziców jest wykształcenie u dzieci potrzeb: nauki, bycia dobrymi ludźmi, podróżowania… Ale samo wykształcenie potrzeby to za mało, trzeba jeszcze cały czas dziecko w jego dążeniach wspierać. Wyobraźmy sobie, że rodzic zaszczepia w dziecku potrzebę poznawania świata. I teraz mamy dwie możliwości: możemy wszystkie pieniądze wydawać na jedzenie, kupować kolejne ubrania, meble i zmieniać samochody, a dziecko będzie sfrustrowane, że podróżuje tylko palcem po mapie lub oglądając programy w telewizji, albo przez cały rok możemy jeść skromniej, żyć oszczędniej i rozważniej, po to, by w wakacje podróżować po Europie czy po świecie. To kwestia wyborów i priorytetów. To zawsze zależy od nas. Jeżeli zaszczepimy w dziecku pasję podróżnika, naszym obowiązkiem jest mu pomagać ją rozwijać. Muszą się na nią znaleźć pieniądze – i tu mamy dobry pretekst, by uczyć dziecko oszczędzania. Jeżeli zaszczepimy w dziecku miłość do kina, to ono zawsze musi mieć pieniądze, by do niego pójść. Nie możemy kazać mu tylko czytać recenzje czy wypożyczać filmy na DVD. Jeżeli zaszczepiliśmy w dziecku potrzebę czytania książek, musimy mieć pieniądze, by mogło je kupić, bo nie wszystkie tytuły są dostępne w bibliotece, a poza tym może będzie chciało mieć własny księgozbiór. Jeżeli zaszczepiliśmy zainteresowanie modą, nauczmy dziecko szyć, chodźmy z nim po lumpeksach i przerabiajmy ciuchy na nowe. Uważam, że wszystko jest do zrobienia, i nikt mi nie powie, że to niemożliwe, bo zbyt wiele czasu zajmuje praca. Ja też pracowałam. Miałam trzy etaty i dom na głowie, a mimo to znajdowałam czas, by wymyślać miliony różnych rzeczy.

Możemy też po prostu zaszczepić w dziecku potrzebę posiadania marzeń...

Ale tu wracamy do punktu wyjścia. Do tego, o czym mówiłyśmy w poprzednim rozdziale: że my sami musimy te marzenia mieć. Jeżeli pytam matkę, jakie ma marzenia, a ona odpowiada, że nie ma żadnych, to jakie może mieć jej dziecko? Oczywiście bywa tak, że ponieważ rodzice nie mają żadnych marzeń, dziecko ma ich całą masę – żeby mieć inne życie, poznać świat, żeby być kimś ważnym, cenionym, osiągnąć coś, czego nie osiągnęli rodzice. Tylko nie powinno być tak, że jedynym marzeniem dziecka jest jak najszybciej wyrwać się z rodzinnego domu i nigdy do niego nie wracać.

5. MOJE DZIECKO NIKOGO NIE KOCHA

Małe dzieci bez żadnych zahamowań okazują uczucia, i to zarówno złość i smutek, jak i radość i współczucie. A jak jest z dziećmi sześcioletnimi?

Do szóstego roku życia dziecko jest jasną, odkrytą kartą, niczego nie udaje. Powie, co myśli, rozpłacze się, gdy jest smutne lub złe, ucieszy, gdy jest szczęśliwe. Im młodsze dziecko, tym otwarciej wyraża emocje całym ciałem. A kiedy zaczyna się edukacja, dziecko dowiaduje się, że jedne emocje i zachowania są cacy, a inne są be. Czyli niektóre są społecznie akceptowane, a niektóre nie są. Tak się dziwnie składa – mimo że psychologowie i nauczyciele tłumaczą, że tak być nie powinno – że generalnie lepiej radzimy sobie z odbieraniem emocji pozytywnych niż negatywnych. Paradoksalnie mimo że wolimy, kiedy nas otaczają sprzyjające nam, sympatyczne osoby, sami chętniej i łatwiej wyrażamy emocje negatywne. Z jednej strony bardzo byśmy chcieli, żeby nasze dziecko było miłe, uśmiechnięte, zadowolone, i w związku z tym nie pozwalamy mu się złościć, a sami w kontaktach z innymi ludźmi – także dziećmi – bardzo często okazujemy niechęć i agresję. Co innego mówimy, a co innego robimy. Uczymy dzieci, że nie należy być zbyt ekspresyjnym, że mówiąc, nie można machać rękami, że naturalny język ciała powinniśmy okiełznać, bo nie mieści się w standardach tak zwanego dobrego wychowania, które nie wiedzieć po co, sami sobie narzuciliśmy. Nie możemy się zachowywać spontanicznie, wolno nam wygłosić swoje zdanie dopiero wtedy, gdy opadną emocje, mamy być rozważni, stateczni i uśmiechnięci. Hiszpanie czy Włosi, którzy mają ogniste temperamenty, zachowują się zupełnie inaczej. Potrafią się głośno pokłócić, by za chwilę równie głośno się godzić. W ten sposób wyrzucają z siebie zarówno dobre, jak i złe emocje. My, Polacy, w większości uważamy, że uzewnętrznić wolno nam tylko te dobre, choć z tym też mamy problem. Nie potrafimy na przykład głośno się śmiać. Czy przysłuchiwałaś się kiedyś, jak ludzie się śmieją? To śmiech zduszony, z zaciśniętymi szczękami.

Nic dziwnego, skoro od dziecka słyszymy: „Co się tak śmiejesz jak głupi do sera?! Co tak bez sensu szczerzysz zęby?!". Nauczono nas, że śmieją się tylko ludzie prymitywni, których nie stać na refleksję.

I uczymy tego dzieci. Krytykujemy je za każdy przejaw ekspresji: „Co się tak wydzierasz! Mów ciszej, przecież nie jestem głucha! Nie podnoś głosu!". A ten głos czasami trzeba podnieść, czasami trzeba coś powiedzieć mocniej i dobitniej. A gdy dziecko dorasta, zostaje rodzicem i chce ukarać swojego syna czy córkę, cieniutkim głosikiem mówi: „Józiu, mamusi nie podoba się to, co zrobiłeś". Pod ten tembr głosu mogłabyś równie dobrze podłożyć: „Anielko, wiesz, że mamusia cię kocha. Proszę, to są twoje ulubione lody". Tymczasem jeśli nie podoba nam się zachowanie dziecka lub chcemy coś od niego wyegzekwować, powinniśmy mówić mocnym głosem, autorytatywnie. I jeśli mówimy: „Nie podoba mi się to, co zrobiłeś", nie nazywajmy syna Michałkiem tylko Michałem. Niestety większość kobiet ma z tym problem.
Jest jeszcze złość. Pracowałam i pracuję z wieloma rodzinami i praktycznie nikt nie pozwala dziecku jej uzewnętrzniać. Dziecko nie ma

prawa się złościć. Kiedy pytam rodziców: „Dlaczego?", odpowiadają: „Bo dziecko musi być grzeczne. Uśmiechnięte i miłe dla wszystkich". Dziecko nie ma żadnych problemów, nie musi chodzić do pracy, ma wszystko, czego potrzebuje. A przecież dziecko też jest człowiekiem! I jak każdy człowiek mogło wstać rano z bólem istnienia, może je boleć brzuch, głowa, może być rozdrażnione z powodu nagłej zmiany pogody czy dlatego, że ktoś mu sprawił przykrość. Jest złe i nie musi wiedzieć dlaczego.

Dziecku nie wolno się złościć, a ja powtarzam rodzicom, że dziecko, jak każdy człowiek, ma prawo do złości, a naszym obowiązkiem jest pokazanie mu, jak ją rozładować, po to, by nie przerodziła się w agresję. Musimy nad tym cały czas czuwać i pracować, ponieważ dziecku, które chodzi do szkoły, powodów do złości przybywa w postępie geometrycznym. Dziecko musi się nauczyć reagować adekwatnie do sytuacji i w sposób społecznie akceptowany.

Czyli nie może się rozzłościć na nauczycielkę, ponieważ ona tego nie zaakceptuje.

A powinna! Dziecko ma prawo być złe i ma prawo o tym powiedzieć: „Jestem zły, bo nie umiem rozwiązać zadania. Jestem zły, bo pani mnie źle oceniła".

Już to widzę!

Ja to widzę oczami wyobraźni. Nie mam pretensji do nauczycieli. Po prostu dorośli nie przechodzili i nie przechodzą takiego treningu. Gdybyś była moją nauczycielką, a ja bym ci powiedziała: „Jestem zła, bo mnie niesprawiedliwie oceniłaś", natychmiast wzięłabyś to do siebie.

Uznałabym, że to znaczy, że jestem głupia.

Tak. Mało tego – że ja, skoro tak powiedziałam, sama jestem głupia i wredna. Podam ci przykład prawidłowo przeprowadzonej rozmowy. Dziecko mówi: „Jestem zły, bo pani mnie źle oceniła". Nauczycielka odpowiada: „Rozumiem, że jesteś zły, ale nie zrobiłeś jeszcze wszystkiego tak, jak powinieneś. Ja też jestem zła, że ci się nie udało, bo bardzo mi na tym zależało. Jutro spróbujesz jeszcze raz i na pewno będzie lepiej". Nauczycielka powinna dać dziecku przyzwolenie na wyrażenie emocji. Takie przyzwolenie dziecko powinno otrzymywać w domu, po to, by mogło powiedzieć: „Wiesz co, mamo, jestem wściekły, że pani od polskiego tak się zachowała!". Wtedy będzie o tej nazwanej złości spokojnie opowiadać, nie stłucze psa i nie zdemoluje swojego pokoju. By tak było, trzeba lat treningu.

Przychodzi dziecko i mówi: „Jestem wściekły, pani mnie źle oceniła". Następnego dnia mówi: „Wiesz co, ta Kaśka jest głupia. Zobacz, jak beznadziejnie się zachowała". Za chwilę znowu ma do kogoś pretensje. Jest ciągle niezadowolone. I co mam w takiej sytuacji zrobić?

To zależy, ile to dziecko ma lat, ponieważ sześcioletnie diametralnie różni się od dwunastoletniego. Do szóstego roku życia naszym rodzicielskim obowiązkiem jest również pokazywanie dziecku, że każda sytuacja ma dwie strony: dobrą i złą. A także skupianie się na stronach pozytywnych. Tymczasem częściej zwracamy uwagę na rzeczy brzydkie, niebezpieczne, niedobre, głupie. Posłuchajmy, co mówimy do dzieci, przy dzieciach, o dzieciach: „Ta Kowalska jest jakaś głupia! Mój szef jest nienormalny! Zobacz, jaki sobie szpetny samochód kupił! Ciekawe, skąd na niego wziął, może ukradł?!". W ten sposób wyładowujemy frustracje, a dziecko, słysząc przez lata takie rzeczy, dowiaduje się, że tak naprawdę świat jest okropny. Czego więc oczekujesz? Że przyjdzie ze szkoły i powie, że Kasia jest fajna, skoro cały czas mu powtarzałaś, że świat jest paskudny?

Zawsze trzeba znajdować jasną stronę życia. W każdej sytuacji. Ja wiem, że są chwile dramatyczne: na przykład kiedy umiera stary, schorowany pies. Cierpimy, ale pomyślmy, że on już się nie męczy, dla niego śmierć była wybawieniem. Ulegliśmy wypadkowi samochodowemu. Nieubezpieczone auto nadaje się tylko do kasacji. Ale my wyszliśmy z tego cało. A zniszczony samochód? To tylko pieniądze. Rozumiem, że dla niektórych ludzi szukanie we wszystkim dobrej strony jest naginaniem rzeczywistości, działaniem nielogicznym i infantylnym, ale dla mnie jest najlepszym, jedynym rozwiązaniem. Takiego sposobu myślenia uczyłam swoje dzieci, i uczę te, z którymi pracuję.

Do tego, by tak myśleć, trzeba mieć predyspozycje psychiczne. Dla optymistów szklanka jest w połowie pełna, dla pesymistów – w połowie pusta.

Na pewno niektórzy ludzie mają skłonność do depresji, do specyficznego postrzegania świata, ale myślę, że to zależy od warunków, w jakich się dorastało. Od tego, co dostaliśmy w tym czasie, którego nie pamiętamy, w pierwszych latach życia. Wciąż toczy się kłótnia o to, czy ważniejsze są geny, czy wychowanie. Ja zdecydowanie opowiadam się za wychowaniem: uważam, że optymizm i pesymizm są cechami wyuczonymi.

Ale podam ci przykład: dwie siostry, które się od siebie zdecydowanie różnią.

Oczywiście, bo jedna urodziła się wcześniej, druga później. Pierwsza przez pewien czas była jedynaczką, rodzice byli na dorobku, pełni entuzjazmu lub odwrotnie – mieli skłonność do depresji, bo nic im się nie układało. A druga urodziła się w rodzinie, w której było już jedno dziecko, rodzice mieli za sobą pewne doświadczenia i rodzicielskie, i życiowe. Ich sytuacja był inna niż kilka lat wcześniej, mieli inne poglądy. Można powiedzieć, że każda z sióstr urodziła się w innej rodzinie.

Negatywnie postrzegają świat raczej dzieci starsze niż młodsze, dlatego że zaczynają się porównywać z innymi, są dużo bardziej świadome tego, co się z nimi dzieje.

Mniej więcej kiedy mamy się spodziewać, że nasze słodkie dziecko zacznie narzekać?

W momencie rozpoczęcia nauki. Wtedy, kiedy wejdzie między ludzi. Wówczas zaczyna się porównywać: jego rysunki już nie są takie piękne, mamusia zawsze się nimi zachwycała, a teraz nie dość, że pani ocenia je gorzej niż innych dzieci, to ono samo widzi, że inni rysują ładniej, a na dodatek sprawniej liczą czy szybciej biegają. Nie jest już gwiazdą rodzinnych spotkań, na których wszyscy mówili, jakie to jest cudowne, na dobrą opinię musi zasłużyć, musi się czymś wykazać. Oczywiście tak być nie musi. Dziecko może przychodzić ze szkoły radosne i cieszyć się całym światem. Zależy to od tego, w jakiej atmosferze wzrastało. Jeśli rodzice mówili, że w szkole spotka dwadzieścioro pięcioro dzieci, od których może być zarówno lepsze, jak i gorsze, i w tym, że będzie gorsze, nie ma nic złego, to dziecko wszelkie niepowodzenia przyjmie w miarę spokojnie, nie będzie nadinterpretować. Tylko że mało który rodzic przygotowuje dziecko emocjonalnie do rozpoczęcia nauki w szkole. Rodzicom się wydaje, że dziecko sobie poradzi. Nauczy się. No, trochę dostanie w kość od kolegów, ale da radę!

W dupę dostaje już od rodziców! I nie mówię tu o przemocy fizycznej, tylko o chłodzie emocjonalnym. Powiedz mi, dlaczego łatwiej nam okazywać emocje negatywne niż pozytywne? Dlaczego łatwiej nam krzyczeć na dziecko, niż pokazać, że je kochamy – przytulić, pogłaskać?

Nie wiem. Są ludzie, którzy cudownie okazują uczucia, którzy cudownie wychowują dzieci, dla których przytulanie, wygłupianie się z dziećmi i okazywanie im miłości jest codziennością. I tak powinno być. Pracowałam ze specyficznymi rodzinami, które miały różne problemy wychowawcze, a problemy te brały się również z tego, że w tych domach nie okazywało się uczuć. Bo ojciec wstydził się przytulać dzieci, bo to takie niemęskie! Albo wstydził się z dziećmi bawić, bo co powiedzą koledzy! A matka nie przytulała dzieci, ponieważ nie widziała w tym żadnego sensu: „Po co mam to robić? Mnie nikt nie przytulał i jakoś żyję!". Dziecko lgnie do rodziców i słyszy: „Nie przeszkadzaj. Teraz nie mam czasu!". I pomału zaczyna się wycofywać, oducza się okazywać radość, ciepło, miłość. Często spotykam się z dziećmi, które doświadczyły właśnie takiego zimnego chowu. Taki model wychowania preferowała na przykład pedagogika niemiecka: nie należy dziecku okazywać za dużo uczucia, bo się zdemoralizuje. Dziecko musi być twarde. Musi wykonywać polecenia. Nie powinno być empatyczne, nie powinno za bardzo przejmować się innymi, a jeśli dziecko przytulasz, całujesz i mówisz, że świat jest dobry, wyrośnie na człowieka, który będzie się troszczył o innych, i mało tego – będzie mu to sprawiało przyjemność!

Wydaje mi się, że psychologom amerykańskim ta koncepcja też nie była obca. Dziecko, które płacze w drugim pokoju, ma się wypłakać.

Najwyżej lepiej rozwiną mu się płuca. To faktycznie amerykańskie pomysły, ale moim zdaniem wywodzą się z poglądów emigracyjnych psychologów niemieckich. Świat rodziców jest światem odrębnym od świata dzieci. Dzieci trzymane są z dala – jeśli nie może zajmować się nimi opiekunka, to i tak rodzice zachowują dystans emocjonalny. Na szczęście zmieniła się nasza wiedza i świadomość. Wiemy już, że dzieciństwo rzutuje na całe późniejsze życie. Jako dorośli niewiele rzeczy możemy w sobie zmienić, ponieważ ukształtowały się w czasie, którego nie pamiętamy, do piątego, szóstego roku życia.

Ojcowie nie przytulają dzieci, bo obawiają się, że zostaną uznani za niemęskich. Ale kobiecość kojarzy się z ciepłem. Dlaczego więc matka nie przytula dziecka? Przecież gdyby to robiła, wszyscy by uważali, że jest wspaniałą kobietą!

To nie jest takie proste. Kobiecość to nie jest tylko przytulanie. Kobiecość to jest seksowność. Kobiecość to są pomalowane paznokcie, tipsy, fryzura, szczupłość, ubranie, a nie zawsze i nie jednoznacznie macierzyństwo.

Nie mówię, że kobiecość to macierzyństwo. Mówię o tym, że kobiecość to ciepło, które ma się w środku.

Kobiety stały się strasznie męskie. Poszłyśmy w trochę złym kierunku. Mówię o kobietach, które muszą robić wiele rzeczy za swoich partnerów. Zawsze muszą być silne, mocne, a bycie miękką i delikatną, co kojarzy się z kobiecością, po prostu się nie opłaca. Te kobiety przytulają dzieci, bo to nie jest kompletnie zimny chów. Chociaż są i takie domy, w których największym szczęściem jest dla dziecka uśmiech i pochwała matki. Matka ciepłem karze i nagradza. Bo przytula dziecko w nagrodę: „Jak będziesz grzeczny, to mamusia cię przytuli"! Do tego takim kobietom łatwiej przytulić dziewczynkę niż chłopca! Spotkałam się z tak wieloma irracjonalnymi zachowaniami kobiet, z takimi, których nie potrafię wytłumaczyć! Na przykład matka nie przytula chłopca, bo musi być twardy – nie mówię już o tym, że chłopcu nie wolno płakać, kiedy się skaleczy, bo do tego przywykliśmy. Matka nie czyta mu bajeczek, bo po co chłopcu bajki?! Ona kompletnie nie rozumie, że chłopiec jest takim samym dzieckiem jak dziewczynka. Ona nie bawi się z synem, bo z chłopcem nie trzeba. Po prostu rzuci mu piłkę. Jest wiele matek, które w ten sposób traktują synów. Nakarmią, opiorą i na tym ich inwencja się kończy. Tak jakby chłopiec był samowystarczalny, jakby nie miał emocji. A potem wyrastają z nich mężczyźni, którzy faktycznie emocji nie mają, którzy nie wiedzą, że partnerkę i dziecko trzeba przytulić. To są chłopcy wychowywani ciężką ręką. Ktoś powie, że takie rzeczy się nie zdarzają. Zdarzają się! I niestety zdarzają się częściej, niż byśmy chcieli. Być może mamy, które będą czytały tę książkę, stwierdzą: „Co za głupoty gada ta Zawadzka. Przecież nie ma takich kobiet!". Mogę z ręką na sercu powiedzieć, że są. Są całe takie rodziny.

Okazywanie uczuć jest trudne. Znam matki, które mają problem nawet z przytuleniem niemowlęcia. One je wożą w wózkach, bują, wiedzą, że powinny je trzymać na rękach, ale nie są w stanie się przełamać. I mają poczucie winy, że są wyrodnymi matkami, że nie mają instynktu macierzyńskiego, że nie są takie jak koleżanki czy matki, które widzą w telewizji. Nie rozumieją, że są po prostu tak skonstruowane.

Myślę, że jednak powinny pójść po poradę do specjalisty. Bo to poczucie winy pogłębia się i wyniszcza coraz bardziej.

Dokładnie tak samo jak matki, które mają depresję poporodową lub które ona dopada, kiedy dzieci są już trochę starsze. Żyją w poczuciu winy, że nie dość dobrze zajmują się dziećmi, ale nie wiedzą, dlaczego tak jest. Obwiniają siebie i nie szukają pomocy. A właśnie zwrócenie się o pomoc jest pierwszą rzeczą, jaką powinny zrobić.

Czyli jeżeli mówimy, że nasze dziecko nikogo nie kocha, nie miejmy do niego pretensji, tylko szybko zabierzmy się… same za siebie?

Tak, chociaż „Moje dziecko nikogo nie kocha" jest trochę przewrotnym zdaniem. Do tej pory, kiedy mówiłyśmy o tym, że dziecko nikogo nie kocha, miałyśmy na myśli to, że nie okazuje pozytywnych emocji. Ale dziecko może nie kochać nikogo… oprócz siebie. A to zupełnie co innego. Bo w pierwszym przypadku chodzi o nieumiejętność wynikającą z braku emocji, z braku wiedzy, z braku czułości matki, a w drugim może chodzić o świadome odcięcie się od emocji. Mimo że dziecko potrafi kochać, że matka mu okazuje uczucie, ono swoich uczuć nie uzewnętrznia.

Dlaczego?

Powody mogą być różne. Może na przykład chcieć rodziców za coś ukarać. Nie mogę powiedzieć za co. Każda rodzina, która ma taki problem, musi sama ten powód znaleźć. Może rodzice nie wypracowali sobie autorytetu i dziecko ich po prostu nie szanuje, a wygląda to tak, jakby ich nie kochało? Ono nawet deklaruje: „Nie kocham rodziców. Są idiotami!". Dziecko przez wiele lat wzrastało w miłości, było przytulane, kochane, i matka skarży się: „Nie wiem, co się stało. Mój syn nagle przestał się do mnie przytulać. Nagle wyszedł z niego jakiś potwór!".

Nie ma jednej odpowiedzi na pytanie, dlaczego dziecko się od rodziców odcina. Może to zrobić dlatego, że ma problem z własnymi emocjami, dlatego że nie ma do rodziców zaufania, że chce ich za coś ukarać, że nie potrafi sobie poradzić z własnymi problemami. Mówi im: „Nie kocham was. Nie jesteście mi do niczego potrzebni. Ucieknę z domu". A zrozpaczona matka tłumaczy mi, że wraz z mężem bardzo dziecko kochają i na dowód pokazuje album ze zdjęciami, na których widzę szczęśliwą, uśmiechniętą rodzinę. Nagle dochodzi do krachu... i dramatu. I każda z tych rodzin musi znaleźć powód.

Na przykład rodzice z dnia na dzień pozbyli się ukochanego psa dziecka.

To poważny powód! Gdyby moi rodzice zrobili coś takiego, też mogłabym się od nich odciąć. Ale powód może również być taki, że dziecko usłyszało, jak matka, kłócąc się z mężem, chlapnęła: „Gdyby nie Jacek, miałabym inne życie! A tak zaszłam w ciążę... ". A dziecko myśli: „Nikt mnie nie chce! Nikt mnie nie kocha! Wszystko, co było do tej pory, jest kłamstwem i oszustwem!". Albo pierwszy raz w życiu słyszy, jak rodzice się kłócą. Albo słyszy pretensje matki: „Cały czas oglądasz się za innymi kobietami! Nigdy mnie nie kochałeś!". Mąż ją kocha miłością bezbrzeżną, jej się coś w głowie roi, ale dziecko sądzi, że właśnie taka jest prawda. Z naszego dorosłego punktu widzenia to mogą być drobiazgi, a dla dziecka rzeczy niezwykle ważne. Rodzice nie biorą pod uwagę, że dziecko mogło zobaczyć w telewizji, przeczytać lub zobaczyć w internecie coś, co nim do głębi wstrząsnęło, coś, czego nie powinno w tym wieku oglądać. I to je zszokowało tak bardzo, że zamknęło się w sobie. Albo nagle zrozumiało lub zrobiło coś, co wydaje mu się straszne.

To smutne. Znaczyłoby to, że nawet jeśli dawałaś dziecku dużo miłości, na pewne rzeczy nie masz wpływu.

Mamy wpływ o tyle, że jeżeli dziecko ma poczucie bezpieczeństwa, to po takim szoku do nas przyjdzie. Po drugie, jeżeli dziecko kochamy i jesteśmy uważni, bardzo szybko zauważymy zmianę. A tutaj liczy się czas. Jeżeli dziecko się zamknie, a my to przegapimy, to im dłużej to będzie trwać, tym trudniej – nawet jeśli przedtem było cudownie – będzie nasze relacje naprawić. Jeżeli natomiast rodzina funkcjonowała na pokaz, matka nie zauważy, że coś złego dzieje się z jej dzieckiem. Złoży to na karb dojrzewania albo znajdzie inną najwygodniejszą dla siebie przyczynę.

Myślę, że niechęć do okazywania uczuć może się po prostu wiązać z naturalnym etapem rozwoju.

Ośmioletnie dziecko, kiedy je odprowadzamy do szkoły, mówi, żeby go nie całować – albo, jeśli to zrobimy, wyciera się ostentacyjnie. Potem mówi, żeby je odprowadzić na róg, a dalej pójdzie samo. Gdy ma lat dziesięć, byłby obciach, gdyby je ktoś zobaczył z rodzicami. Gdy matka ma przyjechać po nie pod szkołę, dziecko prosi, żeby czekała w samochodzie – bo koledzy zauważą – żeby go nie całowała i nie dotykała. To naturalny etap rozwoju i rodzice muszą to przyjąć do wiadomości. W tym wieku dziecko musi się od nich odsunąć, po to, żeby móc bezpiecznie wrócić.

A rodzice co robią?

Uważają, że dziecko przestało ich kochać. Obrażają się: „Nie, to nie. Ja też nie muszę cię całować!". A powinni z wyrozumiałością przeczekać ten moment, lecz nadal je przytulać.

Może jednak powinniśmy uszanować to, że dziecko nie chce być całowane przy kolegach?!

Oczywiście! Ja mówię tylko o tym, że rodzice poddają się całkowicie. Jeżeli dziecko mówi, że nie chce, by matka całowała je przy rówieśnikach, matka przestaje je całować w ogóle: „Bo jak nie chce, to nie!". Powinna uszanować jego wolę i nie przytulać przy całej klasie, ale dobrze by było, gdyby z dzieckiem porozmawiała: „Rozumiem, że nie chcesz przy całej klasie, bo to obciach, ale tak czasami myślę, że może oni mogliby ci zazdrościć, że masz takich fajnych rodziców". Uważam, że wszyscy się wstydzą, bo to nie wypada, ale tak naprawdę w głębi duszy tego przytulania chcą. Jeżeli mamy z dzieckiem dobry kontakt, potrafimy rozmawiać o wszystkim, nasza córka czy syn będzie tym pierwszym, który powie kolegom, że lubi przebywać ze swoją matką. I mogę się założyć o każde pieniądze, że za chwilę znajdzie się taki drugi, potem trzeci... To rodzic musi się wykazać rozumem. Mówiłam już, że najnowsze badania wykazują, że dzieci chcą spędzać czas z rodzicami, chcą chodzić z nimi do kina, na spacery, chcą rozmawiać o różnych rzeczach. Chcą, tylko nie potrafią o tym powiedzieć. Ostatnio rozmawiałam z piętnastoletnim chłopcem, który zajmuje się młodszym rodzeństwem. Powiedział: „Ja w domu jestem nianką, matką, kucharką, ale ja przecież jestem tylko dzieckiem. Ja nie wszystko wiem, nie wszystko rozumiem, nie jestem jeszcze dorosły i odpowiedzialny. Staram się, ale to mnie chwilami przerasta. Robię wszystko, żeby pomóc mamie, bo ma kłopoty, ale czy ona nie może zrozumieć, że ja też mam problemy i że jest mi potrzebna?". Tak mówi piętnastolatek! Wyobrażasz sobie, jakie musiał mieć doświadczenia, skoro odważył się powiedzieć coś takiego obcej osobie?!

Gdybym miała jakąkolwiek władzę w tym kraju, to przyznawałabym certyfikat na bycie rodzicem. Aby obsługiwać wózek widłowy, musisz przejść badania psychologiczne, a jeśli chcesz mieć dziecko, nie musisz, bo prawo do własnego dziecka ma każdy. A ja się z tym nie zgadzam! Ludzie muszą zrozumieć, że bycie rodzicem to odpowiedzialna praca, jedna z najtrudniejszych na świecie, i trzeba być w tym wyedukowanym. Dlaczego, jeśli chcesz w pracy awansować, czytasz książki i chodzisz na szkolenia, a jeśli chcesz być dobrym rodzicem, nie robisz nic? Dlaczego na przykład obowiązkiem dziecka jest okazywać rodzicom szacunek i miłość, niezależnie od tego, co tak naprawdę czuje? Natomiast w drugą stronę często jest tak, że rodzice okazują dzieciom pozytywne emocje i chwalą tylko wtedy, kiedy dzieci robią coś po ich myśli, kiedy doskakują do zawieszonej pod sufitem poprzeczki. Jest wiele domów, w których miłość rodziców albo jej brak jest karą albo nagrodą: odbieram ci miłość albo ją daję. A psychologia mówi, że odebranie miłości to jedna z najgorszych rzeczy, jaką można zrobić. „Już cię nie kocham", mówi matka do dziecka. Oznacza to najczęściej, że nie jest z dziecka zadowolona, nie jest z niego dumna. A dziecko słyszy i odbiera ten komunikat dosłownie, uważa, że matka naprawdę przestała je kochać.

Czy dziecko między „kocham" a „szanuję" stawia znak równości?

Mówimy dziecku, że ma kochać rodziców, więc ma poczucie: „Powinienem kochać rodziców i dlatego ich kocham". Tak jest na poziomie deklaracji. Ale dziecko w wieku lat ośmiu ma już swój rozum i zauważa: „Moi rodzice są okropni – nie dbają o mnie, nie kochają

mnie, wymagają za dużo. Więc za co mam ich szanować?". W związku z czym deklaruje, że ich kocha, ale w głębi duszy ich nie szanuje.

Może więc tak naprawdę ich nie kocha?

Przepytywałam kiedyś dzieci z klas czwartych i szóstych: „Co to znaczy, że ty kochasz rodziców i że rodzice kochają ciebie?". Odpowiedzi były zaskakujące: „Rodzice mnie kochają wtedy, gdy mi wszystko
kupują. Rodzice mnie kochają wtedy, kiedy mogę iść do kolegi, kiedy
mogę robić to, co chcę". Natomiast każdy sprzeciw rodziców dzieci
uważają za dowód na to, że ich nie kochają lub nie rozumieją.

Tak myśli każde dwunastoletnie dziecko?!

Nie wiem, czy każde. Tak myśli większość dzieci, z którymi rozmawiałam, a ponieważ była ich prawie setka, mogę przyjąć, że taka jest
tendencja. Bardzo dużo dzieci mówi, że rodzice kochają je wtedy, gdy
coś im dają. Tłumaczyłam, że miłość rodziców polega na czymś innym. Przedstawiałam im różne sytuacje, na przykład taką, że dziecko
chciało gdzieś pójść i rodzic się na to nie zgodził. Dzieci odpowia-
dały natychmiast: skoro rodzic nie pozwala, to znaczy, że nie kocha,
że nie chce zrozumieć, jakie to dla dziecka ważne. Wyjaśniałam, że
jest odwrotnie, że gdyby rodzice nie kochali, toby pozwolili pójść,
bo nie interesowałoby ich, że tam, gdzie dziecko idzie, może się wydarzyć coś złego, ale kochają, troszczą się, więc na taką decyzję nie
mogą sobie pozwolić. Dla dzieci to było jak odkrycie Ameryki. Wiele
z tych dzieciaków było zdumionych, że można myśleć w takich kategoriach: że jeśli rodzic zabrania, to właśnie dlatego, że kocha. Że
jeżeli każe założyć ciepłą czapkę i szalik, to dlatego, że kocha, a nie
dlatego, że chce zrobić dziecku na złość i wystawić na pośmiewisko.

Że jeżeli rodzice dzwonią i kontrolują, to jest to przejaw miłości i troski, a nie policyjnego nadzoru. Wiesz, jakie odniosłam wrażenie? Że tym dzieciom nikt nigdy tego nie wytłumaczył. Rozmawialiśmy o szkole. Dzieci mówiły, że rodzice mają do nich pretensje o trójki, że się czepiają – znaczy nie kochają – nie rozumieją, ile wysiłku włożyły w naukę. Przedstawiałam im punkt widzenia drugiej strony: gdyby dziecko nie miało możliwości intelektualnych, rodzic byłby tą trójką zachwycony, ale ponieważ wie, że dziecko ma potencjał, ta trójka go nie satysfakcjonuje. To też jest przejaw troski: być może rodzice ustawili poprzeczkę za wysoko, bo w twojej szkole trójka jest dobrym stopniem, ale musisz zrozumieć, że rodzic jest zniesmaczony twoją trójką nie dlatego, że jesteś głupi, lecz dlatego, że jesteś mądry i stać cię na więcej. Tego nie mogli zrozumieć: „To dlaczego mówią mi, że jestem idiotą?!". „To taki skrót myślowy". Wyjątkowo niefortunny. Rozmawiamy o szacunku. Okazujemy go drugiej osobie również podczas rozmowy. Dlaczego rodzicom się wydaje, że dziecko powinno wiedzieć, co mieli na myśli? Przecież nie umie czytać w myślach. A jeśli już wymagamy tego od dziecka, niech to działa w obie strony. Dlaczego matka się obraża, gdy dziecko mówi: „Nie kocham cię!"? Przecież to nie znaczy, że nie kocha, a tylko, że jest zawiedzione. Mówi „Nie kocham cię" dlatego, że wie, że to najgorsze, co można powiedzieć rodzicom. Matce, która usłyszy „Nie kocham cię" lub „Nienawidzę cię" świat się rozpada, a to jest tylko i wyłącznie wyraz dezaprobaty. Dziecko pyta matkę: „Mogę wyjść na podwórko z kolegami?". Matka odpowiada: „Nie ma mowy! Najpierw odrób lekcje!". I dziecko natychmiast reaguje: „Nienawidzę cię!". Matka powiedziała najgorsze, co mogło usłyszeć – że nie może wyjść – więc dziecko się zrewanżowało. W takiej sytuacji trzeba przeczekać burzę, a potem spokojnie o tym porozmawiać albo od razu powiedzieć: „Kocham cię najbardziej na świecie. Mimo naszych nieporozumień!".

Kiedy moja córka była w wieku, gdy bardzo mocno się ze sobą ścierałyśmy, usłyszałam od niej coś, co mi wynagrodziło wszystkie trudy: „Kocham cię, bo każde dziecko musi kochać rodziców, ale ja cię oprócz tego bardzo lubię". Nie wiem, skąd jej przyszło do głowy, że obowiązkiem dziecka jest kochać rodziców, skoro nigdy ani ja, ani mój mąż nic takiego nie powiedzieliśmy. Jeśli to przekaz społeczny, to wyobrażam sobie, jak musi cierpieć i walczyć ze sobą dziecko, kiedy rodziców nienawidzi!

Ono trzaska drzwiami, nie wraca do domu. Okazuje to w sposób, który nazywam tańcem na żyletce. Zaczyna się buntować.

Dwunastolatek?

Życie przyspieszyło. Dzieci dojrzewają szybciej. Generalnie jednak okres szkoły podstawowej jest jeszcze spokojny, spokojniejsze są szczególnie dziewczynki. Jeszcze nie doszły do głosu hormony, nie doszły chęć bycia za wszelką cenę samodzielnym, silny wpływ grupy rówieśniczej, potrzeba określenia swojej tożsamości, rywalizacja, walka o swoje, fascynacja przeciwną płcią.
Gdybyśmy położyli po jednej stronie wagi „kocham", a po drugiej „nienawidzę", to u dziecka dwunastoletniego jeszcze przeważy „kocham". Zmieni się to, gdy pójdzie do gimnazjum.

Rodzice uważają, że dziecko ma ich kochać i szanować tylko dlatego, że są jego rodzicami. A jak jest w drugą stronę? Mogą kochać dziecko, ale go nie szanować?

Oczywiście. Dla wielu rodziców – zbyt wielu – szacunek do dziecka jest pojęciem abstrakcyjnym. Na szczęście dla coraz większej liczby szacunek i miłość to prawie synonimy. Ci rodzice wiedzą, że dziecko jest przede wszystkim człowiekiem. Dziecko nie jest prototypem człowieka, hybrydą przedludzką, odrębnym gatunkiem, jest już człowiekiem. Tyle że malutkim. Z różnych powodów niektóre rzeczy odbiera inaczej, może rozumieć inaczej, bo tak ma ukształtowany aparat intelektualny, ale czuje tak samo jak dorosły i ma te same co dorosły prawa. Bardzo często, kiedy mówię rodzicom, że dziecko trzeba szanować, że to mu się należy, słyszę: „A za co?". Brałam udział w konferencji na temat godności człowieka. Mówiłam o tym, czym jest godność i o tym, jak jest ważna w wychowaniu. O tym, jak trudno ją zdefiniować, bo tak naprawdę godność jest poczuciem własnej wartości i ma się ją z urodzenia, nie z nadania. Małe dziecko jeszcze nie ma świadomości, że ją ma i zadaniem rodziców jest zrobić wszystko, żeby się o tym dowiedziało. Rodzice muszą mu okazywać szacunek, bo bez niego dziecko nigdy nie będzie miało poczucia własnej wartości. Jeżeli słyszy, że jest głupie, nic niewarte, nie będzie miało szacunku dla samego siebie, naruszy to jego godność. A ktoś, kto nie ma szacunku do samego siebie, nie będzie szanował innych. Skoro on nic nie jest wart, tak samo nic niewarci są inni. Mówi się, że w szkołach dzieją się straszne rzeczy. Dzieją się właśnie dlatego, że młodzi ludzie nie zostali nauczeni, że są wartością. To bardzo prosty mechanizm i dziwię się, że dorośli go nie rozumieją, że zwalają winę na szkołę. Powinniśmy obarczyć winą samych siebie, ponieważ to my nie nauczyliśmy dzieci, że są wartościowymi ludźmi.

Poza tym, że rodzice nie kształtują u dziecka poczucia własnej wartości, dochodzi chyba w życiu dziecka do naturalnego, wynikającego z wieku spadku samooceny: w konfrontacji z koleżanką okazuje się, że jest od nas szczuplejsza, zgrabniejsza, wzbudza sympatię chłopców.

Tak jest u starszych dzieci. W szkole podstawowej chodzi raczej o możliwości sportowe, umiejętności taneczne, społeczne – czyli o to, że koleżankę lubią bardziej niż mnie. Już o tym mówiłam: jeśli dziecko przez pierwsze sześć lat życia wzrasta w przekonaniu, że jest po prostu bożkiem, jest najlepsze, najmądrzejsze, najzdolniejsze, osiągnie w życiu wszystko, co zechce, a potem idzie do pierwszej klasy, w której zderza się z dwudziestką piątką takich samych jak on, to przeżywa szok.

Ale dzięki temu, że było chwalone, ma poczucie własnej wartości.

Nie jest to takie proste, jak by się wydawało. Dzieci, którym rodzice ciągle powtarzają, że są najwspanialsze, wcale nie muszą go mieć. Bo poczucie własnej wartości buduje się również dzięki przegranym. Dziecko, które ma w środku sztucznie napompowany balonik, którego nie nauczono ponoszenia porażek, bo dziadek specjalnie przegrywał z nim w szachy, żeby mu nie sprawiać przykrości, mamusia mówiła, że najpiękniej rysuje, a tatuś udawał, że jest od niego słabszy, wchodzi do klasy, w której jest dwudziestka takich jak ono, ze sztucznie napompowanymi balonikami, nienauczonych ponoszenia porażek – i jest kompletnie bezradne. Pojawiają się potworne problemy emocjonalne, z którymi siedmiolatek nie potrafi sobie poradzić.

Chciałabym jeszcze wrócić do rodziców, którzy słysząc, że dziecko trzeba szanować, pytają: „Ale za co?". Czy możesz teraz na to pytanie odpowiedzieć?

Dziecko należy szanować za to, że jest człowiekiem. Niestety wielu rodziców i wielu dorosłych w ogóle tego nie rozumie. Wiesz, skąd to się bierze? Bo mają bardzo niskie poczucie własnej wartości. Bo ich nigdy nikt nie szanował – ani rodzice, ani partnerzy, ani środowisko. Jeśli czują, że nic nie są warci, jak mogą szanować innych ludzi? Podziwiają innych za to, że mają pieniądze, dobrą pozycję zawodową, ale to nie jest szacunek, to raczej zazdrość. Mają wielkie autorytety – na przykład Jana Pawła II – ale nie szanują ekspedientki w sklepie czy urzędniczki w banku. To są bardzo proste mechanizmy: jeśli nas nikt nie nauczył szacunku do drugiego człowieka, jak mamy nauczyć szacunku dziecko? Skąd mamy umieć je szanować?

W takim razie wypunktuj, za co mamy szanować dziecko. Bo stwierdzenie: za to, że jest człowiekiem, jest zbyt ogólne.

A ty, za co kogoś szanujesz?

Na przykład za to, że ma własne zdanie, i nieważne, czy się z nim zgadzam, czy nie. Za to, że jest empatycznym, dobrym człowiekiem. Że nie wyrywa kotom łapek…

Przepraszam cię bardzo! To chyba normalne, że się nie wyrywa! Jeżeli będziemy szanować ludzi za to, że nie wyrywają kotom łapek, za to, że się do nas uśmiechają w sklepie, to niedługo będziemy się cieszyć, że nas ekspedientka nie spoliczkowała, bo zrobiłyśmy za duże zakupy! Rozumiem, że szanujesz ludzi za to, że kochają zwierzęta, a nie za to, że ich nie krzywdzą. Mówię matce to, co wymieniłaś: „Droga mamo, powinnaś szanować swoje dziecko za to, że jest empatyczne". Jestem pewna, że odpowiedź będzie brzmiała następująco: „Przecież to żaden powód! To, że się do mnie przytula, że jest mu przykro, kiedy mnie jest przykro, cieszy się, kiedy ja się cieszę… Bez sensu!". „Powinnaś szanować swoje dziecko za to, że kocha zwierzęta". „Za to mam szanować?! Przecież to normalne, że ludzie kochają zwierzęta.

Ja też kocham! To nie jest żaden powód do szacunku!". „Powinnaś szanować dziecko za to, że ma swoje zdanie". „Mam szanować dziecko za to, że ma inne zdanie?! Ono ma mieć takie zdanie jak ja!". Dla rodziców nie istnieje obiektywna definicja szacunku. Gdybym zapytała kobietę, za co szanuje przyjaciółkę albo sąsiadkę, powiedziałaby: „Za to, że ma dobrą pracę, za to, że ma dobrego męża, że ma fajny samochód". No, może powiedziałaby: „Za to, że jest dobrym człowiekiem". Ale o dziecku tak nie powie, ponieważ dziecko człowiekiem nie jest. Jest dzieckiem. Chcę ci pokazać, że my, dorośli, bardzo często nie przekładamy wartości dotyczących ludzi dorosłych na dzieci. Mówi się, że szanujemy ludzi, gdy ich podziwiamy, doceniamy, gdy są dla nas autorytetem. Ale spróbuj powiedzieć matce, że ma szanować dziecko, ponieważ je podziwia i docenia, ponieważ jest dla niej autorytetem. To dla niej nielogiczne! Bo jakim autorytetem może być dziecko?! A ja podziwiam umiejętności dziecka, jego walkę o to, żeby dotrzeć do celu, doceniam za to, że pięknie narysowało kotka, że zrobiło coś, czego jeszcze wczoraj nie potrafiło. I jest dla mnie autorytetem, bo na paru rzeczach zna się lepiej niż ja, niektóre rzeczy umie zrobić lepiej ode mnie.

Upierałabym się przy tym, że powinno się szanować dziecko za to, że jest człowiekiem. I nie trzeba tego rozkładać na czynniki pierwsze. Oczywiście jest to trochę inny rodzaj szacunku niż ten, którym darzymy szefa czy Dalajlamę. Oni według nas zasłużyli na szacunek z racji swojego stanowiska, wieku, doświadczenia, ogromnej wiedzy, mądrości, dokonań. Szacunek do dziecka określiłabym jako pierwotny. Tak samo jak szacunek do całej natury. Szanujemy po prostu za to, że jest.

6. MOJE DZIECKO CHCE MIEĆ WSZYSTKO

Chce mieć wszystko zupełnie jak jego rodzice. Bo to my, rodzice, bardzo mocno wzmacniamy w dzieciach potrzebę posiadania. To jest to słynne mieć czy być. Dla wielu dorosłych jest to pytanie bez sensu, bo wiadomo, że ważniejsze jest mieć. Trzeba mieć lepsze, ładniejsze, nowe i jeszcze nowsze. W ogóle trzeba posiadać jak najwięcej rzeczy. Kiedy wchodzę do pokoju dziecięcego (a bywam w bardzo wielu domach), to to, co mnie poraża, to przysłowiowe mydło i powidło, i jeszcze dużo, dużo więcej. Dzieci mają tony zabawek! Nie chcę teraz analizować, jakie to są zabawki, bo u ludzi bogatych są to zabawki z najwyższej półki, supernowoczesne, drogie, piękne, trwałe, a u ludzi o mniejszych zasobach finansowych to zabawki chińskie, tańsze, gorsze jakościowo i edukacyjnie. Niemniej i ci, i ci mają ich niewyobrażalne ilości. Kiedy zaczynam z taką rodziną pracować, na wejściu proponuję rodzicom, by zrobili selekcję zabawek i pozbyli się tych, którymi dziecko się nie bawi lub które są podobne do innych. Tłumaczę, by gdy pojawiają się w domu po dłuższej nieobecności albo gdy chcą wynagrodzić dziecku coś, czego nie załatwili, nie zrobili, o czym nie pamiętali, nie kupowali mu na przeprosiny zabawek. Dziecko nie czeka wówczas na rodzica, lecz na prezent. Wzrasta w przekonaniu, że prezenty należą mu się zawsze. W rezultacie coraz częściej, żeby nie powiedzieć na okrągło, o coś prosi. Są dwa rodzaje dzieci proszących: pierwszy rodzaj to te, które rzucają się w sklepie na plecy i robią Hendriksa. I nie mówię tu wyłącznie o małych dzieciach, również o tych sześcioletnich. Ba, nawet ośmiolatek potrafi urządzić taką histerię! Nie będzie się tak awanturował o jajko z niespodzianką, ale na przykład o grę komputerową owszem. Drugi rodzaj to dzieci, które proszą mniej więcej tak: „Ale ja już jestem grzeczny. Kochasz mnie, mamusiu?". Proszą w sposób tak rozbrajający, że rodzic zaczyna się uśmiechać i ulega. Nie zauważa, że dziecko nim manipuluje. Ono go po prostu rozczula. Jest tak słodkie, że nie sposób mu odmówić. A dziecko znalazło klucz do rodziców i tym kluczem załatwia sobie wszystko. „Mamuniu, tak cię proszę. Przecież mnie kochasz". I mamusia zrobi wszystko. I kupi wszystko. Czyż nie?

Ja akurat byłam twardym zawodnikiem. Być może dlatego, że nie jeździłam w delegacje i nie musiałam swojej nieobecności dziecku wynagradzać.

Ale wychodziłaś z domu, wracałaś później, obiecałaś coś dziecku i zapomniałaś.

Wtedy tłumaczyłam, dlaczego tak się stało i mówiłam przepraszam. Gdybym miała za każdym razem kupować zabawkę, to pokój mojej córki byłby nimi wypełniony po sufit.

A rodzice często tak robią! Matka przynosi dziecku jakiś drobiazg, nawet wtedy, gdy zwyczajnie wraca z pracy. Wszyscy znajomi, którzy do nich przychodzą, obowiązkowo coś dziecku przynoszą. Dziecko wzrasta w przekonaniu, że za każdym razem, kiedy przychodzą goście, musi dostać prezent.

Myślę, że jeśli dotyczy to małego dziecka (dwu-, trzyletniego), działa mechanizm bodziec–reakcja. Natomiast dziecko dziesięcio-,

dwunastoletnie jest już na tyle mądre, że wie, że matka w ten sposób pozbywa się poczucia winy. A stąd już prosta droga do manipulacji.

Oczywiście. I dzieci manipulują, mając tego pełną świadomość. Takie dziecko żąda: „Dobra, to nie przyjeżdżaj na mój szkolny mecz, ale za to kup mi tę grę". „Trudno, nie pójdziemy do kina, ale w zamian chcę tego misia". Rodzice potrafią kupować dzieciom prezenty nawet za dobre stopnie! Dziecko proponuje: „Jak mi kupisz tę grę, to nauczę się na klasówkę z geografii na piątkę!". Mówi to przed faktem, a nie po. Wyobrażasz to sobie? Dziecko potrafi powiedzieć, że nie będzie się uczyć, chyba że coś za to dostanie! A to bierze się też stąd, że wcześniej matka wynagradzała go za wszystko: „Jak zjesz obiad, to mamusia kupi ci loda. Jak wyniesiesz śmieci, dostaniesz na lizaka". To prosta droga do nauczenia dziecka, że nie ma nic za nic, że zawsze jest coś za coś. I dochodzi do dramatycznych sytuacji, gdy dziecko uważa, że wszystko na tym świecie można kupić. Spotkałam dwunastolatka, który całą otrzymaną od rodziców tygodniówkę wydał na kolegów w sklepiku szkolnym. Chciał kupić sobie ich przyjaźń. Bo myślał, że może kupić wszystko i wszystkich.

W mojej rodzinie był podobny przypadek. Pomyślałam wtedy, że to dziecko ma chyba strasznie niskie poczucie własnej wartości.

Motywy mogą być różne: potrzeba posiadania przyjaciół, potrzeba zaimponowania, chęć dominowania. Często takie wzorce dziecko wynosi z domu. Przecież rodzice też kupują niektóre rzeczy, chcąc dominować. Ojciec kupuje dziecku rower i mówi: „To dla ciebie, ale pamiętaj, kto ci to kupił!". Bo tatuś rządzi! Tatuś kupuje swojej żonie prezent i uważa, że teraz powinna mu leżeć u stóp. To się odbywa

według klucza: kupiłem prezent i teraz musisz zrobić, co chcę. Iden-
tycznie zaczyna myśleć dziecko: „Kupiłem kolegom batony i colę. Teraz muszą mnie wybrać na przewodniczącego klasy".

Niektóre dzieci robią kolegom prezenty tylko po to, żeby im zaimponować, żeby pokazać, że są bogate, i nie ma w tym drugiego dna. One
nie chcą być najważniejsze w klasie. To są dzieci niezbyt zamożne,
takie, z których koledzy się śmieją, że nie mają takich ubrań jak oni.
Nagle taki dzieciak przynosi do szkoły pięćdziesiąt złotych i daje dowód: „Proszę bardzo – jestem bogaty". Kolegom nie przychodzi do
głowy, że mógł te pieniądze zabrać rodzicom. Skoro ma, skoro przy-
niósł do szkoły, to znaczy, że są jego. Że jest bogaty.

Są dzieci, które potrzebują przyjaciół i którym się wydaje, że obdaro-
wanie prezentami jest jedyną drogą do zdobycia przyjaźni. Są i takie,
które chcą tylko zainteresowania, bo w domu były pępkiem świata
i nie mogą się pogodzić z tym, że w szkole tak nie jest, albo w domu
nikt się nimi nie interesuje i szukają zainteresowania na zewnątrz.
Nie ma więc jednoznacznej odpowiedzi na pytanie, dlaczego tak po-
stępują, ale zawsze stoi za tym mniejszy lub większy problem.

**Co w takim razie powinniśmy zrobić, kiedy się dowiemy, że nasze
dziecko kupuje kolegom prezenty?**

Musimy się dowiedzieć, czy kupuje za oszczędności wyjęte ze skarbonki i dlaczego tak robi. Wytłumaczyć, że nie jest to najlepszy sposób na
rozwiązanie problemu, który chciało załatwić. I nigdy nie uznawajmy
tego za głupi, nic nieznaczący, jednorazowy wybryk. Zawsze trzeba
się dowiedzieć, co za tym stoi. Możliwe, że dziecko miało dobre intencje, jak chłopiec, który kupował kanapki kilku kolegom z klasy, bo
nie dostawali z domu drugiego śniadania, ponieważ ich rodziców po
prostu nie było na to stać.

Ładny gest!

To prawda – miał gest. Ale to nie były jego pieniądze. On je podbierał z portfela babci. Nie była to duża kwota, ale kradzież to kradzież.

I jak się to skończyło?

Rodzice wytłumaczyli mu, że chociaż działał w dobrej wierze, podbieranie pieniędzy z portfela to kradzież. Ustalili wspólnie, że przez jakiś czas będą kanapki dla kolegów sponsorować. Skontaktowali się z wychowawczynią klasy, która szybko zorganizowała zebranie rodziców. Opowiedziała o wszystkim i rodzice zaproponowali, że będą część klasowych pieniędzy przeznaczać na kanapki dla potrzebujących dzieci. Fakt, że chłopiec kradł pieniądze babci, zachowała w tajemnicy. Powiedziała, że kupował kanapki z własnych oszczędności. Ani rodzice, ani ona nie chcieli go karać za to, że pomagał z potrzeby serca.
Zawsze więc należy się dowiedzieć, z jakich powodów dziecko sprawia innym prezenty. Prawdziwym problemem nie jest to, że funduje kolegom słodycze w sklepiku – oczywiście warto się nad tym pochylić, bo jeżeli ma niskie poczucie własnej wartości, trzeba mu pomóc je podwyższyć – lecz to, że ukradło pieniądze albo wyniosło z domu wartościową rzecz, żeby ją spieniężyć. Jeżeli sprzedało komuś coś, co należało do niego, możemy powiedzieć: „Zrobiłeś superinteres! Sprzedałeś za grosze coś, co było warte kilka razy więcej, by wydać wszystko na kolegów. Twoja decyzja. Nie licz jednak, że ci to jeszcze raz kupimy". Ale jeżeli ukradło pieniądze lub zabrało coś z domu, sprawa jest naprawdę poważna. Takie kradzieże najczęściej zdarzają się dzieciom w pierwszym, drugim i trzecim roku nauki szkolnej. Dzieci, tak jak dorośli, chcą, żeby im było w życiu dobrze, co wiąże się z tym, że chcą się otaczać ludźmi i przedmiotami. Oglądają telewizję,

w której reklama goni reklamę i nie mają zielonego pojęcia, jak jest skonstruowana i czemu służy. A przecież reklama służy głównie służy temu, by namówić do zakupu. Niektóre zawierają treści edukacyjne i ważne społecznie, mówią o prawidłowym odżywianiu czy dbaniu o zdrowie. Większość jednak niesie ten sam przekaz: „Chcesz być trendy? Chcesz być cool? No to musisz ten produkt mieć!". I dzieci, wchodząc do sklepu, wybierają to, co widziały w reklamie, bo chcą być lubiane, podziwiane, bo chcą mieć kolegów. A bez tych gadżetów sympatii rówieśników nie zdobędą.

Powiedziałaś, że chęć posiadania przekazują dzieciom rodzice. Załóżmy, że wychowujemy dziecko w miarę rozsądnie: nie zarzucamy prezentami, nie spełniamy każdej zachcianki, tłumaczymy, że nie wszystko można mieć. Lecz kiedy dziecko zaczyna oglądać reklamy, kontaktować się z rówieśnikami, nasz wpływ zdecydowanie się zmniejsza.

Nieprawda. Są rodzice, którzy mówią: „Wszystkie dzieci mają, więc moje też musi mieć". Pytam: „Dlaczego?". Jeżeli przez lata nie miałaś w domu telewizora, wcale nie musisz go kupować wtedy, kiedy dziecko idzie do szkoły. To, że wszyscy mają, to żaden argument. Wiem, że dzieci opowiadają sobie o reklamach czy filmach, jakie widziały w telewizji, ale jeżeli jesteś przekonana, że telewizor tobie i dziecku nie jest do niczego potrzebny, daj mu w zamian coś, czym będzie mogło zaciekawić kolegów: na przykład wieczór książkowy albo cotygodniowe wyjście do kina. Pokażesz mu, że świat bez telewizora również może być ciekawy.

O filmach dzieci rozmawiają od czasu do czasu, więc myślę, że brak telewizora nie jest największym problemem. Dużo ważniejsze

jest to, czy wyróżniasz się ubiorem w klasowym tłumie, czy nie. Przecież już w pierwszych klasach podstawówki zaczyna się rewia mody!

I co z tego? Jeśli dla ciebie nie jest ważne, jak się ubierasz i jak się ubiera twoje dziecko, dla niego również do chwili pójścia do szkoły nie będzie to miało znaczenia. Jeżeli w twoim domu dla żadnego członka rodziny ubrania nigdy nie decydowały o tym, czy ktoś jest lepszy, a ktoś gorszy, wszyscy uważali, że nie świadczy o nas metka, tylko to, co mamy w głowie – nie widzę najmniejszego problemu.

U mnie tak było, ale kiedy córka zaczęła chodzić do szkoły, pojawiło się zapotrzebowanie na konkretne adidasy, ponieważ wszystkie dzieci właśnie takie miały.

Wtedy należy zapytać: „Wszystkie, czyli kto?". Bo najprawdopodobniej miała je jedna koleżanka, ta dla twojej córki najważniejsza. Byłam już w tysiącu różnych klas i oczywiście dzieci są ubrane różnie, jest rewia mody, ale nigdy nie widziałam, żeby wszystkie miały takie same buty albo takie same piórniki. Nawet jeśli pojawi się jakaś moda, zawsze jest grupa, która się ubiera inaczej. Dla mnie argument, że wszyscy mają, jest bez znaczenia. Jeśli w domu rozmawia się o wszystkim, można spokojnie porozmawiać z dzieckiem o modnych ciuchach i gadżetach. Mój syn w drugiej klasie szkoły podstawowej obwieścił, że musi mieć czapkę z czterema szwami. Najpierw poprosiłam, żeby mi wytłumaczył, o co z tymi czterema szwami chodzi, a potem poszliśmy do sklepu. Oglądaliśmy czapki z czterema szwami, z pięcioma, siedmioma, i szukaliśmy różnic. Jedyną różnicą były te szwy. I w pewnym momencie syn doszedł do wniosku, że nie wie, o co chodzi z tymi szwami i dlaczego ta z czterema ma być lepsza od innych.

Może była od innych droższa?

Być może, ale myśmy o cenach nie rozmawiali. Mówiliśmy o użyteczności tej czapki. Wytłumaczyłam mu, że czapka, która ma cztery szwy, jest czapką bardzo znanej firmy, a wszystkie inne są czapkami firm mniej znanych i że ta bardzo znana firma w oczach niektórych ludzi może być symbolem statusu – może oznaczać, że ktoś jest lepszy, bogatszy. Spytałam go: „Jak sądzisz, czy rzeczywiście jest tak, że jeśli ktoś ma coś droższego, to automatycznie jest lepszy, mądrzejszy, ładniejszy, fajniejszy?". Doszedł do wniosku, że nie, ale czapka mu się bardzo podobała. Kupiłam ją i po trzech dniach leżała w kącie. A na pytanie, dlaczego jej nie nosi, mój syn odpowiedział: „Bo nie zadziałała". Bo dziecku się wydaje, że jak będzie miało taką samą czapkę jak trzech kolegów, na których mu zależy, automatycznie wejdzie do ich grupy i będą stanowić silną czwórkę. Trzeba mu powiedzieć, że może się tak nie stać: „Może cię przyjmą do grupy, ale to nie czapka o tym zdecyduje".
Opowiadam o historii z czapką, ale podobne rozmowy toczyliśmy na wiele tematów. Dzięki nim dzieci się uczą, że nie trzeba wyglądać tak samo jak inni i nie trzeba mieć tego samego co inni, że nie szata zdobi człowieka. Zawsze mówiłam synom: książki nie ocenia się po okładce.
Oczywiście jeśli dziecko bardzo chce coś mieć, jeżeli nasze argumenty, nie emocjonalne, nie finansowe, tylko merytoryczne na poziomie odpowiednim do wieku dziecka go nie przekonają, wtedy należy mu to kupić, bo być może z różnych innych powodów jest to dla niego ważne. Tylko potem należy z nim porozmawiać: „Czy ta czapka, czy ta spódnica w jakikolwiek sposób poprawiły twoje relacje z kolegami?". Zdaję sobie sprawę, że dzieci w pewnym wieku chcą być podobne do innych, ale rodzic powinien wzmacniać w dziecku indywidualność,

również w sprawach dotyczących ubioru. Jeśli jakieś dziecko mówi mi, że chce wyglądać tak samo jak reszta klasy, mam argument nie do zbicia: „W takim razie wszyscy załóżcie mundurki".

A może jeśli dziecko chce mieć coś drogiego i uważa, że bez tego zawalą się jego relacje z kolegami, bo wszystkie dzieci mają, a ono będzie outsiderem, zaproponować mu: „Przeznaczyłam konkretną sumę na buty dla ciebie. Jeśli koniecznie chcesz mieć te markowe, może dołożysz różnicę ze swoich oszczędności"?

Rozumiem mechanizm psychologiczny takiego podejścia, ale jako matka trochę się przeciwko temu buntuję, ponieważ obowiązkiem rodziców jest zapewnić dziecku wikt i opierunek. Ja bym tego nie zaproponowała. Albo bym kupiła te buty, albo nie. Na pewno bym porozmawiała o tym, dlaczego są tak ważne i na czym polega ich wyjątkowość. Nie chodzi mi o pieniądze, bo wielokrotnie kupowałam synom droższe buty niż te, które chcieli (bo właśnie takie ma pół klasy), lecz o to, by dzieci miały świadomość, że w rodzinie decydują ojciec i matka. Oczywiście nigdy nie robiłam im na przekór, zawsze o tym rozmawialiśmy: „Mogę ci kupić buty, które nosi pół klasy, ale zastanów się, czy warto. Czy nie sądzisz, że te są wygodniejsze i mają ciekawszy fason? Tak naprawdę proponuję ci lepsze buty, ale wybór należy do ciebie". Takie rozmowy są ważne z jeszcze jednego powodu: uczymy dziecko, że argument „Ja chcę" nie jest dla nas żadnym argumentem.

Jeśli jednak mówi: „Ja chcę!", niech odczuje to na własnej kieszeni. Ja uważam, że to dobry pomysł, by rozkapryszonego dzieciaka postawić do pionu. Inaczej zdanie „Ja chcę!" będzie powtarzał jak mantrę!

No dobrze. Jest to jakaś metoda. Możesz postawić taki warunek gimnazjaliście. Ale nie ośmiolatkowi! A tak na marginesie – moja świętej pamięci babcia mówiła, że lepiej kupić drogą, markową rzecz niż tanią, ponieważ coś, co jest porządnie wykonane, nie rozpadnie się po kilku miesiącach noszenia. Za marką stoi gwarancja, że sweter się nie zmechaci po pierwszym praniu, spodnie się nie skurczą, a buty nie rozkleją. I tu nie chodzi o konkretną markę, lecz o markowość. Bo sam znaczek jest rzeczą wtórną.

Ale dzieci bardzo często upierają się właśnie przy tym znaczku! I nie trafiają do nich żadne argumenty!

Jeśli przeznaczyłaś na buty określoną sumę, a te, które chce mieć dziecko, w tej sumie się mieszczą, nie traciłabym zdrowia na to, by za wszelką cenę postawić na swoim. Powiedziałabym tylko: „Będziesz mieć takie same buty jak wszyscy". I prawdopodobnie spotka je to, co mojego syna: pewnego dnia wrócił do domu w cudzych za małych adidasach. Okazało się, że w jego klasie ośmiu chłopców miało identyczne buty. Żeby nie doszło do następnych pomyłek, trzeba było je podpisać.

Myślę, że rodziców, którzy nie mają za dużo pieniędzy, problem „Ja chcę!" nie dotyczy. Oni nie obsypują dziecka prezentami, więc kiedy idzie do szkoły, tym modowym naciskom chyba się nie poddają. Rodzice, których nie stać na markowe rzeczy, po prostu ich nie kupują.

Nieprawda. Matka wypruje sobie żyły i kupi.

A skąd weźmie pieniądze?

Nie kupi sobie, nie kupi mężowi, wypłaci oszczędności. Tak się dzieje w bardzo wielu rodzinach. Żeby dziecko miało. Żeby było szczęśliwe. I dziecko wzrasta w przekonaniu, że może mieć drogie rzeczy, że rodziców na to stać.

Żeby nie czuło się biedniejsze niż inne dzieci?

Tak. I matka chodzi w przetartym płaszczyku, a trzynastoletnia córka wygląda jak z żurnala.

Przecież ta dziewczyna za chwilę nie będzie chciała się pokazać ze swoją matką na ulicy!

Już nie chce! Tłumaczyłam to wielu kobietom: „Strzeliłaś sobie w stopę! Ty pracujesz, ty zarabiasz pieniądze i to ty masz dobrze wyglądać!". Do niektórych to dociera, do innych – jak grochem o ścianę. Tacy są rodzice.

Są też tacy, którzy gdy dziecko idzie do komunii, zapożyczają się, by urządzić wystawny bankiet, kupić córce kreację – bo chociaż obowiązuje alba, córeczka musi na imprezie wystąpić w balowej sukience – no i oczywiście prezent. Kiedyś kupowało się zegarek, później rower górski...

A teraz kupuje się quada. Ale komunia to osobny temat. Tak było, jest i będzie. Zawsze była moda na konkretne prezenty. Rodzice zapożyczali się i kupowali albo składała się cała rodzina. Ja bym się tym nie przejmowała. Jest okazja i robi się dziecku prezent. Mądrzejszy bądź głupszy. Mnie martwi kupowanie dziecku rzeczy bez okazji, kupowanie na żądanie. Nie ma powodu, żeby coś kupić, ale ono nagle chce, więc ma.

Chce mieć komórkę.

Komórki mają wszystkie dzieci. Komórkę możesz kupić za złotówkę. Ja mówię o tym, że dziecko chce na przykład piętnastą parę jeansów, bo te czternaście, które ma, już są niemodne.

Takie dziecko może co chwilę chcieć nowy model komórki!

Z nowymi modelami komórek jest tak, że jeżeli dziecko ma abonament, rodzic zawsze ma furtkę: „Kochanie, skończy ci się abonament, będzie zmiana umowy i zmiana telefonu. Ja też tak mam". A gdy dziecko się upiera, że chce konkretny model, proponujemy: „W takim razie twoją sprzedajemy, a różnicę dokładasz ze swoich oszczędności". Bo komórka już jest luksusem.

Zdecyduj się: jest czy nie jest? Mówisz, że mają je wszystkie dzieci. Można pomyśleć, że jest jak wyposażenie piórnika.

Jest luksusem w tym sensie, że tak jak rodzic ma obowiązek kupić dziecku buty, tak nie ma obowiązku kupować mu komórki. Dziecko musi mieć tornister – i jego zakup należy do obowiązków rodzica – ale tornister na kółkach typu stewardesowy bag jest już luksusem.

Kiedy możemy kupić dziecku komórkę?

Nie widzę potrzeby, żeby dziecko miało komórkę w przedszkolu czy w pierwszych klasach szkoły podstawowej – a znam dzieci, które mają. Moim zdaniem powinno dostać komórkę wtedy, kiedy zaczyna się usamodzielniać. Wtedy, kiedy zaczyna samo poruszać się po mieście, wtedy, kiedy samo wraca ze szkoły do domu albo samo chodzi na zajęcia, czyli w okolicach dziesiątego, dwunastego roku życia. Dzięki temu może się skontaktować z rodzicami i na przykład powiadomić, że po lekcjach idzie z kolegami do parku. Co prawda nasze pokolenie wychowało się bez komórek i rodzice jakoś te niespodziewane wypady do parku przeżyli, ale czasy się zmieniły i dlatego przeciwko komórkom nie protestuję. Z jednym zastrzeżeniem: komórka dziecka powinna być jak najtańsza i jak najprostsza. Nie musi być wyposażona w aparat fotograficzny, dostęp do internetu czy gry. Telefon ma służyć do komunikacji, nie do zabawy. Gdy widzę, jak w domu dzieci grają w gry na komórce, mówię rodzicom, by kupili im raczej grę planszową.

Rodzice często narzekają, że dziecko ma zachcianki typu obóz narciarski. A oni nie jeżdżą na nartach i żyją.
To, że rodzic z jakichś powodów czegoś nie miał lub nie robił, nie oznacza, iż nie potrzebuje tego jego dziecko. Dziecko powinno doświadczać w życiu wielu rzeczy, powinno również pojechać na obóz sportowy. Rodzice wymagają od dziecka, by miało pasję, a gdy ono chce pojechać na narty, lamentują: „Chyba mu się w głowie poprzewracało". Zero konsekwencji.

Rodzicom się wydaje, że dziecko chce mieć wszystko, a często są to rzeczy, które powinni mu zapewnić, ponieważ jako dziecku mu się należą. Oczywiście dziecku nie należy się obóz narciarski w Austrii, ale należą mu się ferie. Jeśli nie mamy pieniędzy, możemy ferie zorganizować w mieście, tak by miało mnóstwo atrakcji, spędziło czas aktywnie i się nie nudziło. Dziecko świadome sytuacji finansowej rodziców powinno te starania uszanować. A jeżeli mamy pieniądze, niech jedzie na obóz narciarski. Niekoniecznie do Austrii. Może najpierw na obóz organizowany w Polsce, by mogło zobaczyć, czy jazda na nartach mu się spodoba. Jeśli tak, i powie, że teraz chciałoby jechać do Austrii, mamy rok, by uzbierać pieniądze. Zaproponujmy dziecku, że będziemy to robić wspólnie, że my będziemy odkładać, ale ono również, że zamiast mu kupować prezenty na imieniny, urodziny czy Gwiazdkę, włożymy je do skarbonki z napisem „Alpy". Możemy też zaproponować: „Ty uzbieraj trzydzieści procent, a my ci dołożymy siedemdziesiąt". To kwestia dogadania się. To także nauka wybierania priorytetów. Jeśli dziecko marzy o obozie w Austrii, pokazujemy mu, że kupowanie co tydzień z tygodniówki, którą dostaje kolejnej gry komputerowej, w którą pogra jeden dzień, po czym ją odłoży na półkę, jest kompletnym absurdem. Bo te pieniądze mogłoby przeznaczyć na wyjazd.

Czy możemy stawiać warunki: pojedziesz na obóz narciarski, jeśli uzbierasz określoną kwotę?

Tak nie mówimy nigdy, bo może się nagle okazać, że dziecko sprzedało wszystkie swoje rzeczy, łącznie z tymi, na których nam zależało, po to, by tę sumę zdobyć. Albo się na nas wypnie: „W takim razie sam sobie tę kasę załatwię!". I nie daj Boże kogoś okradnie. Zawsze pytamy: „Ile taki obóz kosztuje? Teraz mamy tyle pieniędzy. Brakuje tyle. Jak je zdobyć? Może dołoży babcia? Może wujek? Może sprzedasz stare gry? Ile możesz zebrać?". Nie rozumiem, dlaczego gdy proponuję takie rozmowy rodzicom, mówią: „Ale to takie czasochłonne! Trzeba usiąść, zrobić jakiś plan... A co takie dziecko wie?". A dziecko się dzięki temu zorientuje, ile pieniędzy może od rodziców dostać, a ile musi zebrać samo.

A może je zebrać, na przykład robiąc zakupy sąsiadce?

Robienie zakupów sąsiadce traktowałabym jako grzeczność, raczej za symbolicznego batonika. Rodzice często wpadają na pomysł, by płacić dziecku za różnego rodzaju prace domowe, na przykład za to, że sprzątnęło swój pokój. Tego robić nie wolno! Sprzątanie pokoju należy do jego obowiązków! Tak jak robienie innych rzeczy w domu. Możemy natomiast płacić za to, za co zapłacilibyśmy komuś, kogo musielibyśmy zatrudnić – na przykład do wytrzepania dywanów. Jeżeli dziecko ma dwanaście lat i mówi, że może za pieniądze umyć okna w całym mieszkaniu – jeżeli nie mieszkamy na trzynastym piętrze i jest to bezpieczne – a chcemy wziąć do tego specjalistę albo umyć je sami, choć tego nienawidzimy, możemy się zgodzić. Możemy płacić dziecku za ekstrarzeczy – za umycie samochodu, nawoskowanie go lub posprzątanie garażu. Bo to nie należy do jego obowiązków. W ten sposób może zebrać pieniądze.

A praca u obcych?

Dziecku w tym wieku nie wolno pracować zarobkowo, w związku z tym nie powinno pracować u obcych. Ale jeśli mamy zamożną sąsiadkę, która prosi nasze dziecko, by się zaopiekowało kotem, kiedy jej nie będzie (karmiło go i sprzątało kuwetę) i chce za to zapłacić – nie widzę przeciwwskazań.

Przypilnować dziecko sąsiadce?

Jeżeli dziecko nie ma szesnastu lat, nie może tego robić i nie może brać za to pieniędzy.

A umyć okna u mojej koleżanki?

To już inna sprawa, bo jeżeli w twoim domu twoje dwunastoletnie dziecko umyło okna i nic się nie stało, a u koleżanki skaleczy się szybą albo wypadnie przez okno, to obie macie problem. Ale ty ponosisz za to odpowiedzialność w dużo większym stopniu niż twoja koleżanka, i ty musisz zdecydować, czy w jej domu są odpowiednie warunki do tego, by twoje dwunastoletnie dziecko umyło okna.

Zbierać truskawek u mojego kolegi, który ma plantację, też nie może?

Kiedyś to było prostsze. Ja zbierałam truskawki od dwunastego do osiemnastego roku życia, tylko wtedy nikt w Polsce nie słyszał o podatkach i umowie o pracę. Teraz też dzieci zbierają truskawki, tylko że jest to niezgodne z prawem. Dziecko może pojechać na wakacje do wujka i pomóc mu zbierać truskawki, a wujek może mu za to dać jakieś pieniądze, ale nie może go zatrudnić.

To co ma zrobić rodzic z dzieckiem, które aż się rwie, by zarobić pieniądze?

Moje pytanie brzmi: na co?

Na coś, czego nie chcą mu kupić rodzice.

Trzeba znaleźć sposób, żeby zgodnie z prawem, legalnie i bezpiecznie mogło te pieniądze zarobić albo dawać mu tygodniówkę i niech ją odkłada.

A ile powinno wynosić kieszonkowe?

Najnowsze badania mówią, że polski uczeń szkoły podstawowej dostaje średnio pięćdziesiąt sześć złotych miesięcznie, czyli mniej więcej siedemnaście złotych na tydzień, czyli jeśli policzymy pięć dni szkolnych – trzy złote dziennie. Taką sumę dostają dzieci, które przestają brać z domu kanapki i picie. A ja uważam, że przez pierwsze trzy lata nauki w szkole dziecko powinno zabierać ze sobą drugie śniadanie i w związku z tym pieniądze w szkole nie są mu potrzebne. Tygodniówka ma sens wtedy, kiedy jest po coś.

Jeśli dziecko nie bierze z domu kanapki, musi sobie kupić coś do jedzenia w sklepiku szkolnym. I trzy złote znikają! To jakie to kieszonkowe, skoro te pieniądze tak naprawdę nie są dla niego?!

Tak robią rodzice.

Ale obowiązkiem rodzica jest dać dziecku do szkoły jedzenie!

Ale rodzicom nie chce się rano robić kanapek, więc dają trzy złote i traktują to jako tygodniówkę. Ja rozumiem twoje oburzenie, ale tak niestety jest. W praktyce wygląda to tak, że rodzic daje trzy złote, a dziecko nie kupuje sobie nic do jedzenia, tylko odkłada do świnki. Weź pod uwagę, że ta kwota jest średnią, bo są dzieci, które nic nie dostają. Obowiązkiem rodzica jest przygotowanie dziecku do szkoły kanapki i picia albo sprawdzenie, czy dostanie coś do picia w szkole – bo są szkoły, w których dzieci otrzymuje soki lub jogurty. Ale wielu rodziców tego nie robi.

Opowiem ci anegdotę. Podczas jednego z programów poznałam mamę, która podróżuje z synem po świecie. Syn mówił tylko po japońsku, ponieważ urodził się w Japonii i tam przez kilka lat mieszkał. Poszedł do szkoły, do klasy odpowiadającej polskiej zerówce. W japońskich szkołach jest zwyczaj, że raz w roku dzieci wyjeżdżają na całodniową wycieczkę do kampusu położonego niedaleko miejscowości, w której mieszkają i tam mają lekcje. W japońskich przedszkolach i szkołach dzieci biorą z domu jedzenie w pudełkach. Ta kobieta postawiła sobie za punkt honoru zrobić synowi fantastyczne jedzenie na cały dzień. Kupiła w europejskim sklepie specjalne pieczywo, pasztecik, szyneczkę, do tego dołożyła sałatę, pomidora, ogórka. Zrobiła kolorowe kanapki i pięknie je zapakowała. Syn wrócił spłakany do nieprzytomności. Bo okazało się, że jego kanapki, które mamie wydawały się mistrzostwem świata, były niczym w porównaniu z tym, co przygotowały swoim dzieciom mamy japońskie. To były kanapki w kształcie statków kosmicznych z *Gwiezdnych wojen* albo postaci z *Małej Syrenki*, kanapki w kształcie meduzy, w kształcie ryby czy smoka. Takie jest podejście japońskich matek do szkolnych kanapek! A u nas: buła, ciastko, batonik. Nikt nie przywiązuje wagi do drugiego śniadania. Mówi się, że polskie dzieci są źle odżywione. Tak, bo nie robimy im na przykład zdrowych kanapek do szkoły. Dostają te trzy złote, ale ponieważ chcą oszczędzić albo kupić batonika, kanapek nie jedzą.

Wyjaśnij w takim razie, co to jest kieszonkowe.

Kieszonkowe nie może być przeznaczone na jedzenie. Mówiłam o kanapkach, ale znam rodziców, którzy dają dziecku pieniądze na obiady, po czym mówią: „Zobacz, jak duże kieszonkowe od nas dostajesz!". Pieniądze na dodatkową wodę czy napój też nie mogą być traktowane jako kieszonkowe. Bo kieszonkowe to są pieniądze, które dziecko ma przeznaczyć na swoje przyjemności. Ja, zanim zaczęłam dawać dzieciom tygodniówkę, powiedziałam, na co nie wolno im jej wydać – i zachęcam do tego wszystkich rodziców. W naszym domu były to papierosy i alkohol – o innych używkach nikt wtedy nie słyszał. Reszta była dozwolona. Ale mam świadomość, że teraz tych zakazanych rzeczy byłoby więcej.

Kiedy zaczęłaś dawać synom kieszonkowe?

Gdy poszli do szkoły. Wtedy dostawali pięć złotych tygodniowo. Na początku pytałam, czy jeszcze mają pieniądze, na co wydali. Mogli wydać wszystko jednego dnia, kupić coś sobie, koledze czy koleżance, zgubić…

A jak zgubili, dostawali następne?

Nie. Mogli lepiej pilnować. To są tak zwane naturalne konsekwencje. Potem już się nie interesowałam tym, na co wydają pieniądze, chociaż tak ich wychowałam, że do dzisiaj mi mówią na co. A jeśli na początku któryś z nich przychodził do mnie i mówił, że już trzeciego dnia wydał pieniądze i teraz potrzebuje więcej, spokojnie tłumaczyłam: „Dostałeś, wydałeś, następne będą w poniedziałek. Musisz się rządzić tak, żeby ci wystarczyło na tydzień”.
Oczywiście kiedy byliśmy na wakacjach, dostawali nie pięć złotych tygodniowo, lecz pięć codziennie – bo to w końcu czas na zabawę i przyjemności – i nie wnikałam, czy wydają je od razu, czy odkładają, żeby następnego kupić coś droższego.

Jedni rodzice dają dziecku co miesiąc kieszonkowe, którym może samo dysponować, inni dają pieniądze wtedy, kiedy ich potrzebuje: na przykład na lizaka, na kino. Co według ciebie jest lepsze?

To są dwie szkoły tak zwanego ekonomicznego wychowania. I jedna, i druga ma wady i zalety. Ostatnio dyskutowałam z mamą, której szesnastoletni syn powiedział, że chciałby dostawać regularne kieszonkowe, a nie za każdym razem o pieniądze prosić, ponieważ ma poczucie, że ciągle musi się tłumaczyć. Matka spytała mnie, czy dawanie kieszonkowego ma sens. Powiedziałam, że jeżeli jest gotów zarządzać swoimi pieniędzmi, wie, na co mu wolno, a na co nie wolno ich wydać, to nie ma powodu, żeby ich regularnie nie dostawał. Ja dawałabym kieszonkowe wcześniej. Myślę, że dziecko spokojnie może otrzymywać je w piątej, szóstej klasie, pod warunkiem że wie, na co nie wolno mu tych pieniędzy wydać.

Moim zdaniem w podstawówce lepsza jest tygodniówka niż kieszonkowe raz na miesiąc, bo dziecku łatwiej zaplanować wydanie mniejszej kwoty. Uważam też, że oprócz kieszonkowego dziecko powinno dostawać osobne pieniądze na wyjście do kina – nie wspominając o teatrze! – bo przecież bilety są drogie. Oczywiście suma rośnie wraz z dzieckiem, ale to powinno być tak pomyślane i długofalowo przez rodziców zaplanowane, żeby w gimnazjum, a potem w liceum ta suma nie była ani za duża, ani za mała.

Być może dziecko chce mieć tyle materialnych rzeczy dlatego, że chciałoby, żeby rodzic się nim zainteresował, przytulił. Tak naprawdę wołanie o nową rzecz jest pretekstem, by ojciec czy matka usiedli z nim i chociaż chwilę porozmawiali. Nawet jeśli miałoby usłyszeć: „Nie dostaniesz. A po co ci to?".

Tak jak uciekanie w chorobę, wagarowanie albo farbowanie sobie włosów? Myślę, że w tym przypadku motywacja jest jednak inna. Powiedziałabym raczej, że stoi za tym chęć bycia kimś ważnym w grupie, niewyróżniania się spośród rówieśników, chęć przynależenia do grupy. Nie wiem do końca, skąd się biorą konkretne postawy, ale myślę, że chyba głównie wynika to z tego, że rodzice przez lata uczyli dzieci, że posiadanie rzeczy jest wartością. O czym się rozmawia w polskich domach? O nowych meblach, telewizorze, kanapie, nowym serwisie do kawy... Nie bez powodu jedno z centrów handlowych warszawiacy nazywają „Bazyliką". Bo oni tam co sobotę i niedzielę pielgrzymują jak do świątyni. Chodzą po sklepach, jedzą, idą do kina, łażą bez sensu… W ten sposób spędzają wolny czas całe rodziny.

Teraz odgórnie ustalono, że w święta kościelne i państwowe sklepy mają być pozamykane, ale w wielkich centrach handlowych działają kina. Kiedyś w taki dzień wybraliśmy się na film. Było bardzo dużo ludzi, ale wiesz, co zrobiło na mnie największe wrażenie? Ponieważ centrum było otwarte, korytarzami chodzili ludzie: oglądali witryny sklepowe. Byłam zdruzgotana. Zamknięto im sklepy i w ten sposób odebrano tlen, więc dotleniali się przez szybę!

Kiedyś sklepy były pozamykane we wszystkie soboty i w niedziele. I jakoś żyliśmy, nikt z tego powodu nie cierpiał. Ludzie chodzili na spacery, do lasu, jeździli na rowerach, odwiedzali rodzinę, znajomych lub siedzieli w domach i rozmawiali. Przestaliśmy to robić. Przestaliśmy się tym cieszyć. Nasza inwencja sprowadza się tylko do wizyt w centrum handlowym. Jak myślisz, co za kilkanaście lat będą w wolnym czasie robić nasze dzieci?

7. MOJE DZIECKO STAJE SIĘ SAMODZIELNE

Co to znaczy samodzielne dziecko? Czy sześciolatek już jest samodzielny?

Mamy różne poziomy samodzielności. Mamy samodzielność na poziomie samoobsługi, i myślę, że dziecko sześcioletnie powinno już samodzielne na tym poziomie być. To znaczy, że powinno potrafić się ubrać, rozebrać, zrobić siusiu, kupę, wytrzeć pupę, umyć zęby, odkręcić wodę, uczesać się, wytrzeć nos, zawiązać buty, przygotować sobie kąpiel, samodzielnie zjeść, wyjąć z szafy ubranie, które chce założyć, ułożyć część zabawek.

A nastawić wodę na gaz? Skoro ma samodzielnie zjeść, musi też sobie zrobić coś ciepłego do picia.

Samodzielnie zjeść, to znaczy zjeść przygotowany przez dorosłych posiłek. To znaczy, że babcie i mamusie już go nie karmią, że samo decyduje, czy jest głodne, czy nie jest – już nie decydują o tym rodzice. Takie dziecko idzie do lodówki i wyjmuje jogurt, bo ma na niego ochotę. Na manipulowanie przy kuchence gazowej jest jeszcze zdecydowanie za wcześnie. Zbyt wcześnie jest też na korzystanie z czajnika elektrycznego. To tylko sześciolatek. Lepiej, żeby sobie gorącej herbaty nie robił, za to zimną wodę z sokiem – jak najbardziej.

Ale samodzielność dotyczy też innych obszarów, na przykład samodzielnego funkcjonowania w środowisku: w klasie, na ulicy, na podwórku. Tutaj dziecko samodzielne nie jest, ponieważ jeszcze nie do
końca potrafi myśleć przyczynowo-skutkowo, nie ma świadomości,
że jego zachowanie może mieć wpływ na zachowanie innych, a zachowanie innych na jego, nie przewiduje, co się może wydarzyć. Rozmawiałam ostatnio z bardzo sympatycznym policjantem. Powiedział
mi, że zgodnie z przepisami dziecko może przebywać na ulicy bez
opieki dorosłych od siódmego roku życia – dotychczas myślałam, że
od dwunastego. Jeżeli ma mniej niż siedem lat, uznaje się to za za-
niedbanie. Zatem sześciolatka nie można puścić samego do szkoły,
a siedmiolatka już tak – chociaż ja bym nie puściła, właśnie ze względu na niewielką samodzielność.

Dziecko sześcioletnie nie potrafi podjąć decyzji, ponieważ nie ma do
tego narzędzi. W związku z tym nie może o sobie stanowić. Może
powiedzieć, że chciałoby coś zrobić, że coś mu się podoba, że o czymś
marzy, i może rozmawiać z rodzicami, którzy mogą się naginać do
jego pomysłów, ale nie może być tak, że sześciolatek obwieszcza, że
właśnie jedzie do babci na drugi koniec Polski, bo podjął taką decyzję.
Na to jest stanowczo za mały. Według konstytucji do osiemnastego
roku życia jesteśmy dziećmi. A za dzieci odpowiadają rodzice. To my,
rodzice, odpowiadamy za przygotowanie dziecka do samodzielności.
Musimy je uczyć podejmowania decyzji w zasadzie od chwili, kiedy
zaczyna wchodzić z nami w kontakt, czyli gdy ma kilka miesięcy. Już
kilkumiesięczne dziecko daje wyraźny sygnał, czy chce być na przykład bujane, czy odłożone do łóżka, czy jest głodne, czy chce spać.
Trochę starsze, dwuletnie, wie, czy chce się ubrać. Zdaje sobie sprawę z tego, czy chce się pobawić, czy nie. W wychowywaniu dziecka
chodzi również o to, by je nauczyć podejmować przemyślane decyzje, których konsekwencji będzie świadome. Są dzieci – sama znam

takich dziewięciolatków – które potrafią zdecydować, że na przykład nie odrobią lekcji, mając pełną świadomość, że dostaną jedynkę. Dziesięciolatki, chociaż wiedzą, że nie wolno im się bawić na sąsiednim podwórku, robią to, bo podjęły taką decyzję. Mimo że to były złe decyzje, uważam, że miały do nich prawo.

Może rodzice za mało z nimi rozmawiają?

Nie ma takiego przełożenia, że jeśli rozmawiamy z dziećmi często, to one podejmują tylko dobre decyzje. Przecież dorośli również popełniają błędy. Wiemy, że pewnych rzeczy nie powinniśmy robić, a i tak je robimy. Dlaczego? Bo z różnych powodów, na podstawie różnych przesłanek wydaje nam się, że może jednak tym razem uda się uniknąć przykrych konsekwencji. Wystarczy popatrzeć, jak ludzie prowadzą samochody, jak pochopnie biorą kredyty, podejmują błędne decyzje dotyczące zmiany pracy czy wyjazdu na urlop. Często intencje mają dobre, a efekt jest nie najlepszy. Uważam, że rozmowa z dzieckiem potrzebna jest zawsze, bo nie chodzi o to, by dziecko podejmowało tylko słuszne decyzję, lecz o to, by w ogóle potrafiło je podejmować. By potrafiło powiedzieć: podoba mi się, nie, chcę, nie chcę, idę, nie idę. Dzięki rozmowom będzie wiedziało, że jeśli gdzieś pójdzie lub nie, to z większym lub mniejszym prawdopodobieństwem stanie się to i tamto. Musi rozpatrzyć wszystkie za i przeciw. Oczywiście cała masa mechanizmów psychologicznych zakłóca racjonalne myślenie. Gdyby było inaczej, nie popełnialibyśmy błędów. Ktoś, kto najadł się tak, że mu uszami wychodzi, zje jeszcze trochę z łakomstwa, choć wie, że przejadanie się jest niezdrowe. Ktoś, kto wypił dwie lampki wina, siada za kierownicą, bo świetnie się czuje. Ktoś, kto uwielbia sporty ekstremalnie, wie, że są niebezpieczne, ale nie wyobraża sobie bez nich życia.

Czy mogłybyśmy teraz prześledzić, jak dzieci stają się samodzielne? Do dwunastego roku życia. Ubieranie się i mycie możesz pominąć, skoro opanował to już sześciolatek.

Nie do końca, bo sześciolatkom rodzice jeszcze myją zęby.
Każdy dentysta ci powie, że do siódmego roku życia dziecka rodzic powinien sprawdzać, jak ono myje zęby i ewentualnie poprawiać, gdy robi to źle. A źle robi większość dzieci. Na szczęście teraz mamy szczoteczki elektryczne, w związku z czym wzrasta szansa na to, że dziecko umyje zęby dobrze. Ale czy dobrze umyje głowę – tego już matki nie są pewne i dlatego myją je nawet siedmiolatkom. Ale dziecko dwunastoletnie powinno już tę umiejętność opanować. Chociaż gdy dwunastoletnia dziewczynka ma długie włosy, mama jeszcze jej głowę myje. Zresztą jeśli ma krótkie też.

No to mam siedmioletniemu dziecku myć głowę czy nie?! Skoro mówisz, że powinnam do siódmego roku życia sprawdzać, jak myje zęby, to może powinnam też myć głowę, tylko o tym nie wiem.

Oczywiście, że nie masz! Jeżeli nauczysz dziecko dobrze myć zęby, gdy ma lat pięć, to jako sześciolatek będzie myło zęby świetnie! Ty mu nie musisz ich myć, możesz tylko sprawdzić i pochwalić lub poprosić, by poprawiło. To kwestia ćwiczenia z dzieckiem i wyrobienia nawyku. Natomiast mamusie, które dwunastoletnim dzieciom myją włosy, które do piętnastego roku życia obcinają dzieciom paznokcie u rąk i nóg, bo same obetną krzywo lub, nie daj Boże, zrobią sobie krzywdę – to matki nadopiekuńcze. Takich przypadków znam niestety sporo.

Kiedy w takim razie dzieci mogą same to robić?

Nie powiem ci dokładnie, co w jakim wieku powinny robić, ponieważ wpływa na to kilka czynników. Po pierwsze ważne jest to, jak nasze dziecko uczy się samoobsługi. Wiadomo, że każda umiejętność okupiona jest godzinami treningu. Jeżeli rodzic uczy dziecko posługiwać się nożyczkami, możemy założyć, że dziesięciolatek już potrafi sobie obciąć paznokcie. Chociaż znam wyjątkowo sprawnych manualnie siedmiolatków, którzy to potrafią. Jeżeli natomiast matka nigdy nie dała dziecku do ręki nożyczek, „bo sobie oko wykłuje", to ono być może nigdy nie będzie umiało tego zrobić. Znam dorosłych mężczyzn, którzy nie potrafią sobie obciąć paznokci u prawej ręki – i kobiety, które nie potrafią ich pomalować – ponieważ nigdy tego nie ćwiczyli. Operowania nożyczkami powinniśmy uczyć dziecko wtedy, kiedy zaczyna mieć sprawne ręce i oczy zaczynają je kontrolować. Oczywiście najpierw tniemy papier!

Uważam, że rodzice – głównie matki – ubezwłasnowolniają swoje dzieci, mówiąc, że nie potrafią robić różnych rzeczy, ponieważ są za małe. Dla matki dziecko jest zawsze za małe! Kiedy tłumaczę matce, że dziesięcioletni chłopiec jest już w stanie pod nadzorem uprasować sobie koszulę na zakończenie roku szkolnego, ona patrzy na mnie, jakbym mu kazała rów na Syberii wykopać! Więc pytam: „To kiedy ma się nauczyć?! Pokaż dziecku, jak się prasuje koszule. Im częściej będzie prasował, tym szybciej się nauczy. Pokaż dziecku, jak się kroi kotlet na talerzu, zamiast kroić za nie. Pokaż, jak się robi kanapki, zamiast zawsze mu dawać gotowe".

Jeździłam jako wychowawczyni na kolonie. Na śniadanie dzieci nie dostawały kanapek. Przygotowywano szwedzki stół. Dzieci nie potrafiły posmarować chleba serkiem topionym, ponieważ nie umiały się posługiwać nożem! Bo zawsze robiła to mama!

Dwunastoletnie dziecko, przećwiczone przez mamę, powinno nie tylko umieć zrobić kanapkę, lecz także podgrzać przygotowany przez dorosłych obiad. Są rodzice, którzy ze względu na obowiązki zawodowe zmuszeni są uczyć dzieci samodzielności wcześniej. Dziecko wraca ze szkoły do domu samo i samo musi podgrzać obiad. Matka jest o nie w miarę spokojna, ponieważ wielokrotnie z nim to ćwiczyła. Więc jeśli potrafią się obsłużyć dzieci na przykład dziesięcioletnie, to dla starszych nie powinno to stanowić żadnego problemu. Dlatego właśnie mówię, że matki dzieci ubezwłasnowolniają. Sprzątają ich pokój, nie poprzestając na odkurzeniu dywanu. Układają im rzeczy w szafkach, biurku, na półkach. Porządkują nie tylko pokój dziecka, ale i jego życie. Takich matek jest niestety cała masa. Mało tego – one uważają, że na tym polega bycie dobrą mamą, że dobra mama robi za dziecko wszystko.

Rozmawiałam ostatnio z piętnastolatkiem, najstarszym z czworga rodzeństwa. Spytałam go, czy pomagają mamie. Spojrzał na mnie zdziwiony: „Przecież prace domowe to obowiązek mamy!". Ugotować, posprzątać, wyprać – to należy do kobiety. Jest mnóstwo domów, w których kobiety traktowane są przez członków rodziny jak służące. Na własne życzenie. Dla mnie oczywiste jest, że powinien jej pomagać partner, ale jeśli z jakichś powodów tego nie robi, trzeba do pomocy nakłonić dzieci. Pomagania w domu trzeba je uczyć od najmłodszych lat. Konsekwentnie. Nie można machnąć ręką: „A niech tam. Nie wyniósł śmieci, bo spieszył się do szkoły, to już trudno". Bycie dobrą mamą nie polega na tym, by we wszystkim dziecko wyręczać. Bycie dobrą mamą polega na tym, by uczyć dziecko funkcjonowania w świecie, czyli uczyć wszystkiego, co sami umiemy.

Samodzielność to również coraz częstsze przebywanie poza domem. Kiedy moja córka chodziła do podstawówki, dzieci z jej klasy często u siebie nocowały. Rodzice powinni się na to zgadzać czy nie?

Wiem, że jest taka moda, ale ja nie przepadałam za tego typu imprezami. Ale jeżeli dziecku bardzo na tym zależy, a my znamy rodziców kolegi czy koleżanki, u którego chce nocować, wiemy, że dzieci nie będą same, tylko pod opieką dorosłych – nie widzę przeszkód. Pod warunkiem że rodzice kolegi od czasu do czasu będą kontrolować, w co dzieci się zabawiają. Bo wiadomo, że przychodzą im do głowy głupie pomysły. Kiedy my byłyśmy w tym wieku, dzwoniłyśmy na pogotowie lub do straży pożarnej. Oni wchodzą na czaty i udają dorosłych.

A z czego ta chęć nocowania u kolegi wynika?

Bo jest inaczej, fajniej. Bo coś się dzieje, mogą się później położyć spać, bo gadają całą noc, bo oglądają do późna film. Bo we dwóch – lub dwie – zawsze jest raźniej.

To chyba również dowód na to, że dziecko coraz mniej potrzebuje rodzica, że może mieć ochotę od niego odpocząć.

Psychologowie mówią, że w wieku ośmiu lat dzieci oddalają się od rodziców, co ci często wykorzystują jako alibi: „Skoro nie ma ochoty ze mną rozmawiać, nie będę naciskać. To naturalna kolej rzeczy!". A jak ma dwanaście, to już chce być samodzielne, więc „Co ja się będę wtrącać". I czują się rozgrzeszeni. Oczywiście, że dzieci chcą coraz więcej czasu spędzać z rówieśnikami, ale chcą o nich rodzicom opowiadać, chcą zadawać pytania, wyjaśniać trapiące ich wątpliwości. Bo kogo mają pytać? Rówieśnicy nie zawsze są wiarygodni. Przychodzi moment zawirowania, gdy w życiu dziecka najważniejsza staje się pani wychowawczyni, koledzy, potem jakaś inna dorosła osoba, kiedy przychodzi do domu i mówi: „Moja pani powiedziała..." lub:

„A Marcin powiedział...". Ale jeśli jesteśmy sensownym, uważnym rodzicem, to jest to tylko chwila, i za moment dziecko powie: „Moja mama powiedziała...".

Uważnie śledzę wszystkie nowinki wydawnicze na temat wychowywania dzieci. Na temat pierwszych dwóch lat życia dziecka dowiesz się najdrobniejszych szczegółów z książek, artykułów, z internetu. O dwu- i sześciolatku również sporo się dowiesz, chociaż już zdecydowanie mniej. O dzieciach, które skończyły sześć, siedem lat przeczytasz jeszcze mniej. Tak jakby się zapadały pod ziemię. A potem wychodzą już przepoczwarzone w nastolatki. Winę za ten brak fachowej literatury można zwalić na dziennikarzy, psychologów, wydawców, ale oni odpowiadają na zapotrzebowanie rynku. Czyli na zapotrzebowanie rodziców. A ci uważają, że swoje już zrobili i teraz niech się dzieciakami zajmie szkoła. Bo oni już je wychowali. Oni już nic nie muszą! Tak jak pewien tata, który powiedział: „Moja córka ma osiem lat. Jest już dorosła i odpowiedzialna".

W wieku ośmiu lat dzieci zaczynają wyjeżdżać na kolonie, na zielone szkoły...

Zielone szkoły! To znowu oczekiwanie rodziców, że szkoła coś za nich załatwi.

Nie rozumiem.

Zielone szkoły są dla dzieci, które chodzą co najmniej do drugiej klasy. Tymczasem od nauczycielek słyszę, że rodzice pytają o nie już w pierwszej klasie i bardzo się dziwią, gdy słyszą, że ich dzieci nie są jeszcze gotowe, by samodzielnie chodzić do szkoły, więc co tu mówić o wyjeździe. Ale oni chcą, by na zielonej szkole pani nauczyła dziecko tego, czego oni nie byli w stanie lub im się nie chciało. To są ci rodzice, którzy wysyłają dziecko do przedszkola, mimo że warunkiem przyjęcia jest opanowanie przez nie pewnych umiejętności, na przykład samoobsługi w toalecie. A potem, gdy prawda wychodzi na jaw, matka błaga: „Nie dałam rady! Niech pani nauczy!". I panie w przedszkolu uczą. One jakoś dają radę. Mamusia nie może, bo jej serce pęka, bo dziecko płacze! Śpi z dzieckiem, ale wydaje jej się, że gdy pojedzie na zieloną szkołę, to się oduczy. To są zwolenniczki terapii szokowej. Tymczasem dla dziecka problemem jest wyjazd na jednodniową wycieczkę. Stracenie mamy z oczu na cały dzień jest dla niego takim samym dramatem jak dla trzylatka. Oczywiście są rodzice, którzy dziecku wyjechać nie pozwalają, uznając, że sobie nie poradzi. Generalnie jednak uważają, że ktoś za nich ten problem załatwi.

Na zieloną szkołę dzieci jadą we własnym gronie, ze znajomą nauczycielką. Kolonie są o wiele większym wyzwaniem.

Dzisiejsze kolonie nie wyglądają tak jak te, na które my jeździłyśmy. My spałyśmy w salach szkolnych, w których stało dwadzieścia łóżek polowych, a w tej chwili dzieci jeżdżą do ośrodków wypoczynkowych, śpią w dwuosobowych pokojach i często mają wyższy standard niż w domach.

Co nie zmienia faktu, że oprócz jednej koleżanki czy kolegi dziecko nikogo nie zna. Czy powinniśmy je wysyłać na kolonie, nawet jeśli nie ma na to ochoty?

Ale jeśli nigdy nie było na koloniach, skąd może wiedzieć, że nie będzie mu się podobało? Jeśli nie spróbuje, to się nie przekona.

Ale może powiedzieć, że nie chce jechać na trzy tygodnie bez mamy i taty.

Wtedy nie powinno jechać, bo to znaczy, że jeszcze nie jest gotowe. A czasem bywa tak, że nie jest gotowe nigdy. Znam dzieci, które nigdy w życiu nie były na koloniach, obozie, nigdzie nie wyjeżdżały bez rodziców. Tylko z nimi jeździły na wakacje.

Ja uwielbiałam jeździć na kolonie, uwielbiałam życie towarzyskie, zajęcia grupowe, mimo że gdy pojechałam pierwszy raz, nie było łatwo. Ale tego szczególnego życia trzeba się nauczyć i albo je pokochać, albo znienawidzić. Ci, którzy pokochali – jeździli ciągle. Ja walczyłam o to, żeby jechać na dwa turnusy, bo z grupą zawsze było ciekawie, mimo że bardzo kochałam rodziców i lubiłam z nimi być. Grupa rówieśników to coś zupełnie innego. To inny rodzaj atrakcji. Oczywiście dzieci są różne. Ale jeśli dziecko wydzwania do rodziców, by je zabrali z kolonii, „bo jest tak strasznie", najpierw trzeba porozmawiać z wychowawcą, dowiedzieć się, co takiego strasznego się dzieje: czy straszne jest to, że dziecko nagle musi się usamodzielnić – i wtedy bym nie zabierała – czy to, że musi jeść to, co wszyscy, a nie to, co gotuje babunia – wtedy też negocjowałabym z dzieckiem – czy to, że jest ofiarą grupy – co może być niebezpieczne, i wtedy bym je zabrała. Jeśli dziecko nie radzi sobie z pewnymi rzeczami, nie stanowi to większego problemu. Można poprosić wychowawcę lub psychologa, żeby mu pomogli się wdrożyć. I trzeba im trochę zaufać, bo jadą na kolonie po to, by dzieciom pobyt umilać, nie utrudniać. Jeżeli natomiast wychowawca mówi, że dziecko nie radzi sobie w grupie, że grupa go nie akceptuje, że próbował pomóc i nie dał rady – takie sytuacje się zdarzają – wtedy trzeba je zabrać. Ale według mnie trzeba to umiejętnie zaaranżować. Nie zjawiać się natychmiast po telefonie dziecka: „Skoro cię nikt nie lubi i nikt nie chce się z tobą bawić, natychmiast cię zabieramy!", bo taka trauma może w nim utkwić na długo, lecz przez telefon powiedzieć, że pewnie nie jest tak źle, że na pewno da sobie radę, a przyjechać następnego dnia: „Jedziemy w góry i doszliśmy do wniosku, że cię zabierzemy". Wtedy wszystko nabiera innego znaczenia: dziecko myśli, że gdyby zostało, wszystko mogłoby się dobrze ułożyć, więc może spróbuje za rok.

Ja byłam na koloniach raz. I rodzice mnie z nich zabrali, ponieważ nie byłam w stanie znieść panującego tam rygoru. Wkurzało mnie leżakowanie, to, że na gwizdek śpimy, jemy, idziemy na spacer.

Kiedy wchodzimy w nową grupę, nowe warunki, musimy się podporządkować zasadom, które nie zawsze nam się podobają. Dojrzałość to między innymi umiejętność dostosowania się, a nie skłonność do buntu: „Ja tu nie będę pracowała, bo jest za duży rygor!". Czasem trzeba tę żabę zjeść.

Ja byłam bardzo samodzielnym dzieckiem – mając siedem lat, biegałam z kluczem na szyi i sama sobie robiłam śniadanie – a znalazłam się w grupie dzieci, które miały problemy z samoobsługą!

No to rozumiem, dlaczego ci się nie podobało! Byłaś sama sobie panią, a tu nagle każą ci robić coś, na co nie masz ochoty. Gdybym była twoją mamą, tobym cię z tych kolonii nie zabrała. Zadzwoniłabym do wychowawcy i kazała pomóc. Wychowawczyni mogłaby na przykład mianować cię przewodniczącą grupy, żebyś była tą, która podejmuje decyzje, żeby ci dać trochę wolności, w jakiej żyłaś na co dzień.

A jak jest z dziećmi, które są indywidualistami?

One też muszą się nauczyć funkcjonować w grupie. Przecież w przyszłości nie będą mieszkać w pustelni. Albo grupa będzie im całe życie przeszkadzać i będą nieszczęśliwi, że kręcą się koło nich jacyś ludzie, że czegoś od nich chcą, że muszą coś załatwić w urzędzie, zrobić w sklepie zakupy, albo pójdą na kompromis i nauczą się funkcjonować trochę na swoich, a trochę na cudzych zasadach. Rodzic nie może wychować kogoś, komu inni ludzie w ogóle nie będą potrzebni. Bo tak się żyć nie da, i nie na tym polega bycie indywidualistą. Bycie indywidualistą polega na tym, że się umie funkcjonować w grupie na własnych zasadach, nie pozwala się innym narzucać swojego zdania, lecz forsuje swoje lub umie je obronić.

Takie dziecko jest dla rodziców dużym wyzwaniem.

Dziecko w ogóle jest wyzwaniem. Co na przykład wtedy, gdy masz dziecko, które jest konformistą i ulega wszelkim wpływom? Jest jak chorągiewka na wietrze. Nie wiem, co lepsze. Ja wolę mieć indywidualistę, tylko muszę go nauczyć argumentować, dlaczego chce tak a nie inaczej, i nauczyć rozmawiać kulturalnie, żeby jedynym jego sposobem bronienia własnego zdania nie było aroganckie: „Nie chcę z tobą gadać, bo jesteś głupi jak but". Trzeba przedstawić swoją rację, tak by przy niej pozostać, nikogo przy tym nie obrażając. Obaj moi synowie są indywidualistami. I nigdy tej cechy w nich nie tłamsiłam, wręcz przeciwnie – wzmacniałam, chociaż i oni, i ja czasami ponosiliśmy tego konsekwencje. Kiedy nauczyciel powiedział mojemu synowi, że jest idiotą, ten wstał, powiedział, że nie życzy sobie, żeby ktoś tak do niego mówił, po czym wyszedł z klasy, a ja oczywiście zostałam wezwana na rozmowę do dyrektora. Ale sto razy wolę to, niż żeby moje dziecko bez szemrania wykonywało wszystkie polecenia. Czegoś takiego bym nie zniosła. Oczywiście rodzic musi nauczyć dziecko podstawowych zasad funkcjonowania w społeczeństwie. Indywidualizm nie polega na tym, że nie liczysz się z innymi, że plujesz na ulicy, bo masz na to ochotę, że się nie myjesz, bo nie lubisz się myć, nie kasujesz biletów albo parkujesz samochód na środku ulicy, bo tak ci wygodnie. Indywidualizm nie polega też na tym, że żyjesz we własnym świecie. Znam ludzi, w których nie ma wewnętrznej zgody na pewne normy społeczne, ale nie są to ludzie szczęśliwi.

Ale dziecko ma chyba prawo do odrobiny intymności, do chwil spędzanych we własnym świecie?

Każdy człowiek ma takie prawo. Rodzice często się martwią, że dziecko zachowuje się w sposób, który ich niepokoi: na przykład złości się, obraża, idzie do swojego pokoju albo leży i nic nie robi. Zawsze uczulam, by bacznie przyglądali się tego typu objawom, ponieważ mogą być rozwojowe, ale mogą też być sygnałem zagrożeń, które ujawnią się w okresie późniejszym. Niemniej jednak trzeba pozwolić dziecku manifestować emocje. To nie może przekraczać granic dobrego wychowania, kultury i dobrego smaku, ale trzeba dać mu prawo do obrażania się, wyrażania złości. A jeżeli jesteśmy dobrymi, uważnymi rodzicami, jak nie dzisiaj, to jutro dziecko nam powie, dlaczego tak się zachowało.
Na początku mówiłyśmy o podejmowaniu przez dzieci decyzji, o tym, że mogą być dobre i mogą być złe. Obowiązkiem rodziców jest nauczyć dzieci, że zła decyzja pociąga za sobą naturalne konsekwencje: nie kupiłeś chleba, chociaż cię o to proszono – nie ma co jeść na kolację, nie wrzuciłeś swoich brudnych rzeczy do prania – nie masz czystych spodni czy skarpet, nie wyszedłeś z psem na spacer – zrobił kupę w twoim pokoju, nie nauczyłeś się – dostałeś dwóję. Naturalne konsekwencje są najlepszą metodą wychowawczą. Nie są nią kary i nagrody, które stosują rodzice.

Jeśli dziecko nie przygotowało się do lekcji i dostało dwóję, nie biegniemy do pani nauczycielki i nie tłumaczymy, że nie mogło tego zrobić, ponieważ było chore, chociaż to nieprawda.

Uważam, że to źle, jeśli rodzicowi bardziej niż dziecku zależy na stopniach, na frekwencji, na opinii. Rodzicowi ma zależeć bardzo, ale nie bardziej. Niestety rodzice bardzo często kłamią. Pewnie bierze się to stąd, że myślą, że ich dziecko świadczy o nich. Więc jeżeli się nie nauczyło, to znaczy, że nie dopilnowali, nie sprawdzili. Że to ich wina. To jeden z podstawowych błędów rodziców w myśleniu o edukacji własnych dzieci. Rodzic może sprawdzać i pilnować w pierwszej klasie – ewentualnie jeszcze w drugiej – ale w wychowaniu chodzi o to, żeby nauczyć dziecko samodzielnej pracy, odpowiedzialności i prawidłowego podejścia do obowiązku szkolnego – że nauka należy do jego zadań, nie do zadań rodziców. Spotykam się z tysiącami nauczycieli. Mówią, że powszechnym grzechem rodziców jest odrabianie lekcji za dzieci, że dziecko na pytanie, czy odrobiło pracę domową, odpowiada: „Nie", po czym otwiera zeszyt i zdziwione mówi: „O! Mam!". Bo matki robią to za nie.

Przecież mają inny charakter pisma!

To są bardzo zdolne mamy, potrafią świetnie podrobić pismo swojego dziecka!

Do czego jeszcze są zdolne?

W młodszych klasach robią słupki z matematyki, wykresy. W starszych piszą wypracowania, które dziecko musi tylko przepisać, właśnie po to, żeby zgadzał się charakter pisma.

A jak jest z tym kłamaniem?

Moje przyjaciółki nauczycielki opowiadają mi takie rzeczy, że chociaż pracowałam w szkole i mam wyobraźnię, coś takiego nigdy nie przyszłoby mi do głowy. Na przykład matka nauczyła się pisać tak jak córka, żeby w szóstej klasie szkoły podstawowej i przez całe gimnazjum odrabiać za nią lekcje. Pisała za nią wypracowania. Robiła tak dlatego, że uważała, że córka nie napisze tak dobrze, jak ona by chciała, a zależało jej na tym, by dostawała piątki. A gdy były klasówki, zwalniała dziecko pod pretekstem wizyty u lekarza, choroby, śmierci w rodzinie, wylotu do Maroka. Potrafiła nawet zabandażować córce palec i wmawiać wszystkim, że ma złamany, po to, by nie mogła napisać wypracowania. Ta kobieta kompletnie nie rozumiała, że piątki, które jej córka dostawała, tak naprawdę były jej stopniami, nie córki. Nie zrobiła jednak nic, żeby swoje dziecko pisania wypracowań nauczyć. Znam rodziców, którzy piszą dzieciom ściągi. Pokazują metody, jakie sami stosowali, gdy chodzili do szkoły, i uczą swoje dzieci ściągać. To są rzeczy, które nie mieszczą się w głowie.

Dziecko zawaliło jeden czy dwa przedmioty i będzie powtarzać klasę.

Nie zawala się dwóch przedmiotów z dnia na dzień!

Podjęło decyzję: „Nie chce mi się uczyć!".

Ale to nie znaczy, że musi zawalić rok. Wyobraźmy sobie taką sytuację: dziecko dochodzi do wniosku, że nie chce mu się uczyć geografii. Jest zebranie rodziców. I mamy dwie możliwości: rodzic idzie na zebranie i dowiaduje się, że dziecko ma kłopoty z geografią albo nie idzie i o problemach nie wie. Na razie, bo dowie się, kiedy pójdzie na następne. Wraca do domu i pyta – załóżmy, że jest rodzicem myślącym i nie robi dziecku piekła, tylko z nim rozmawia – „Dlaczego nie chcesz się uczyć?". I dowiaduje się, że: geografia nigdy w życiu do niczego mu się nie przyda, nauczycielka jest okropnie niesprawiedliwa, nie chce się uczyć, bo go to w ogóle nie interesuje. Naszym rodzicielskim obowiązkiem jest znaleźć takie argumenty, by dziecko do nauki przekonać. Na przykład mówimy: „To, co robisz jest trochę bez sensu, bo jeżeli nie będziesz się uczył geografii, a uwielbiasz historię, przez geografię zostaniesz na następny rok w piątej klasie i nie będziesz mógł pójść na kółko historyczne, bo jest dla szóstoklasistów. Umówmy się, że będziesz miał z geografii najsłabszy stopień, jaki możesz mieć, bylebyś tylko przeszedł do następnej klasy". Trzeba z dzieckiem zawrzeć umowę: „Jeżeli potrzebujesz pomocy, będę się z tobą uczyć geografii. Może będziemy chodzić po muzeach, może pojedziemy do wujka Marka, który sporo podróżuje po świecie, może kupimy jakieś albumy albo wykupimy kanał geograficzny w telewizji". Dziecko może oczywiście pójść na ten kompromis: „OK, to będę miał z geografii dwójkę!", ale z zobowiązania się nie wywiązać. Dlatego powinniśmy trzymać rękę na pulsie i delikatnie sprawę monitorować: sprawdzać, czy dziecko odrobiło lekcje, przygotowało się do sprawdzianu. Wybierzmy się do pani od geografii i powiedzmy, że z dzieckiem pracujemy, że zrobimy wszystko, żeby nie miało kłopotów. Może wtedy uda nam się razem z tych kłopotów wygrzebać. Ale to jest możliwe tylko wówczas, gdy zareagujemy na czas. Bo jeśli nie chodzimy na zebrania, to o jedynce z geografii dowiemy się, czytając świadectwo, a wtedy już będzie pozamiatane.

A jeżeli poszliśmy na zebranie, zrobiliśmy wszystko, żeby dziecko zachęcić do nauki, a ono i tak nie chce się uczyć i na koniec roku ląduje z jedynką?

Ocena końcowa jest zawsze średnią ocen z semestru. Bardzo często dzieci dostają złe stopnie za brak pracy domowej, za nieprzygotowanie do lekcji, za brak zeszytu. Jeżeli naprawdę będzie nam zależało, jeżeli będziemy pomagać dziecku, dowiadywać się, z czego ma klasówkę, pilnować, żeby miało wszystkie pomoce naukowe, nie widzę powodu, żeby miało nie chcieć przedmiotu zaliczyć. Ale może się okazać, że w niższej klasie jest dziewczynka, która się naszemu synowi podoba, albo syn nie chce chodzić do jednej klasy z kolegą, który go prześladuje, i wymyślił, że zostanie na drugi rok to jedyny sposób, by się od niego uwolnić.

Może ta konkretna szkoła mu nie odpowiada, może klasa. Jeśli nie to jest przyczyną, trzeba szukać dalej. Problem z reguły nie dotyczy tylko jednego przedmiotu – dziecko w ogóle się nie uczy, wagaruje. I jeżeli sami nie dajemy sobie z tym rady, trzeba iść do specjalisty. Czasem problemem nie jest ani przedmiot, ani szkoła, tylko rodzic. Dziecko się nie uczy, bo doszło do wniosku, że w ten sposób się na nim zemści. Wtedy wizyta u psychologa jest obowiązkowa! Znam dziecko, które postanowiło, że nie będzie się uczyć, by ojciec zwrócił na nie uwagę. Bo wymyśliło, że jeśli będzie miało dużo jedynek, ojciec w końcu się nim zainteresuje. Ojciec, owszem, zwrócił uwagę, tylko nie zareagował tak, jak syn chciał…

Zaczął go bić?

Nie. Powiedział, co o nim myśli i jeszcze bardziej chłopca pogrążył. A dzieciak obudził się z ręką w nocniku – z jedynkami z sześciu przedmiotów. Wtedy nagle zaczął szukać pomocy, zobaczył, że nie tędy droga.

Myślę, że dzieci podejmują decyzje, mniej się kierując logiką, a bardziej emocjami.

I tak, i nie. Zależy, czego te decyzje dotyczą. Na pewno logika jest tą nielubianą starszą siostrą. Na pytanie: „Dlaczego tak zrobiłeś?" dziecko odpowiada: „Nie wiem". „A wiesz, że źle zrobiłeś?". „Wiem". „Skoro wiesz, to czemu się tak zachowałeś?". I znowu: „Nie wiem". Oczywiście jeżeli dziecko ma do nas zaufanie, a my wewnętrzny spokój i cierpliwość, jesteśmy w stanie wyciągnąć od niego odpowiedź. Trzeba jednak poświęcić trochę czasu na to, by do niej dotrzeć. Jeżeli będziemy drążyć, lecz nie na zasadzie policyjnego przesłuchania, tylko spokojnie rozmawiając, jeżeli trochę podpowiemy dziecku, co ewentualnie mogło być przyczyną jego zachowania: „Ja też robiłem głupie rzeczy. Mnie też matka pytała dlaczego, i wtedy sobie myślałem, że może po to, żeby poczuć, jak fajnie jest być w grupie, że chciałem pokazać, że stać mnie na samodzielną decyzję" – to łatwiej dotrzemy do sedna. I wtedy może się okazać: „Bo tak robili wszyscy. Bo się wstydziłem zrobić inaczej. Bo się bałem zrobić inaczej. Bo chciałem być taki jak inni. Bo chciałem poczuć dreszcz emocji. Bo chciałem wam zrobić na złość. Bo chciałem zrobić coś głupiego". Ta odpowiedź może nam się podobać lub nie, ale musimy zaakceptować każdą. Ważne, że spróbowaliśmy się dowiedzieć, dlaczego dziecko zrobiło to, co zrobiło, bo to pomoże nam w przyszłości zapobiec podobnej sytuacji.

Czym kieruje się dziecko dziesięcio-, dwunastoletnie?

Na pewno kieruje się tym, co mówią koledzy. Dzieci w tym wieku mają silną potrzebę identyfikacji i niestety wszystkie chcą być do siebie podobne. To się zaczyna już koło dziesiątego roku życia. Wtedy chcemy mieć takie same piórniki, tornistry.

Czyli koło dziesiątego roku życia, nawet jeżeli dziecko jest indywidualistą, chce przez chwilę być takie jak inni?

Ono chce zaistnieć w grupie. Ale może zaistnieć na różne sposoby – może wsiąknąć w grupę, a może zostać samotnikiem, clownem klasowym lub klasową ofiarą.

Więc może się nie uczyć również dlatego, że chce w ten chce zabłysnąć przed grupą?

Oczywiście. Dlatego tak ważne jest dotarcie do jego motywacji. Mądry rodzic znajdzie argumenty, które do dziecka dotrą. Bo dzieci wbrew pozorom szanują ludzi, którzy mają wiedzę – mimo że czasem sprawiają wrażenie, jakby imponowali im ludzie z wyraźnym jej deficytem. To bardzo dobrze widać w klasie, gdy wybiera się dzieci do rozwiązywania zadań grupowych. Wyobraź sobie dwudziestkę dzieci i klasowego clowna. Kiedy się wygłupia, wszyscy się śmieją i świetnie bawią, ale kiedy mają do wykonania jakieś zadanie i nauczycielka musi podzielić klasę na cztery zespoły, clown jest ostatni, trochę jak łamaga na wychowaniu fizycznym, ponieważ dzieci zdają sobie sprawę, że on do tego zadania kompletnie się nie nadaje i że będzie im przeszkadzał. One chcą odnieść sukces, a głupkowaty kolega im w tym nie pomoże. I on się nagle orientuje, że niby wszystkich rozbawia, ale gdy trzeba zrobić coś poważnego, w tej fajnej, mądrej grupie go nie chcą. Wtedy rola clowna może mu zacząć przeszkadzać.

W tym wieku dziecko chyba po raz pierwszy spotyka się z tym, co nazywamy rolą społeczną.

Po raz pierwszy musi znaleźć swoje miejsce w grupie, rolę, do której jest przypisany, w której jest najlepszy. Bo każdy z nas chce być najlepszy: nie wezmę roli drugiej uczennicy w klasie, mogę być albo najlepsza, albo najgorsza – a najgorsza to przecież najlepsza z najgorszych.

Nie będę drugą pod względem urody – chcę być albo najładniejsza, albo najbardziej ekstrawagancka (bo nie najbrzydsza). Są też dziewczyny, które oszpecają się ubiorem. Nie dlatego, że nie mają gustu, lecz po to, by pokazać, że są niezależne. Deklarują: „Mam wszystko gdzieś!". Skoro nie może być najładniejsza, najmądrzejsza, podrywana przez wszystkich chłopaków, to albo przyjmie rolę dziewczyny kumpla, albo wejdzie w rolę totalnej abnegatki, albo nimfy piszącej wiersze.

Każdy z nas musi znaleźć coś, w czym jest najlepszy, w czym czuje się najlepszy. W klasie jest dokładnie tak samo. Każde dziecko ma do odegrania rolę: prymusa, ulubienicy, gwiazdy, konformisty, pyskacza, kogoś, kogo wysyła się do nauczyciela po prośbie, klasowej ofiary…

To odgrywanie ról społecznych zaczyna się w podstawówce, a potem w gimnazjum wybucha jak wulkan. Tam się toczy prawdziwa wojna. Wyobraź sobie, że w piątej czy szóstej klasie dzieci okopały się na swoich szańcach – mamy prymusa, gwiazdę, ofiarę – i teraz się je rozdziela i pakuje do nowej klasy, w której muszą wszystko zaczynać od początku. Bo nie jest tak, że ci, którzy byli gwiazdami w podstawówce, w gimnazjum też nimi będą.

Ale chyba już trochę zahartowali się w bojach?

Ta pierwsza walka miała dużo bardziej naturalny przebieg, ponieważ wybierali role trochę na zasadzie przypadku, tak jakby zakręcili kołem fortuny i wylosowali coś, co im pasuje lub nie. Często jest tak, że dziecko opowiada dowcip, z którego klasa się śmieje, i odkrywa, że rozbawianie jest tym, co wychodzi mu najlepiej. A dziewczynka, która na zabawę szkolną założyła sukienkę mamy, użyła jej perfum i nagle zatańczyła z trzema chłopcami, dochodzi do wniosku: „Jestem gwiazdą!". I zaczyna się kręcić samonapędzająca się spirala.

Czyli za wiele świadomości w tym nie ma?

Oczywiście prymus wie, że jest najmądrzejszy, a wszyscy inni są idiotami. Są dziewczynki, które wiedzą, że są najpiękniejsze, mimo że niektórym trochę do bycia piękną brakuje, ale generalnie jest w tym dużo przypadku, takiej łapanki: „Co mogę złapać, żeby było moje?". Wyćwiczeni w tym – ćwiczyli rok czy dwa – przychodzą do gimnazjum, a tu nagle się okazuje, że takich księżniczek jest pięć i trzeba wywalczyć pierwsze miejsce! Jest sześciu prowodyrów lub sześć ofiar! Oczywiście nikt nie chce być ofiarą, ale ktoś musi. Ale niekoniecznie musi być ofiarą ktoś, kto był nią w podstawówce. Często w gimnazjum role się odwracają. Rodzice się dziwią: „W podstawówce był takim fajtłapą, a teraz jest świetny!". A inni: „Jak to możliwe? Był takim przywódcą, a teraz w ostatnim szeregu!". Możliwe. Bo tych prowodyrów nagle jest więcej.

Hierarchie klasowe cały czas się zmieniają, bo w okolicach czternastego roku życia do głosu dochodzi poczucie tożsamości. Wtedy zaczynają się poważne rozmowy o życiu, o polityce, poglądach. Dzieci zaczynają odpowiadać sobie na pytania w rodzaju: skąd idziemy, dokąd zmierzamy. A dwunastolatki jeszcze pomysłu na siebie nie mają. One żyją tu i teraz.

8. MOJE DZIECKO MNIE OSZUKUJE

Gdy dziecko jest małe, mówi: „Widziałem w parku krasnoludka", albo: „Za oknem stał wielki lud". Wtedy dorośli je strofują: „Może przestałbyś zmyślać?!".

Każdy z nas zmyśla i prawie każdy kłamie. Oprócz kobiet. Kobiety nie kłamią, tylko szminkują rzeczywistość. Więc nie rozumiem, dlaczego nie miałyby tego robić dzieci.

Chodzi mi o to, że małe dziecko zmyśla kompletnie nierealne historie.

Nigdy nie słyszałaś, jak kobiety tak zmyślają? O mężach, którzy im pomagają w domu, którzy są cudownymi kochankami, którzy noszą je na rękach i wyręczają we wszystkim?!

Ale jeśli nie znam takiej pani dobrze, to tego nie sprawdzę, więc gdy mówi: „Mój mąż codziennie przynosi mi do łóżka śniadanie", mogę w to uwierzyć. Natomiast małe dzieci konfabulują, wprowadzają do swojego świata świat bajek i zwierząt: „Reksio powiedział mi wczoraj, że bardzo mnie lubi". I rodzice zachwycają się tym, że dziecko ma bujną wyobraźnię.

Tu muszę cię zastopować! Nie wszyscy! Są tacy, którzy się zachwycają, bo przeczytali parę książek i wiedzą, że to świetnie, jak dziecko mówi do siebie, bo to znaczy, że ma bujną wyobraźnię, a są tacy, którzy są przerażeni: „Skąd mu się to bierze? Może jest jakiś nienormalny?!". Nie mają świadomości, że dziecku świat realny miesza się z tym, co nierealne, z tym, co usłyszało w bajce, widziało w telewizji, co mu się przyśniło. Jemu kilkanaście lub kilkadziesiąt obrazów składa się w jeden, i żyje w takim trochę szalonym wirze. Ale nie będziemy tu mówić o maluchach, które puszczają wodze wyobraźni, tylko o dzieciach starszych, które konfabulują już z konkretnych powodów.

A czy sześciolatkowi lub siedmiolatkowi też miesza się świat rzeczywisty ze światem z telewizji?

Trochę tak. I ma prawo mu się mieszać do około dziewiątego roku życia, a niektórzy psychologowie mówią, że nawet do dwunastego. Ja uważam, że teraz dzieci dojrzewają wcześniej, więc dziewiąty, góra dziesiąty rok powinien być ostatnim, kiedy bezkrytycznie i naiwnie wierzą w to, co widzą w telewizji. Dzieci w tym wieku nie odróżniają prawdy od fikcji. Potrafią sprawdzać, czy to, co widziały na filmie, rzeczywiście jest prawdą. Trzeba na nie bardzo uważać, ponieważ często mają głupie pomysły – tak jak dziewięciolatek, który rozłożył parasolkę i wyskoczył z drugiego piętra, jak chłopiec, który założył płaszcz mamy i myślał, że będzie latać jak Batman, lub dwie dziewczynki, z których jedna spuściła z okna drugą, tylko zamiast zawiązać jej sznur wokół pasa – tak jak było na filmie – zawiązała go wokół szyi. Skończyło się fatalnie.

Mówimy o przenoszeniu sytuacji ze świata fikcji do świata realnego, ale musimy pamiętać, że sześcio-, siedmioletnie dziecko patrzy na świat z zupełnie innej perspektywy niż my. Żeby spojrzeć jego oczami, musielibyśmy chodzić na kolanach. Ono patrzy z innej wysokości, pod innym kątem, dostrzega rzeczy, których my nie widzimy. Ale dostrzega je również dlatego, że jest od nas dużo bardziej spostrze-gawcze. My patrzymy na świat, omiatając go wzrokiem – jak kelner, który patrzy na ciebie i nie widzi, że machasz na niego ręką. Dzieci widzą i chłoną wszystko. Zasysają jak odkurzacz. Bez analizowania. A potem przychodzą do domu i mówią: „Widziałem psa wielkiego jak krowa!". Matka strofuje: „Tyle razy ci mówiłam, że nie wolno kłamać! Żaden pies nie jest tak duży jak krowa!". A dziecko nie kłamie, bo gdy masz siedem lat, to dla ciebie dog niemiecki jest wielki jak krowa! Kiedy indziej powie, że pan na ulicy biegł tak szybko jak rakieta. Bo to dla niego oznacza, że biegł niesamowicie szybko. My, dorośli, nie rozumiemy, o co chodzi, tylko czepiamy się słówek: „Co za bzdury gadasz! Przecież człowiek nie może tak pędzić!".

Bo chcemy na każdym kroku dziecko uczyć.

W takim razie powiedzmy: „Człowiek nie może się poruszać tak szyb-ko jak rakieta, ale wierzę, że mogło ci się tak wydawać". Musimy się dostosować do sposobu myślenia dziecka, zamiast je na siłę wciągać na nasz dorosły poziom postrzegania świata. Dzieci naprawdę inaczej widzą. Na inne rzeczy zwracają uwagę, gdzie indziej kładą akcenty emocjonalne. My analizujemy, natomiast małe dziecko mówi, co mu się pomyślało, co mu akurat przyszło do głowy. Nawet sześciolatek. Wystarczy wejść do szkoły i posłuchać, jak dzieci licytują się, co kto ma w domu, kim są ich rodzice, ile zarabiają. Z tych rozmów wynika, że wszystkie matki mogłyby zostać miss świata, wszyscy tatusiowie są tacy jak James Bond, a wszyscy rodzice byliby na liście stu najbo-gatszych ludzi w rankingu Forbesa! Dzieci opowiadają takie historie z różnych powodów: dlatego że chcą się poczuć lepsze, dlatego że jest im w domu źle i próbują to zło przykryć czymś dobrym, opowiadają dziwne rzeczy, bo chcą być zauważone, bo chcą dostać nagrodę, bo chcą uniknąć kary. Ale chcąc otrzymać nagrodę i próbując uniknąć kary, kłamią, a nie konfabulują.

Czy możesz powiedzieć, czym jest kłamstwo, a czym konfabulacja?

I jedno, i drugie jest naciąganiem rzeczywistości. I jedno, i drugie zarówno u nadawcy komunikatu, jak i u odbiorcy zaciera granice między tym, co realne a tym, co wyobrażone. Z tym że konfabulacja służy czemu innemu niż kłamstwo. Kłamiemy, ponieważ boimy się kary lub po to, żeby otrzymać nagrodę. Konfabulując, również chcemy dostać nagrodę, tylko ma ona inny wymiar. Ta nagroda to raczej zwrócenie na siebie uwagi, zainteresowanie innych ludzi, możliwość zabłyśnięcia, a co za tym idzie, poczucia się lepiej. Nie chcemy wtedy natomiast uniknąć kary.

Jak rodzice mogą odróżnić kłamstwo od konfabulacji?

I znowu zaczynamy od początku: jeżeli rodzic zna swoje dziecko, jeżeli potrafi z nim rozmawiać, wtedy bez problemu usłyszy minimalne zmiany w głosie, zauważy rozbiegane bądź skupione oczy, reakcje psychosomatyczne związane z układem wegetatywnym (pocenie się, tiki nerwowe), tak charakterystyczne dla ludzi, którzy kłamią. A gdy konfabulujemy, takich reakcji nie ma.

Ale niektórzy kłamią jak z nut.

Tak kłamać potrafią dorośli. Jeśli chodzi o dzieci, to jeśli jesteś dobrym obserwatorem i znasz swoje dziecko, rozpoznasz, kiedy kłamie.

Wielu rodziców mówi: „Ale ja nie wiedziałem, że on kłamie!". Dla mnie to nie jest wytłumaczenie, bo ja, obca osoba, po różnego rodzaju zachowaniach pozawerbalnych widzę, że kłamie, więc jak rodzic może nie widzieć?! Moim zdaniem nie widzi, bo nie chce. Bo tak mu często łatwiej.

Nie każdy jest tak dobrym obserwatorem jak ty!

Przepraszam cię bardzo, to jego dziecko! Nie może być tak, że rodzic nie zna swojego dziecka. To jest sprzeczne z definicją rodzica! Oczywiście na skutek nagromadzonych przez lata zaniedbań może się stać tak, że rodzicowi będzie bardzo trudno do dziecka dotrzeć, ale sygnały płyną zawsze. Gdy rodzica przyciśniesz, to przyzna: „Rzeczywiście, ostatnio działo się z nim coś złego. Jak teraz o tym myślę, to faktycznie: nie jadł, zamykał się w swoim pokoju, godzinę siedział w łazience…". Dlaczego zauważył to *post factum*, a nie miesiąc wcześniej? Przypomina mi to zapisy z policyjnych wizji lokalnych: „Rzeczywiście, dziecko sąsiadów płakało już od dłuższego czasu", „Codziennie się kłócili, ale myślałam, że to tak jak w każdej rodzinie". Podobnie mówi matka, z którą rozmawiam: „Rzeczywiście, córka tak się dziwnie zmieniła". To dlaczego nie zareagowała wtedy, kiedy tę zmianę zaobserwowała? Albo dlaczego jej nie zaobserwowała? Bo nie chciała! Potwornie mnie irytuje nieuważność w stosunku do własnych dzieci!

Ale dziecko może być świetnym aktorem!

Żeby być świetnym aktorem, potrzebne są lata treningu. Więc jeśli już, to może nim być dziecko starsze. Ale nawet nastolatek, jeśli nas okłamie, nie jest w stanie ukryć swoich reakcji czy zmiany zachowań. Zawsze powtarzam rodzicom: „Jeżeli w zachowaniu waszego dziecka, niezależnie od tego, ile ma lat, cokolwiek się zmienia – *in plus* czy *in minus* – to się temu przyjrzyjcie. Do tej pory chodził smutny, a teraz jest radosny. Nie obgryzał paznokci, a teraz obgryza. Chodził na okrągło w jednej bluzie, a nagle zaczął je zmieniać. Nagle zaczął się myć, nagle zaczął odrabiać lekcje albo właśnie przestał. Za taką gwałtowną zmianą zawsze stoi jakiś powód".

Kobiety często mają bielmo na oczach: „W ogóle nie przypuszczałam, że mąż mnie zdradza". A potem, oczywiście po fakcie, gdy zaczyna analizować, dochodzi do wniosku: „Faktycznie, od pewnego czasu chodził taki podenerwowany". Ale on podenerwowany chodził już o wiele wcześniej. Albo: „Ostatnio był taki czuły! Przynosił mi kwiaty! A teraz się wyprowadza?!". Jeżeli nigdy nie przynosił kwiatów, a nagle zaczął, to może znaczyć, że coś się wydarzyło. Oczywiście nie należy go natychmiast podejrzewać o zdradę. Może dostał podwyżkę i nic nie powiedział. Musimy być wnikliwymi obserwatorami. Zarówno siebie samych, jak i otaczających nas ludzi.

W pracy musimy być non stop uważne, więc w domu chciałabyśmy sobie odpuścić. Gdzieś musimy odpocząć. I pewnie dlatego niektórych rzeczy nie dostrzegamy.

Tylko cały problem polega na tym, że jeśli będziemy nieuważni, będziemy mieli większe kłopoty. Zawsze jest coś za coś. Matka mówi mi, że z jej synem nic się nie działo, że wszystko było w porządku i nie wie, dlaczego się zabił. Ona nic nie zauważyła. To, że wracała z pracy zmęczona, nie jest żadnym rozgrzeszeniem. Dziecko też było zmęczone. Miało jakiś problem. Rodzicami nie jesteśmy tylko na chwilę. Rodzicem jest się zawsze. Niezależnie od tego, czy dziecko ma pięć, piętnaście czy pięćdziesiąt lat. Oczywiście im lepiej pracujesz z dzieckiem, gdy jest małe, tym mniej musisz się potem jego codziennością przejmować. Ale nie wierzę, że rodzice dorosłych dzieci mogą się nie martwić ich porażkami, nie cieszyć z ich sukcesów. Chcą z nimi dzielić zarówno radość, jak i smutek. Ja nie mówię, że mamy być nadopiekuńczy i musimy wszystko o ich życiu wiedzieć, bo nie na tym polega rodzicielstwo. My musimy się rozwijać i rosnąć z dziećmi, pokazywać im świat, wypuszczać na coraz dłuższe trasy, by w którymś momencie wypuścić bezpowrotnie.

Ale zanim to nastąpi, wróćmy na ziemię, czyli do sytuacji, gdy nasze dziecko kłamie.

Mówiłyśmy, że dziecko kłamie, chcąc uniknąć kary lub dostać nagrodę. Kłamiemy zawsze w konkretnym celu. Na swój własny użytek stworzyłam pewien podział, a mianowicie dziecko może kłamać o sobie, może kłamać o swoim otoczeniu – o rodzinie, domu, swoim życiu, ale nie mieszając w to samego siebie – i może kłamać o sytuacji – czyli o wszystkim, co go dotyczy, ale bez mówienia o sobie. I za każdym z tych kłamstw stoi inna motywacja.

Trochę to zawiłe. Podaj parę przykładów kłamstw na temat rodziny.

Wyobraź sobie, że dziecko chce uzyskać nagrodę. W tym celu kłamie: „Moja mamusia wpłaci tysiąc złotych na szkołę". Nauczycielka przyjmuje to za dobrą monetę i stawia dziecku piątkę z zachowania. Albo chce uniknąć kary: „Moi rodzice pozwolili mi opuścić ostatnią lekcję. Moi rodzice pozwalają mi samemu wracać do domu".

A czym się to różni od kłamstwa o sobie?

Kłamstwo o sobie dotyczy własnego ja dziecka. Dziecko chce uzyskać nagrodę, więc mówi: „Bo ja, proszę pani, widziałem chłopca, który był głodny, i dałem mu te pięć złotych" (które zgubił lub wydał na własne przyjemności). W oczach innych jest dzielny, mądry, współczujący, czyli otrzymał nagrodę. A jeśli chce uniknąć kary: „Proszę pani, to nie ja zabrałem. Ja byłem wtedy u pani pielęgniarki".

Dlaczego te kłamstwa rozdzieliłaś?

Moim zdaniem, żeby kłamać o sobie, trzeba być dużo bardziej zdesperowanym. Kiedy prowadzę zajęcia i pytam: „Czy mają państwo pytania?", nikt nie ma. Ale gdy naciskam: „Przypomnijcie sobie znajomych, krewnych...", wtedy nabierają śmiałości: „Bo moja koleżanka...". Łatwiej powiedzieć o kimś niż o sobie. Jeśli dziecko mówi o sobie, to znaczy, że musi bardzo pragnąć nagrody albo strasznie bać się kary. Nie chcę używać słowa wyrachowanie, ale trochę o to chodzi. „Nie kłamię! Jak Boga kocham, ja nigdy nie kłamię!". I mówi to, patrząc ci w oczy. A ty nie znasz jego rodziców, nie możesz tego natychmiast sprawdzić, więc myślisz: „Ten dzieciak chyba nie mógłby mnie okłamać". Bo dzieciak używa najmocniejszego argumentu – samego siebie. Oczywiście mogę się mylić. Nie jestem teoretykiem, o psychologii kłamstwa uczyłam się dawno temu, ale ten podział, który zrobiłam na własne potrzeby, bardzo mi w pracy pomaga. Kiedy rozmawiam z dzieckiem i próbuję dociec, jaka jest prawda, używam tego najmocniejszego argumentu: „Ale tak szczerze mi powiedz, jaki ty jesteś, co myślisz?". Nie odnoszę się do innych, lecz do niego, i w ten sposób zmuszam je, by zajęło stanowisko, żeby się odkryło.

Mówiłaś jeszcze o kłamaniu o sytuacji.

Dziecko kłamie, ponieważ chce się wybielić: „Cała klasa dostała dwójki z kartkówki. Wszyscy uciekli z lekcji" – co oczywiście nie jest prawdą. Kłamie też, żeby uzyskać nagrodę: „Cała nasza klasa była dziś pod pomnikiem i trzymała wartę". Ale ono nie było, bo uciekło ze szkoły, czego już rodzicom nie powiedziało. Matka wychodzi z założenia, że skoro była cała klasa, to ono też, i chwali je za dobre zachowanie. A jeśli przypadkiem prawda wyjdzie na jaw, wyda się, że jego tam nie było, na zarzut, że kłamało, może spokojnie odpowiedzieć: „A czy ja mówiłem, że tam byłem? Powiedziałem, że była tam cała klasa!". Ono nie kłamało!

I teraz należy sobie zadać pytanie: czy jeśli dziecko zataja prawdę, to kłamie czy nie? Nie mówi, że ma złe stopnie, rodzice dowiadują się o tym od wychowawczyni. Wracają z wywiadówki z pretensjami: „Okłamałeś nas! Masz same dwóje!", a dziecko mówi: „Jak to okłamałem? Przecież nie opowiadałem, że się dobrze uczę!".

Ale to tak, jakby okłamało! Może mi powiesz, że przemilczało, aby rodziców nie denerwować?

Przemilczało na przykład dlatego, że nie chce kłamać, że nie potrafi kłamać, że wie, że kłamstwo nic by mu nie dało. To filozofia strusia: przyczaić się, schować głowę w piasek i jakoś to będzie. Może się nie dowiedzą, myśli dziecko z nadzieją. Można powiedzieć, że nie ma złych intencji. Czasami te dzieci swoje zachowanie tłumaczą tak: „Nie chciałem martwić mamy. Myślałem, że dam radę poprawić stopnie. Chciałem to sam naprawić. Wtedy wydawało mi się to nieważne". Niektóre mówią: „Naprawdę zapomniałem!". Oczywiście rodzice natychmiast krzyczą: „Jak można zapomnieć, że jest się zagrożonym z trzech przedmiotów!?". Ono wie, tylko nie chce pamiętać. I ja w to zapomnienie wierzę. Dziecko może tak mocno problem wyprzeć. Tak bardzo nie chce pamiętać, że zapytane: „Jak tam świadectwo?" powie o wszystkich stopniach poza tym jednym. Zachowuje się tak jak my, gdy nas pytają o znajomych ze szkoły – zawsze o kimś zapomnimy. I zawsze o tym, za którym nigdy nie przepadaliśmy.

Zatytułowałyśmy ten rozdział „Moje dziecko mnie oszukuje". Oszukiwanie jest czymś więcej niż kłamstwo?

Zdecydowanie tak. Niemówienie prawdy na swój temat też jest oszukiwaniem. To tworzenie innego obrazu. Dziecko tworzy inny swój wizerunek na potrzeby rodzica, a zupełnie inny na potrzeby szkoły. Ono się nie odkrywa, nie pokazuje prawdziwego siebie. Albo w domu jest prawdziwe, a w szkole oszukuje. W domu jest ciche, skromne, a w szkole – król życia. Albo odwrotnie – w szkole uległe, potulne, w domu terrorysta. Takie skrajności zdarzają się rzadko, niemniej się zdarzają. Z różnych powodów. W domu chłopiec może być cichy, bo ojciec go bije i na niego krzyczy, a w szkole hałaśliwy i arogancki, ponieważ tu nikt mu nie podskoczy. Jaki jest naprawdę? Prawda zawsze leży pośrodku.

Dziecko oszukuje też wtedy, gdy robi coś dla rodzica wbrew sobie. Na przykład zgadza się na wybory rodziców – odnośnie szkoły czy potem kierunku studiów. Ten rodzaj oszukiwania bym usprawiedliwiała, ponieważ wynika z miłości, a czasem z bezsilności. To też jest oszukiwanie, ponieważ dziecko nie ujawnia, kim jest i czego od życia oczekuje. Dopóki jest małe, przychodzi mu to łatwo. Im jest starsze – tym jest mu trudniej. Stąd biorą się te wszystkie bunty – rodzic nie chce dostrzec w dziecku innego, różnego od siebie człowieka, chciałby, żeby dziecko było takie, jak on sobie wymyślił. Pewien osiemnastolatek powiedział mi, że jego problem z matką polega na tym, że ona cały czas chce, żeby był małym dzieckiem. Aby zadowolić matkę, starał się nim być jak najdłużej, ale przecież już małym dzieckiem nie jest. Jest już młodym mężczyzną, a mama tego nie widzi. W pewnym momencie coś w nim pękło i zaczął się buntować. A matka nie była przygotowana na to, że ma dziecko – nastolatka – i nie wiedziała, jak z nim postępować. To też jest do pewnego stopnia oszukiwanie, ponieważ on przez te wszystkie lata utwierdzał matkę w przekonaniu, że ma rację, że dobrze robi, że go zna. Nie był uczciwy w stosunku do siebie i nie był uczciwy w stosunku do niej. Ale czy dorośli nie zachowują się podobnie? Na przykład kobiety, które przed ślubem są szczupłe, bo na okrągło się odchudzają, a gdy tylko wyjdą za mąż, natychmiast zapominają o diecie i tyją. Albo mężczyźni, którzy w fazie zalotów są mili, czuli, delikatni, przynoszą kwiaty, a po ślubie – kapcie, pilot i piwo. No i druga strona ma prawo się czuć oszukana.

Czasami bywa tak, że dziecko, ufając rodzicom, jest przekonane, że wiedzą o nim więcej niż ono samo – co też jest samooszukiwaniem. Kiedy takie dziecko zaczyna budować swoją tożsamość – około czternastego roku życia, niektórzy zaczynają wcześniej – odkrywa, że nie jest takie, jak mu do tej pory mówiono. Rodzice mówili, że jest niemądre, a inni ludzie mówią, że jest mądre. Rodzice mówili, że jest brzydkie, a teraz wszystkim się podoba. I dziecko się buntuje – więc, jakie w końcu jest?!

Jeżeli dziecko mówi to, co rodzic chce usłyszeć, zachowuje się tak, jak on sobie życzy, to rodzic chyba nie jest w stanie zauważyć, że dziecko go oszukuje. Bo gdy nie widzi zagrożenia, traci czujność. Zaczyna się niepokoić wtedy, gdy coś idzie nie po jego myśli.

Mogę się z tym zgodzić. To tak jak z matką osiemnastolatka, o którym mówiłam. Ona miała jakąś wizję, a chłopiec się do niej dokładnie dopasował, dając jej w ten sposób dowód, że to co robi, jest dla niego dobre. Ale pamiętaj, że żaden człowiek nie jest samoistną wyspą.

Matka też nie jest. Te matki mają prawo nie dostrzegać problemu, ale one mają partnerów, ich dzieci mają nauczycieli, mają swoje matki, koleżanki, ludzi, którzy wysyłają do nich sygnały lub mówią wprost, że z ich dziećmi chyba nie wszystko jest w porządku. I powinien im się włączyć dzwonek alarmowy. Nie bez powodu mówi się: jeśli jedna osoba mówi ci, że jesteś pijany, może nie ma racji, ale jak usłyszysz to od trzech osób, warto się nad tym zastanowić.

Gdy rodzice przyłapią dziecko na kłamstwie, reagują ostro, a samooszukiwanie chyba trochę lekceważą. A mnie się wydaje, że ono jest dla dziecka niebezpieczne.

Oczywiście! Ten problem nie dotyczy dzieci młodszych. O ile sześciolatka bym jeszcze o oszukiwanie siebie nie podejrzewała, o tyle dwunastolatka już tak. Szczególnie nadwrażliwe są dziewczynki, chociaż chłopcy też potrafią udawać przed sobą i przed innymi, że są grzeczni – lub niegrzeczni – że spełniają cudze oczekiwania. I to z pełną świadomością, że to robią. Nie musi to, ale może prowadzić do bardzo poważnych zaburzeń: problemów z tożsamością, poczuciem własnej wartości, z samooceną, samoświadomością, które kształtują się w tym czasie. Bo to jest ten wiek, kiedy człowiek dostrzega, że jest samodzielną istotą, że coś może, że jest sprawcą, że coś od niego zależy. Zbiera wszystkie informacje, jakie do niego docierają i niesamowicie dużo się o sobie dowiaduje. A jeśli ta wiedza nie zgadza się z tym, co mu wmawiano przez lata i w co uwierzył, może się kompletnie pogubić.

Wspomniałaś o chłopcu, który podbierał babci pieniądze z portfela i kupował kolegom kanapki. On nie miał świadomości, że robi coś złego. Czy podobnie myślą wszystkie sześcio-, ośmioletnie dzieci?

Jeśli im się zdarza podbierać pieniądze i wydawać je na swoje przyjemności, to mają niewielkie poczucie winy, ale jeśli je dadzą potrzebującemu, uważają, że nic złego nie zrobiły. Ważniejsza jest intencja niż sama kradzież. Tak myślą małe dzieci.

Wiedzą, że to jest kradzież czy nie?

Mogą nie wiedzieć, bo, jak powiedziałam, uznają, że jeśli chciały komuś pomóc, to znaczy, że postąpiły dobrze. Albo uważają, że skoro to pieniądze rodziców, to automatycznie są również ich. Mogą też nie wiedzieć, ponieważ nikt im tego nie wytłumaczył. Dziecko cieszy się: „Znalazłem pięć złotych!". „Gdzie?". „W tornistrze Wojtka". Znalazło, a nie ukradło. Podobnie myślą ludzie, którzy w supermarketach podbierają produkty i na miejscu je konsumują. Im też nie przyjdzie do głowy, że to kradzież. Tak jak tym, którzy ściągają z internetu opracowania, kopiują płyty czy książki. Wymyśliliśmy dużo synonimów kradzieży, które łagodzą to przestępstwo, choćby: pożyczyłem na dłużej.

Rozumiem, że małe dziecko można rozgrzeszyć. Ale gdy pieniądze podbiera dwunastolatek?

Człowiek ma prawo popełniać błędy. Tyle że błąd można popełnić tylko raz. Jeśli coś zrobiłam i nie wiedziałam, że tego robić nie wolno – chociaż nieznajomość prawa nie zwalnia z odpowiedzialności – wydawało mi się, że nie robię nic złego, miałam dobre intencje, a potem ktoś mi wytłumaczył: „Nie wolno tak robić. To niezgodne z prawem. To niemoralne. Nieuczciwe", to drugi raz tego zrobić nie powinnam. Bo już wiem. Mogę popełnić inny błąd, ale nie podobny. Jeżeli jestem w miarę inteligentna, nie dojdę do wniosku, że skoro wzięłam jogurt ze sklepu spożywczego i powiedziano mi, że to kradzież, to znaczy, że nie wolno kraść w sklepach spożywczych, ale sklepów odzieżowych czy księgarń już ten zakaz nie dotyczy. Poznaję zasadę nadrzędną: nie wolno brać tego, co do mnie nie należy.

A może dziecko podbiera pieniądze z portfela, ponieważ nie dostaje kieszonkowego?

Tak też może być. Do tej pory nie mówiłyśmy o powodach, a powody mogą być różne. I zawsze trzeba je poznać. Być może dziecko podbiera nam pieniądze, bo chce być klasową gwiazdą, bo chce zrobić komuś lub nawet nam, rodzicom, prezent, bo robi zakupy staruszce z naprzeciwka, a wstydzi się nam o tym powiedzieć, bo pali papierosy, bo potrzebuje pieniędzy na drugie śniadanie, którego mu nie dajemy.

W takim razie, jeśli nie znamy powodu, nie możemy od razu robić awantury.

Awantury nie należy robić nigdy! Awantura blokuje procesy poznawcze. Bierze się tylko i wyłącznie z emocji, a krzycząc, niczego nie wyjaśnimy. Wielu rodziców uważa, że awantura to też rozmowa z dzieckiem, tyle że nieco głośniejsza. Błąd! Różnica między rozmową a awanturą polega przede wszystkim na tym, że w rozmowie biorą udział dwie strony, a podczas awantury mówią tylko rodzice, nie dając dziecku szans, żeby przedstawiło swoje racje. Powinniśmy spokojnie wysłuchać, dlaczego dziecko tak zrobiło, pomagając pytaniami: „Co się stało? Po co ci były te pieniądze? Czy zdajesz sobie sprawę z tego, co zrobiłeś? Czy wiesz, jak to się nazywa? Czy wiesz, jakie się z tym wiążą konsekwencje? Czy wiesz, co ja teraz czuję? A co ty teraz czujesz? Co teraz powinieneś zrobić?". Zadając pytania i słuchając odpowiedzi, koniecznie słuchając, umożliwiamy dziecku zrozumienie, co zrobiło. W całym procesie wychowania chodzi o to – i dotyczy to każdej sprawy – żeby dziecko zrozumiało, o co nam chodzi. A jeśli powiemy tylko, co o jego zachowaniu myślimy i wymierzymy karę – „Ukradłeś! Marsz do swojego pokoju! Masz szlaban!" – ono nie do końca zrozumie, że postąpiło źle. Owszem, usłyszało, że zrobiło źle, ale ani nie powiedziało nam, dlaczego ukradło, ani nie dowiedziało się, co my w związku z tym czujemy, ani nie zdążyło się dowiedzieć, co samo w związku z tym czuje, ani nie dostało podpowiedzi, jak ma się zachować w przyszłości. Nie wysłuchaliśmy jego argumentów.

Mówimy o kradzieży, ale równie dobrze możemy mówić o tym, że dziecko kogoś pobiło. Robimy awanturę. Dostało zły stopień. Robimy awanturę. A powinniśmy się dowiedzieć, dlaczego tak się stało. Dlaczego pobiłeś kolegę? Dlaczego dostałeś zły stopień? Dlaczego nie poszedłeś do szkoły? Dlaczego mnie okłamałeś? Podstawowe pytanie: dlaczego? I jak najspokojniej analizujemy to, co się stało. Wiem, że to strasznie trudne, ale jeżeli zaczynamy się emocjonować, to wyłączamy procesy poznawcze i blokujemy się na przyjmowanie komunikatów od drugiej strony. Przestajemy myśleć i kierują nami tylko emocje, w związku z czym mówimy czasami takie rzeczy, których nigdy byśmy nie powiedzieli, gdybyśmy byli spokojni. W ten sposób nigdy niczego nie załatwimy. Takiego spokojnego rozmawiania można się nauczyć. Wymaga to treningu, ale każdy może to opanować. Poza tym, jeśli coś się wydarzyło, nie mamy już na to wpływu. Więc nie ma sensu się wściekać.

Podczas takiej rozmowy niesamowicie ważne jest to, żebyśmy dali dziecku szansę, żeby ono samo sobie udzieliło odpowiedzi. Jednym z rodzicielskich grzechów jest to, że rodzice wiedzą lepiej. Zakładają w swojej rodzicielskiej mądrości, że wiedzą. Ale niestety mogą nie wiedzieć, mogą się mylić, ponieważ zrobili błędne założenia. I jeśli rodzic nie pozwoli młodemu człowiekowi wytłumaczyć, dlaczego zrobił to, co zrobił, będzie to gwóźdź do trumny ich wzajemnych relacji. Młody człowiek się zablokuje: „Co ci będę mówić. Czego bym nie powiedział i jak bym się nie tłumaczył, i tak wiesz lepiej!". Myślę, że rodzice często wpadają w pułapkę „Ja wiem lepiej": „Ja wiem, dlaczego to zrobiłeś! Ja wiem, co tobą kierowało i dlaczego ty mi to robisz". Przychodzą do mnie matki malutkich dzieci, skarżąc się: „Nie mam do niego siły! Jest taki złośliwy! Specjalnie płacze, by zrobić mi na złość!". Ona to wie i wytłumaczenie jej, że trzymiesięczne dziecko nie płacze jej na złość i nie budzi się w nocy na złość, byłoby cudem.

Jeżeli dziecko samo sobie nie odpowie na pytanie, dlaczego coś zrobiło, nie ma szans nic zmienić, bo nie może wyciągnąć wniosków?

Oczywiście. Bo nie ma wglądu. Dlatego powtarzam wszystkim rodzicom, z którymi pracuję: „Kiedy rozmawiasz z dzieckiem, nie mów mu, co ty myślisz, tylko zapytaj, co ono myśli i co ono by w tej sprawie zrobiło. To pomoże uruchomić jego szare komórki". I nie jest ważne, czy na początku zmierza to w kierunku, który nas satysfakcjonuje, czy w przeciwnym – bo gdy dziecko uruchomi te procesy, mogą mu przychodzić do głowy głupie odpowiedzi. Ważne, że zaczyna myśleć.

A czy można dziecko zapytać, co by zrobiło, gdyby było na naszym miejscu?

To zależy od sytuacji. Rodzice pytają: „To jak cię powinienem ukarać?" albo: „Jak myślisz, co czuję?", albo: „Jak myślisz, jak można było to zrobić inaczej?". Możemy podsuwać dziecku pomysły, jak problem rozwiązać, ale tak, by dać mu szansę na zastanowienie się, dlaczego coś zrobił albo dlaczego nie zrobił. Dlaczego? Jedno proste pytanie. Zawsze bardzo konkretne i dotyczące konkretnej sytuacji. Dlaczego ukradłeś? Dlaczego tak się zachowujesz? Dlaczego mnie szantażujesz?

No właśnie, dlaczego dziecko szantażuje?

Wszystko, co robią nasze dzieci, wszystkie umiejętności, jakie posiadają, mają od nas. Albo im je daliśmy, albo nie. Podstawą wychowania bez dwóch zdań jest rodzina. Dzieci w dziewięćdziesięciu pięciu procentach uczą się w rodzinie, ponieważ spędzają w niej kilka pierwszych lat życia. Potem nabywają innych umiejętności, potem rodzina troszkę schodzi na drugi plan, ale zawsze jest podstawą. Kiedy rodzice mi mówią, że ich dziecko kłamie, pytam, czy oni swoje dziecko okłamują, i zawsze pada odpowiedź: „Nie!". Ale gdy zaczynam rozbierać ich relacje na czynniki pierwsze, okazuje się, że kłamią. Kłamią w sprawach drobnych: „Nie kupię ci zabawki, bo nie mam pieniędzy". „Płaczę, ale nic mi nie jest. Jestem szczęśliwa". „Tylko nie mów tacie, ile kosztowała ta sukienka". „Pójdziemy na lody, a mamie powiemy, że byliśmy w kinie". Kłamią. Nazywają to inaczej, bo tak im wygodniej, ale kłamią. A potem narzekają: „Nie można mieć zaufania do własnego dziecka! Nie dotrzymuje słowa!". Pytam: „A czy można mieć zaufanie do ciebie? Czy ty dotrzymujesz słowa?". „Oczywiście!". Zaczynamy analizować: czy zawsze jak się umówił, to był? Czy za każdym razem jak obiecał, to zrobił? Czy jak miał dotrzymać tajemnicy, to dotrzymał? I okazuje się, że niekoniecznie. A dziecko często po jednym kłamstwie rodzica traci do niego zaufanie.

Rozmawiając z rodzicami, często słyszę zarzut: „Moje dziecko w ogóle nie słucha, co do niego mówię!". „A ty słuchasz, co dziecko mówi do ciebie?". „Zawsze!". „To o czym ci wczoraj mówiło?". „Nic nie mówiło". „A ja słyszałam, że o szkolnej wycieczce do zoo". „No, coś tam mówił...". „A dokładniej?". „Nie powtórzę. Ale słuchałam".

„Może słuchałaś, ale nie słyszałaś!". „Wymagasz od nas, żebyśmy byli idealni!". „Nie! Ja wymagam od was tego samego, czego wy wymagacie od swoich dzieci!". „Ale my musimy ich jakoś kształtować. Żeby nie robili w życiu głupot, żeby byli odpowiedzialni". „Zapominacie tylko, że kształtujecie ich na swoje podobieństwo. Będą tacy sami jak wy! Dzieci uczą się nie na podstawie tego, co do nich mówimy, lecz na podstawie tego, co robimy".

Dlaczego dziecko szantażuje? Odpowiedź jest prosta: bo nauczyło się tego w domu! Czy rodzice nie szantażują dziecka, mówiąc, że jeśli tylko będzie się dobrze uczyło, kupią mu wszystko, co zechce? Że kochają je tylko wtedy, kiedy ma dobre stopnie? Że pojedziecie na wycieczkę zagraniczną, jak będzie miało dobre świadectwo? Że dostanie nagrodę, jeśli spełni ich oczekiwania? A taki tekst: „Będziesz robił, co chcesz, jak będziesz mieszkał na swoim, a dopóki mieszkasz u mnie, będziesz robił to, co ci każę!". Przecież to czysty szantaż! Nie przekonuje mnie argument: „Ale my jesteśmy rodzicami!". Co z tego? Dziecko nie jest własnością rodziców. Władza rodzicielska nie polega na nadzorowaniu, karaniu, szantażowaniu, kłamaniu. To nie jest wpisane w definicję rodzicielstwa. Władza rodzicielska to wpływ, jaki mamy na dziecko.

Nasuwa się smutny wniosek: im większe masz z dzieckiem kłopoty, tym gorszym jesteś rodzicem.

Coś w tym jest. Oczywiście ktoś może powiedzieć: „Chwileczkę, ale nie tylko rodzice mają wpływ na dziecko. Wpływają na nie media. Podwórko". Tak. Jeżeli zgadzamy się, żeby media wychowywały nasze dziecko, żeby wychowywało je podwórko, to musimy przyjąć to z całym dobrodziejstwem inwentarza. Każdy telewizor ma wyłącznik, komputer też. Jestem nieczuła na użalania: „Ale ja tak strasznie dużo pracuję! Muszę zarabiać pieniądze i nie mogę się zajmować dzieckiem". „To po co ci dziecko? Ożeń się z firmą i z nią miej dzieci". Jestem pod tym względem bardzo stanowcza i bardzo zero-jedynkowa. Jeżeli ktoś decyduje się na dziecko, na wychowywanie człowieka, musi to robić odpowiedzialnie. Powtarzam to na okrągło: nie wychowuje się dziecka, wychowuje się człowieka. Ja nie mówię, że rodzice nie kochają swoich dzieci, że o nie nie dbają. Tylko być może problem polega na tym, że robią to wszystko nieuważnie, powierzchownie. Trochę na pokaz.

Być może rodzice się oszukują, że kochają swoje dzieci?

Nie chciałabym wnikać tak głęboko, ponieważ chcę wierzyć, że swoje dzieci kochają. Chociaż to, jak definiują miłość, czasami mnie zaskakuje, jak w przypadku matki, która stwierdziła, że miłość to kupowanie dziecku wszystkiego, czego ono zapragnie. Chciałabym wierzyć, że kochają swoje dzieci, że im na nich zależy, że są dla nich najważniejsze na świecie. Pracę masz albo nie masz, realizujesz się w niej albo nie, płacą ci za nią lepiej lub gorzej, zawsze możesz ją zmienić. Dziecka nie zmienisz. Nie ma takiej możliwości, że gdy ci się nie podoba, wymieniasz je na inne. To ty spowodowałaś, że właśnie takie jest. Nikt nie ma na dziecko takiego wpływu jak rodzina: matka, ojciec, babcia, dziadek. Nikt.
Mówię ciągle o tym, że trzeba za dzieckiem podążać. A żeby to robić, trzeba o nim dużo wiedzieć. Tymczasem gdy pytam rodziców: „Czy czytaliście kiedykolwiek książkę o wychowaniu dziecka?", odpowiadają: „Nie. Przecież wszystko wiemy". „A skąd?". „Przecież nasi rodzice nas wychowywali. I wychowali dobrze. Ojciec nas bił, i popatrz, jacy jesteśmy przyzwoici". Są tacy nie dlatego, że byli bici, tylko mimo to.

Kiedy ludzie wybierają się na urlop, miesiącami przebierają w ofertach biur podróży, czytają przewodniki. Gdy kupują meble, jeżdżą od sklepu do sklepu, zastanawiają się, wybierają. A gdy ma im się urodzić dziecko, większą wagę przywiązują do zakupu wózka czy łóżeczka niż do tego, żeby się dowiedzieć, jakie potrzeby emocjonalne ma niemowlę. Pytam matkę: „Co dziecku w tym wieku jest potrzebne do życia?". „Mleko". „I to wszystko?". „Tak".

A co jest potrzebne do życia dziecku, które chodzi do szkoły podstawowej?

Uwaga, zainteresowanie, akceptacja – ale nie ślepa – mądra krytyka (bo dziecko trzeba również skrytykować, ale trzeba to zrobić tak, by była to krytyka konstruktywna). Dziecku w tym wieku potrzebny jest przewodnik, ktoś, komu może zaufać, kto mu podpowie, co ma zrobić, kto go wysłucha, kto się z nim powygłupia. Jest mu potrzebny ktoś, kto będzie gotowy być z nim czasem na jego warunkach. Nie musi z nim być cały czas, bo wiadomo, że pracujemy, mamy lepszy lub gorszy dzień, ale nie może być tak, że się dziecku nie poświęca nawet chwili, nie ma się czasu go wysłuchać. To nie musi być już, natychmiast. Wystarczy powiedzieć: „Teraz jestem zmęczona. Porozmawiamy za pół godziny". Dziecko musi się nauczyć, że jest dla nas bardzo ważne i jego sprawy są bardzo ważne, ale rodzice też mają swoje życie. Dziecku potrzebny jest mądry rodzic, nie tylko miłość, wyręczanie, nie udawanie, że wszystko jest OK, bo nie jest. Trzeba umieć powiedzieć dziecku, że coś jest nie w porządku (na różnych płaszczyznach: z nami, z nim, w naszej relacji, na świecie, w bliższej i dalszej rodzinie) i trzeba umieć samemu się z tym skonfrontować. Musimy się siebie nawzajem nauczyć. I takie lekcje powinny się odbywać w każdym domu.

9. MOJE DZIECKO ŹLE SIĘ ZACHOWUJE

Wspomniałyśmy już, że w szkole podstawowej zaczynają się wagary. A kiedy dziecko wagaruje, nie mamy nad nim kontroli i mogą mu przyjść do głowy najgłupsze pomysły.

Głupoty mogą mu przyjść do głowy wszędzie. Jeśli wysyłasz dziecko do szkoły z przekonaniem, że jest w niej bezpieczne, to bardzo się mylisz. Chociaż teoretycznie dzieci są pod opieką nauczycieli, robią takie rzeczy, że czasem lepiej, żeby były na wagarach: wąchają klej w toalecie, grożą sobie nożem, obmacują koleżanki w szatni. Takie rzeczy zdarzają się już w podstawówkach! Nie chcę straszyć rodziców, a tylko otworzyć im oczy na to, że dziecko, które jest w szkole czy w drodze do niej, nie do końca jest bezpieczne. Ale jeśli nauczymy dziecko dbania o siebie, samodzielności, poradzi sobie wszędzie. Taki trening trzeba zacząć już w najmłodszych latach. Zabraniamy dziecku wchodzić na drzewo – bo spadnie, jeździć na rowerze – bo się przewróci, pójść samemu do sklepu – bo je okradną. A należałoby uczyć, jak sobie z tymi mniejszymi i większymi niebezpieczeństwami radzić. Gdy wchodzimy z dzieckiem w tłum – na jarmarku czy festynie – ustalamy, że gdybyśmy się rozdzielili, bo nawet najbardziej uważna matka może na chwilę puścić rękę dziecka, a ono może się wtedy oddalić, to spotykamy się w najbardziej widocznym miejscu (to może być charakterystyczny budynek czy karuzela) lub umawiamy się, że dziecko podejdzie do sprzedawczyni w konkretnym sklepie i powie, że się zgubiło. W ten sposób dostaje narzędzie, dzięki któremu poczuje się bezpiecznie.

Kiedy moi synowie byli mniejsi, uczyłam ich, a potem dzieci z ich klas, jak mają się zachować, gdy na ulicy napadną ich rówieśnicy – żeby im zabrać telefon komórkowy lub wyłudzić pieniądze. Uczyłam, że gdy coś takiego ich spotka, natychmiast mają podbiec do pierwszej dorosłej osoby, jaką zobaczą i krzyknąć: „Jak się cieszę, że cię widzę ciociu/wujku!". Nieważne, że ten ktoś zbaranieje, ważne, że to odstraszy napastników. Mogą też wbiec do najbliższego sklepu i zwrócić się do ekspedientki: „Proszę pani, ktoś chce mnie napaść, czy mogę stąd zadzwonić do mamy?". Takie szkolenia nie mają nic wspólnego ze straszeniem dziecka, że zewsząd czyha na nie niebezpieczeństwo. Takim straszeniem programowalibyśmy dziecko na strach. Robimy tak, gdy ograniczamy się do zakazów: „Nie włączaj sam gazu! Nie dotykaj żelazka, bo się poparzysz!". My musimy nauczyć dziecko, jak bezpiecznie korzystać z gazu, jak bezpiecznie używać żelazka, kuchenki mikrofalowej, jak korzystać z ruchomych schodów. Oczywiście wspominamy o niebezpieczeństwach, ale jeżeli damy dziecku narzędzie, powiemy, jak ma sobie w trudnych sytuacjach radzić, tych zagrożeń będzie zdecydowanie mniej. Również wtedy, gdy urwie się nam ze smyczy, bo będzie chciało sprawdzić, jak jest na wagarach. A dopuszczam, że może się urwać także tym rodzicom, którzy dobrze dziecko wychowują, kiedy grupa rówieśnicza weźmie górę.

Myślę, że kiedy dziecko dojrzewa, nawet jeśli jest bardzo dobrze wychowywane przez rodziców i ma z nimi świetny kontakt, normalne jest, że od czasu do czasu robi jakąś głupotę.

To oczywiste, że chce poznawać świat na swój własny sposób. Ale jeżeli rodzice zapewnią mu odpowiednią liczbę bodźców i różnorodność doświadczeń, potrzeba poszukiwań będzie zdecydowanie mniejsza. Dlatego namawiam, by jak najwięcej z dzieckiem eksperymentować. W księgarniach jest mnóstwo książek popularnonaukowych, które mogą służyć pomocą. Zróbcie raz w tygodniu popołudnie eksperymentów. Niech dziecko zobaczy, co się wydarzy, jak zachowują się dwie substancje, kiedy je połączymy. Jest mnóstwo takich ćwiczeń fizyczno-chemicznych. Lepiej zapewnić dziecku odrobinę adrenaliny w domu, pod kontrolą, niż żeby miało jej szukać poza nim.

Czy w takim razie lepiej, by po raz pierwszy spróbowało alkoholu przy nas? Często rodzice podczas uroczystości rodzinnych wlewają dziecku odrobinę wina, by wypiło toast za zdrowie babci.

Tego absolutnie robić nie wolno! Niestety raporty mówią, że już dwunastolatki upijają się regularnie raz w miesiącu! Zastanawiam się, gdzie są rodzice tych dzieci.

A może gdyby spróbowały alkoholu w domu i stwierdziły, że jest niesmaczny, nie sięgałyby po niego poza domem?

To bardzo zły pomysł! Idąc tym tropem, rodzic, który chce pokazać dziecku, że narkotyki są złe, powinien razem z nim wypalić trawkę, lub, nie daj Boże, walnąć sobie w żyłę. To absurd.
Byłam niedawno na konferencji zorganizowanej przez Państwową Agencję Rozwiązywania Problemów Alkoholowych, na której miałam poprowadzić wykład dla gimnazjalistów i licealistów, oczywiście na temat szkodliwości picia. Na sali siedzieli dorośli (z przodu), a z tyłu dzieci, młodzież. Poprosiłam dorosłych – a byli tam policjanci, prawnicy, nauczyciele, szkoleniowcy, psychologowie – żeby podnieśli rękę ci, którzy w ciągu ostatniego półrocza byli na imprezie rodzinnej czy

towarzyskiej, na której nie piło się alkoholu. Nikt nie podniósł. Spytałam: „Jak chcecie przekonać dzieci, że alkohol jest zły, skoro wszystkie imprezy w naszych domach, klubach, kawiarniach są zakrapiane alkoholem? Te dzieci dostają komunikat, że bez alkoholu nie ma zabawy. A skoro dorośli nie potrafią się bez niego bawić, dlaczego one miałyby to umieć?". Jak możemy mówić dziecku, że alkohol jest zły, skoro na wszystkich imprezach, gdy przychodzą goście, jest on pierwszą rzeczą, jaką stawiamy na stole? Nie twierdzę, że dorosłym nie wolno się napić, ale najpierw połóżmy dziecko spać, by nie widziało, że pijemy, by nie słyszało tekstów w rodzaju: „Pamiętaj, dziecko, alkohol to twój wróg, więc lej go w gębę!". Jeżeli standardem jest, że tatusiowie, wylegując się na plaży, piją „dla ochłody" piwo, jeżeli mamusia mówi, że nie wolno po alkoholu wchodzić do wody, a sama wypiła drinka i właśnie skacze przez fale, to jaki komunikat dostaje dziecko? Że zanim się pójdzie na plażę, trzeba się napić, a potem można popływać. Bo wtedy jest fajniej.

Nie możemy wysyłać dziecku sprzecznych komunikatów, a robimy to nagminnie! Wiem, że znowu ktoś może mi zarzucić: „To, że mam dziecko, oznacza, to już mi nic w życiu nie wolno?! Mam zostać świętym?!". Wolno ci, tylko pomyśl, kiedy to robisz i jak. Jeśli chcesz iść na imprezę z alkoholem – nie może być na niej dzieci.

W takim razie, jeśli rodzice wiedzą, że impreza będzie mocno zakrapiana, może dobrze by było, żeby dziecko spało u dziadków i nie oglądało ich w stanie, delikatnie mówiąc, wskazującym na spożycie?

Oczywiście. Albo jeśli wracają lekko zużyci, a dziecko jest w domu, niech nie idą do niego i nie budzą, bo właśnie teraz zebrało się im na czułości albo koniecznie chcą przeprowadzić rodzinną naradę.

Musimy zdawać sobie sprawę, że dzieci są doskonałymi obserwatorami i widzą wszystkie nasze potknięcia. Oczywiście nie tylko alkoholowe. Ja też nie jestem bez winy, zdarzało mi się być niekonsekwentną, jak każdemu z nas. Kiedy się to zdarzy, trzeba dziecku powiedzieć: „Bardzo bym chciała zawsze robić tak, jak cię uczę, ale jestem tylko człowiekiem i czasami mi się nie udaje. I zdaję sobie sprawę, że ty też możesz popełnić ten sam błąd co ja". Nie może być tak, że mnie wolno, a dziecku nie. Bo ono, tak samo jak ja, jest tylko człowiekiem. Obowiązuje nas absolutna uczciwość.

Dzieci w tym wieku często sięgają po pierwszego papierosa. Skąd mam wiedzieć, czy robi to również moje dziecko?

Jeżeli sama nie palisz, poczujesz zapach.

Powie, że było w kawiarni, że koledzy zapalili...

I musisz to przyjąć za dobrą monetę. Uważam, że dzieciom trzeba ufać. Oczywiście są dzieci, które naszego zaufania nadużywają, a wtedy trzeba ufać... i kontrolować. Wiesz, po czym łatwo poznać? Dziecko, które samo nie pali, a tylko siedzi w towarzystwie palących, gdy przychodzi do domu, natychmiast rozbiera się i kąpie, a ubranie wrzuca do pralki. Bo jemu smród dymu przeszkadza. A jeśli samo pali, ten zapach go nie drażni. Ten test działa w dziewięćdziesięciu dziewięciu procentach przypadków. Oczywiście zawsze musimy porozmawiać: kto pali, co pali – bo nie zawsze to są papierosy – czy chciałeś zapalić, czy próbowałeś. Dlaczego? Ale trzeba tę rozmowę poprowadzić tak, żeby dziecko nie czuło się przesłuchiwane, i jeśli zapaliło papierosa, nie bało się do tego przyznać. Dom powinien być miejscem, w którym dziecko może powiedzieć wszystko, niezależnie od tego, czy miałoby to być dobre, mądre czy głupie. Powinno mieć poczucie, że nawet jeśli coś ukradło, może liczyć na naszą pomoc. Jeżeli nie będzie się nas bało, przyjdzie i powie: „Zapaliłem papierosa". I w zależności od tego, czy podobało mu się to doświadczenie, czy nie, będziemy rozmawiać tak albo inaczej.

Najczęściej ten pierwszy papieros nie smakuje.

Jest różnie. Jeżeli dziecku się podobało, trzeba zapytać: „Dlaczego? Czułeś się dorosły? Fajnie jest móc coś zrobić z rękami?". Dajemy jak najwięcej podpowiedzi, by samo znalazło odpowiedź, i szukamy argumentów za i przeciw. Jeżeli natomiast przegapimy ten moment, bo tak się może zdarzyć, i nasze dziecko zacznie regularnie popalać, to już możemy mieć kłopot, ponieważ nikotyna działa na psychikę tak, że kiedy jesteśmy smutni, to nas rozwesela, a kiedy zbyt rozemocjonowani – wycisza. Zabraniać palić nie ma sensu, bo skutek będzie odwrotny. Zakazany owoc smakuje najlepiej. Zostaje tylko rozmowa. Tłumaczenie, przekonywanie, że palić nie warto, i szukanie argumentów, którymi dziecko może się podeprzeć podczas rozmowy z rówieśnikami, gdy będą namawiać, by z nimi zapaliło.

Bo często dzieci palą tylko dlatego, by przed rówieśnikami nie wyjść na tchórzy.

Oczywiście, i dlatego trzeba dziecku dostarczyć takich argumentów, żeby potrafiło odmówić: „Jeśli chcecie, to palcie. Ja nie mam ochoty. Mnie jest po tym niedobrze". I jestem przekonana, że znajdzie się następny, który powie, że po papierosach czuje się źle, a wtedy jest ich już dwóch. A wiadomo, że we dwójkę łatwiej niż w pojedynkę.

Są rodzice, którzy dowiadując się, że dziecko pali, każą mu w swojej obecności wypalić pół paczki, licząc na to, że będzie mu tak niedobrze, że więcej po papierosa nie sięgnie.

To nie jest dobra metoda. W ten sposób możemy dziecku poważnie zaszkodzić, może dojść do silnego zatrucia. Ja jestem zwolenniczką walki na argumenty: „Dlaczego palenie tak ci się podoba? Dlaczego uważasz, że warto palić? Dlaczego w takim razie nie palą sportowcy?".
Mówimy o popalaniu, ale możemy dojść do tego, że naszemu dziecku palenie papierosów spodoba się tak bardzo, że znajdzie się o krok od nałogu. Wtedy koniecznie trzeba się wybrać do lekarza, zrobić badanie krwi, by sprawdzić poziom nikotyny w organizmie i pod nadzorem fachowca pomóc mu rzucić palenie.

Czy dziecko w tym wieku może się od papierosów uzależnić?

Myślę, że to trochę za wcześnie, ale palenie może już mu sprawiać przyjemność na poziomie biologicznym. Bo papieros pełni kilka funkcji, na przykład społeczną.

Chyba przede wszystkim. Ja, kiedy jeszcze paliłam, nie sięgałam po papierosa, gdy byłam sama. Paliłam w towarzystwie.

Ja też byłam takim palaczem. Mogłam nie palić cały dzień, ale wystarczyło, że z kimś rozmawiałam i już miałam odruch sięgnięcia po papierosa. Paliłam, by czymś zająć ręce. Ale z takim nawykowym paleniem też można – i trzeba – walczyć.
Znam matki, które same palą, a dziecku mówią: „Synku, pamiętaj, że papierosy są szkodliwe. Absolutnie nie wolno ci palić!". A dziecko wtedy zadaje logiczne pytanie: „To dlaczego ty palisz?". „No bo ja się uzależniłam,

ale nie chcę, żebyś ty popełnił ten sam błąd". Wtedy rezolutne dziecko może zaproponować: „W takim razie rzuć papierosy, a ja obiecuję, że nie będę palić". I trzeba to wyzwanie podjąć. Warto zrobić coś dla dobra dziecka, tym bardziej że i jemu, i nam wyjdzie to na zdrowie.

A czy dwunastoletnie dzieci sięgają po trawkę?

Myślę, że zdarzają się takie przypadki, szczególnie wtedy, kiedy dziecko ma starsze rodzeństwo albo żyje w środowisku, które sięga po narkotyki. Natomiast na sto procent wiem, że są dzieci, które wlewają do plastikowych torebek klej i go wąchają. Parę lat temu było o tym bardzo głośno. Są takie, co się podduszają, zawiązując sobie na głowie foliową reklamówkę. Odtleniają się po to, by mieć namiastkę narkotykowego odlotu.

Kto im to pokazał?!

Zobaczyły w internecie, na filmach, od kogoś usłyszały. W Stanach to już poważny problem, o tym się mówi. U nas jeszcze nie, chociaż znam przypadki śmiertelne. Dzieci, które w ten sposób eksperymentują, z całą pewnością mają problemy. Poważnym problemem zaczynają być w tym okresie zaburzenia odżywiania. Dzieci w tym wieku już się odchudzają. Wyobrażasz sobie? Na diecie są już dziesięcioletnie dziewczynki!

Ale jeśli dziewczynka z nadwagą będzie trochę mniej jeść, wyjdzie jej to na zdrowie.

Problem polega na tym, że robią to takie, które nie są grube. Są chude. A gdy mama daje miseczkę zupy, taka dziewczynka pyta, czy po niej nie utyje! Kult kobiet bez ciał jest przerażający! Znam prywatnie kilka dziewczynek w tym wieku, które są tak chude, że wiatr by je przewrócił, ale one nie jedzą, bo się obawiają, że będą za grube. To już początki anoreksji.

I co na to matki?

Matka mówi: „Ale córka je dużo arbuzów".

Przecież to sama woda!

No, jeszcze trochę rosołku popije, zje listek sałaty, kiełki. Te matki kompletnie nie myślą o tym, że za chwilę ich córki będą miały kłopoty z minerałami, mikroelementami, a co za tym idzie, z kośćmi, włosami, paznokciami i prawidłowym funkcjonowaniem narządów wewnętrznych. Że anoreksja to problem na całe życie.
A problem grubych dziewczynek? Znowu muszę uderzyć w rodziców, bo jak mówiła moja ulubiona doktor endokrynolog, zaburzenia hormonalne u dzieci wynikają z tego, że je tuczono. Nie jest tak, jak się powszechnie uważa, że tusza jest konsekwencją zaburzeń. Organizm zaczął mieć problemy z hormonami, ponieważ mamusia dziecko pasła.
Pracuję z dziewczynką, która ma osiem lat i waży sześćdziesiąt sześć kilo. A mamusia uważa, że córka wcale nie jest gruba, tylko dobrze zbudowana! A te dzieci na placach zabaw, które się ledwo ruszają, którym rączki sterczą na boki, bo nie są w stanie opuścić ich wzdłuż ciała! Jeśli dziecko ma nieustającą ochotę na jedzenie, my, dorośli, jesteśmy od tego, by mu jedzenie ograniczyć. To my musimy mieć wiedzę o tym, co dziecko może jeść, ile powinno jeść w danym wieku, ile powinno się ruszać. Ale większość matek uważa, że dzieci jedzą za mało.

Dlaczego w takim razie nie dostrzegają anoreksji?

Bo im się wydaje, że w tym wieku na anoreksję za wcześnie. One widzą, że dziecko je za mało, tylko nie nazywają tego anoreksją.

To dlaczego nic z tym nie robią?

Na czym polega główny problem mamy, która przychodzi do mnie i mówi: „Moja córka za mało je"? Tak naprawdę problemem nie jest to, że je za mało, tylko to, że nie robi tego, co mama chce. Mama stawia przed nią jedzenie, a ona nie wykonuje polecenia. A to się przekłada na społecznie akceptowane zdanie: „Ona je za mało". Przychodzi do mnie matka i mówi, że jej córka je za mało. Ona jej daje jeść, a córka nie chce. Ja, nie widząc dziecka, myślę, że ma niedowagę, źle się rozwija, a matce chodzi o to, że jej nie słucha, że się buntuje. Proponuję: „Przez tydzień spisujesz wszystko, co twoja córka zjadła. Wszystko: każde jabłko, każdą gumę, cukierka. Po tygodniu oglądamy razem te zapiski: „Zobacz, twoja córka zjadła w tym tygodniu trzy kotlety, dwa talerze zupy pomidorowej, dwa kilo winogron, dwie marchewki, dwa jabłka, koleżanka dała jej jogurt, u babci zjadła buraczki, wypiła pięć litrów soku…". Przyglądamy się wzrostowi, przyrostowi wagi, sprawdzamy, ile pije, ile powinna mieć tkanki tłuszczowej, i okazuje się, że ta dziewczynka dostarcza swojemu organizmowi tyle, ile on potrzebuje. A matka na to: „Ale mnie chodzi o to, że jak siadamy do obiadu, to ona nie chce jeść. Jej się wiecznie coś nie podoba!". I w tym cały problem.

Wracam do anoreksji i przy okazji bulimii, która ma podobne podłoże. Jeżeli matka wiecznie wisi nad dzieckiem i zmusza je do jedzenia, jeżeli jedzenie jest tematem dnia, dziecko dla świętego spokoju zje obiad, po czym pójdzie do toalety i wszystko zwróci. W ten sposób wykształca się odruch: jeśli cokolwiek dostanie się do żołądka, trzeba to natychmiast z niego usunąć. I wtedy nawet jabłko jest posiłkiem za bardzo kalorycznym. A wszystko przez matkę, dla której jedzenie jest najważniejszą rzeczą w życiu.

Ale przecież nie wszystkie dzieci zmuszane do zjedzenia obiadu wpadają w anoreksję.

To nie musi być przyczyną anoreksji, ale na pewno jest przyczyną zaburzeń odżywiania, których jest sporo. O anoreksji mówimy wtedy, gdy na zaburzenia odżywiania nakłada się zaburzony obraz własnej osoby – nie na poziomie fizycznym, lecz psychicznym: nie jestem taka, jak mi się wydaje, że jestem. Jeżeli powtarzamy dziecku, że jest jakieś, to ono zaczyna w to wierzyć. Znam matki, które mówią swoim szczupłym córkom, że są grube.

I co chcą dzięki temu osiągnąć?

Nie mam pojęcia. Myślę, że jedne mówią to dlatego, że chcą swojemu dziecku dokuczyć, inne z troski o dziecko, które dużo je. Ale tak matka nie zada sobie trudu, by sprawdzić dlaczego. Matki mówią o swoich dzieciach, że są głupie, że nic nie osiągną, że nie potrafią zrobić najprostszej rzeczy. Kiedy pytam, w jakim celu to robią, odpowiadają, że wcale tak nie myślą, że chcą w ten sposób zmotywować dziecko do pracy.

Wrócę jeszcze do wmuszania dzieciom jedzenia. Jeśli dziecko nie chce jeść, dajmy mu święty spokój. Ogłaszam wszem wobec: rodzic może decydować o tym, co i kiedy dziecko je, a dziecko o tym, ile. Ta zasada powinna obowiązywać w każdym domu. Bo my nie jesteśmy w stanie stwierdzić, czy ktoś inny jest głodny. Możemy jedynie projektować na kogoś sygnały, które wysyła nasz organizm. Wiem, że nie jest to łatwe, bo sama, kiedy się odchudzałam, na okrągło robiłam domownikom coś do jedzenia. Efekt był taki, że ja chudłam, a oni przybierali na wadze. Na szczęście się tego oduczyłam. Nie mogę wmawiać komuś, że jest głodny, bo on sam wie najlepiej, czy jest. Dziecko też to wie i umie powiedzieć, że chce mu się jeść albo nie chce.

Ważne jest także, by rodzice dbali o to, by w lodówce znalazły się takie produkty, jakie chcemy, żeby dzieci jadły. Żeby nie było w niej tylko tłustych kiełbas, boczku i żółtego sera. Bo jeśli dziecko staje przed lodówką i ma do wyboru coś niezdrowego, co lubi, i coś, co może zjeść bez uszczerbku na zdrowiu, lecz za tym nie przepada, wiadomo, że wybierze to, co mu smakuje. A jeśli wyboru nie ma – z głodu zje jogurt albo biały ser, nawet jeśli za nimi nie przepada. Dbajmy o to, by w domu były warzywa i owoce. W moim domu rodzinnym zawsze były jabłka. Moja mama obierała je, kroiła na ćwiartki i kładła na talerzyk, a my, siedząc przy stole, rozmawiając, grając w karty, jedliśmy je tak, jak teraz je się chipsy. I ten zwyczaj przeniosłam do swojego domu. Nie mówię, że wszyscy muszą tak robić, bo ktoś może powiedzieć, że najwięcej witamin jest pod skórką, ale można podawać do pochrupania marchewki, orzechy, migdały czy suszone banany. Jeśli natomiast w domu są tylko chipsy, nie dziwmy się, że dziecko po nic innego nie sięga.

Rozmawiałam z matką, która narzekała, że jej dziecko uwielbia słodycze. Ukrywa je w szafkach, w kanapie, ale dziecko je znajduje i wyjada. Spytałam, po co w takim razie trzyma słodycze w domu, a ona na to: „Bo nie wyobrażam sobie, żebym nie mogła w ciągu dnia zjeść chociaż jednego batonika!". Zawsze jest rozwiązanie. Może go zjeść w pracy albo po wyjściu ze sklepu. Może też zaproponować dziecku, że kupi mu czekoladę czy ciastko, pod warunkiem że się nim z nią podzieli.

Wspomniałaś o kulcie chudych ciał. Właśnie taki wzorzec kobiecości kreują media, co bez dwóch zdań ma wpływ na to, jak siebie postrzegamy, a w konsekwencji jest jedną z przyczyn bulimii i anoreksji.

Niestety. Grube kobiety tak naprawdę nie mają wstępu do mediów. Uważam, że to błąd, ponieważ wszystkie badania mówią, że osoba okrągła – nie mówię o otyłości – budzi większe zaufanie. W Stanach Zjednoczonych większość pogodynek to kobiety o obfitych kształtach. Sondaże wykazują, że widzowie odbierają je lepiej niż pogodynki szczupłe, że cieszą się większą sympatią i nawet jeśli prognoza, którą przedstawiają, się nie sprawdza, nikt nie ma do nich pretensji. Na szczęście świat mody poszedł po rozum do głowy i wprowadzono dolną granicę wagi, której modelce nie wolno przekroczyć. Ale i tak nie uświadczysz na wybiegu kobiet o klasycznych kobiecych kształtach. Są tam tylko wychudzone chłopczyce. A wpatrzone w modelki dziewczynki uważają, że jeśli jesteś szczupła, to automatycznie jesteś szczęśliwa. Zauważ, że wszystkie portale plotkarskie skupiają się na tym, kto ile schudł. Kiedy przez kilka lat byłam Supernianią, portale plotkarskie pisały o mnie niewiele – na szczęście. Ale kiedy schudłam, w ciągu tygodnia znalazłam się na wszystkich możliwych. Powyciągano nawet dla porównania stare zdjęcia. Schudłaś, więc cię pokażą. A jak jesteś gruba – nie. Ale mediów nie zmienisz. Możesz tylko zmienić swój stosunek do nich. Jeżeli matka wpatruje się w te obrazki, niech nie wymaga, żeby nie robiła tego jej córka. Jeżeli matka nie ma dystansu, wierzy w to, co mówią w mediach, w to, że te panie ze zdjęć tak wyglądają w rzeczywistości, będzie wierzyć również jej córka. Kiedy po sesji fotograficznej mówię: „Proszę mnie nie wkładać do Photoshopa. Jestem taka, jaka jestem", słyszę: „Ale my nie możemy. Jak to będzie wyglądać?!". Walczyłam, żeby mnie nie odchudzali.

Ale pieprzyk, który mam na twarzy, często komputerowo usuwano, bo twarz musi być gładka jak pupa niemowlaka. A ja mam pięćdziesiąt lat i mam zmarszczki! Nie! Oni nie mogą pokazać kobiety ze zmarszczkami! Bo to nieestetyczne! Tak świat nie wygląda!

To mnie zdumiewa. I zdumiewa mnie, że rodzice tak bezkrytycznie gapią się w telewizor, w ogóle nie zajmując stanowiska wobec tego, co widzą. Mam wrażenie, że przestajemy myśleć i oduczamy myśleć dzieci.

Dzieci oduczają się myśleć również wtedy, gdy godzinami siedzą przy komputerze i buszują w internecie. Czy już dziesięciolatek może się od niego uzależnić?

Oczywiście. Moim zdaniem dzieci do trzeciej klasy nie powinny mieć dostępu do internetu. Nie jest im absolutnie do niczego potrzebny. Ograniczałabym też dzieciom dostęp do komputera, bo znam wielu rodziców, którzy, sami od komputera uzależnieni, mówią: „Ale w dorosłym życiu będzie musiało sobie z komputerem radzić". Będzie, ale ma jeszcze dużo czasu, aby się obsługi komputera nauczyć. Nie musi tego robić w wieku lat trzech czy siedmiu. Jeszcze zdąży. Na razie powinno się rozwijać ruchowo i społecznie. Cały problem polega na tym, że aby mogło, trzeba mu przedstawić inną ofertę. Pytanie: jaką? Żeby tę inną ofertę przedstawić, rodzic musiałby coś zrobić. I tu jest pies pogrzebany. Ludzie mówią: „Jak my byliśmy mali, wychodziliśmy na podwórko i nie było problemu".

A teraz dzieci nie chcą wychodzić na podwórko, wolą rozmawiać z kolegą na Gadu-Gadu.

Bo są od komputera uzależnione. Łatwiej rozmawiać w sieci niż w realu. Łatwiej powiedzieć „Nie lubię cię" lub „Podobasz mi się" na

Gadu-Gadu, niż patrząc rozmówcy w oczy. Mało tego – dzieci często rozmawiają z nieznajomymi, i wtedy już mogą powiedzieć wszystko.

Co grozi dziecku uzależnionemu od internetu?

Cała masa niebezpieczeństw. Od najmniejszych do największych. Zacznę od najmniejszych. Przede wszystkim siedząc przy komputerze, nie ruszamy się, w związku z czym krzywi nam się kręgosłup, osłabia układ mięśniowy i kostny, pogarsza się wzrok. Do tego dochodzi problem z nadwagą, bo z reguły dziecko w tym czasie non stop podjada. Ponieważ nie wychodzi na świeże powietrze, następuje spadek odporności, a w następstwie częściej miewa infekcje i przeróżne choroby. Nie spotyka się z rówieśnikami, więc ma problemy z nawiązywaniem kontaktów, z emocjami, które prawidłowo kształtują się tylko w żywej relacji z drugim człowiekiem. Bo tylko kiedy patrzysz na kogoś i mówisz mu: „Nienawidzę cię", możesz zobaczyć, jaką reakcję wywołałaś – czy się smuci, wścieka, czy jest agresywny. Możesz stwierdzić naocznie, co słowo „nienawidzę" naprawdę znaczy. Oczywiście możemy powiedzieć to żartem, ale wtedy musimy dać wyraźny sygnał, że osobę, do której mówimy, lubimy. W świecie kontaktów bezpośrednich pomaga nam w tym mimika i cały język ciała. W świecie wirtualnym mamy wykrzykniki, gwiazdki, buźki, czyli tak zwane emotikony, tyle tylko, że one przestały już pełnić swoją funkcję. Ja na przykład na końcu zdania stawiam uśmiechniętą buźkę. Traktuję to jak kropkę. I tak robi wielu.

Oprócz problemu z emocjami mamy problem z rozwojem społecznym. Musimy się nauczyć, że to, jacy jesteśmy, wpływa na innych ludzi, a inni ludzie wpływają na nas. Komputer nam tego nie powie. Możemy mieć w portalu społecznościowym pięciuset znajomych, a tak naprawdę nie znać nikogo z nich. Możemy przynależeć do mnóstwa grup, a tak naprawdę jesteśmy anonimowi. Nas tam nie ma. Jesteśmy tylko zdjęciem.

Dziecko dwunastoletnie chyba się nie loguje w portalu społecznościowym.

Mam włączyć laptopa i pokazać? Od pierwszej klasy podstawówki dzieci tam siedzą. Dzieci moich znajomych – jedenaście, dwanaście lat – mają sześciuset znajomych.

Mówiłyśmy o rozwoju fizycznym, emocjonalnym, społecznym. Został jeszcze rozwój intelektualny, a raczej jego zaburzenie. Moi synowie, gdy ich o coś pytałam, odpowiadali żartem: www.google.pl. To jest pokolenie Wikipedii. Te dzieci już nie zajrzą do normalnych źródeł.

Czyli do książek.

O książkach to już zapomnij! One nie zajrzą nawet do źródła w internecie, tylko do Wikipedii, zawierającej krótką informację. Tam przecież każdy może się zarejestrować i wpisywać, co mu przyjdzie do głowy. Mówi się, że internet jest oknem na świat, że można w nim znaleźć wszystko. Guzik z pętelką. Kiedyś potrzebowałam danych do artykułu, który pisałam. Wpisałam w wyszukiwarkę temat i pojawiło się trzysta odsłon miejsc, w których mogłam je znaleźć. W dwustu było praktycznie to samo. Wszyscy się cytowali nawzajem i nie mogłam się doszukać, który był punktem wyjścia, z którego cytat pochodził. A to przecież kradzież wartości intelektualnej. To również pokazuje dziecku, że może sobie coś wyciąć z internetu i wkleić gdzie chce, bo to jest niczyje. Na ściąga.pl możesz znaleźć wypracowanie na każdy temat, rozprawkę, życiorys. Wszystko. Syn mi mówił, że wielokrotnie jego koledzy mieli takie same wypracowania, bo nawet

nie zadawali sobie trudu, żeby cokolwiek zmienić. Koleżanka potrafiła oddać wypracowanie, w którym pisała: „Byłem pod wrażeniem...
Wziąłem pod uwagę...", bo takie wydrukowała z internetu. Bo teraz
w szkole nie pisze się odręcznie, tylko drukuje. Trudno więc mówić
o jakimkolwiek rozwoju intelektualnym! Łatwość dostępu do komputera, łatwość komunikacji powodują, że się go nadużywa. Z tym
wiąże się najbardziej niebezpieczna rzecz, mianowicie to, że nigdy nie
wiesz, z kim tak naprawdę rozmawiasz. Możesz się podać, za kogo
chcesz, wybrać sobie płeć, zawód, wiek – stworzyć fałszywą tożsamość, i nikt tego nie sprawdzi. To znaczy można to zrobić choćby po
numerze IP, ale dzieci takiej świadomości nie mają.

Dzieci ujawniają swoje adresy, telefony, maile. Nikt ich nie uczy, że
muszą się zabezpieczyć, że to one mają decydować, kto może do nich
pisać. Czasem możesz zrobić tak, żeby nie mógł do ciebie napisać
nikt spoza kręgu znajomych, ale dzieci tego nie wiedzą, w związku
z czym dziewczynka rozmawia komputerowo z kimś, o kim myśli, że
jest jej znajomym ze szkoły, bo tak jej się przedstawił. I do głowy jej
nie przyjdzie, że starszy o dwa lata Jacek w rzeczywistości jest czterdziestoletnim facetem. Dowiaduje się, gdy w swej naiwności umawia
się z nim na spotkanie.

Z komputera trzeba umieć korzystać. Z internetu i telewizji też.
Żeby jeździć samochodem, trzeba mieć prawo jazdy. Może przydało-
by się prawo jazdy na korzystanie z internetu? Może zanim udostęp-
nimy dziecku internet, my sami i szkoła powinniśmy je nauczyć, jak
z niego korzystać? Pamiętam program w telewizji, który zrobił na
mnie ogromne wrażenie. Kilkanaście lat temu nie wiedziałam tyle
co teraz i wydawało mi się, że jestem dobrze zabezpieczona. Prowadzący zaprosił kilka znanych osób, żeby im udowodnić, że w ciągu
piętnastu minut dowie się o nich wszystkiego. Poprosił tylko, by
podali imię i nazwisko. Nic więcej nie potrzebował. Po piętnastu

minutach wiedział, że pani mieszka w Łodzi, ma córkę, działkę, dwa koty, z których jeden ma przetrąconą łapę, ponieważ z różnych źródeł spłynęły do niego informacje o tej osobie. Wszystko, co napisałaś o sobie – czy co ktoś inny napisał – w internecie pozostaje. Trzeba tylko wiedzieć, jakim kluczem się posłużyć, żeby to znaleźć. Są takie systemy wyszukiwania, które znajdą twoją twarz, bo rok temu zrobiłaś sobie z kimś zdjęcie na wakacjach. Ten facet podał ludziom ich adresy, numery telefonów i nazwy banków, w których mają konta. Powiedział, że gdyby miał więcej czasu, poznałby hasła do ich kont! Komputer jest wspaniałym urządzeniem, ale potwornie niebezpiecznym.

Niebezpieczne są też telefony komórkowe, które dzieci wykorzystują do ośmieszania kolegów.

Niesamowicie niebezpieczne! Dzieci nagrywają filmiki, również w klasie, z udziałem nauczycieli, albo na spotkaniach towarzyskich. Dziewczynka cmoka chłopaka w policzek, inną podglądają w toalecie. Potem wrzucają nagrania do internetu albo rozsyłają komórką. Dzieciom się wydaje, że to świetna zabawa. A to się nazywa się przemoc psychiczna. Media nagłośniły parę spraw i mogliśmy się przekonać, jak straszne są konsekwencje tych głupich wybryków. Nie chodzi tylko o to, że rodzice nie nauczyli tych dzieci podstawowych zasad moralnych – tego, czym jest dobro, a czym zło – ale także tego, jak używać pewnych narzędzi. Masz w domu nóż i nie przyjdzie ci do głowy, żeby nim kogoś zabić, a są tacy, którzy nie tylko takie pomysły mają, ale również je realizują.

Myślę, że kiedy dziecko „kontaktuje się" z urządzeniem, a nie z drugim człowiekiem, jego świat się po prostu odrealnia.

Podobnie mówiono dwadzieścia lat temu: że dziecko, które dużo czasu spędza z książką, a nie z drugim człowiekiem, traci kontakt ze światem realnym.

Pierwsze słyszę! Kiedy moja córka miała kilka lat, zachęcało się dzieci do czytania książek.

A teraz rodzice zachęcają dziecko do korzystania z internetu.

Ale książki rozwijają wyobraźnię, czego nie można powiedzieć o internecie.

Wiesz, jaką książkę od dłuższego czasu najchętniej czytają dzieci? To właściwie cała seria – o wampirach. Uważasz, że to także rozwija wyobraźnię? Wzięłam do ręki taką książkę raz – w księgarni, na dziesięć minut – i miałam dosyć. Kilka lat temu dziewczynki zaczytywały się w popularnej serii tanich romansideł. Czytały o mężczyznach z mocnymi szczękami, poznawały stereotypy kobiet i mężczyzn. Dla mnie to dramat, a ktoś powie: „No przecież chodzi o to, żeby czytali!". Tak samo jest z internetem: można w nim szukać mądrych rzeczy, a można spędzać czas na głupotach.

Są jeszcze gry komputerowe, którym zarzuca się, że uczą dzieci agresji, że przez nie świat realny miesza się im z wirtualnym.

Ja lubię grać w gry zarówno internetowe, jak i komputerowe. Z mojego punktu widzenia to tylko złodziej czasu. Ale pełni też funkcję odmóżdżacza, kiedy jestem zmęczona. Relaksuję się, budując wirtualne miasta czy zarządzając własnymi liniami lotniczymi. Bardzo dużo dzieci gra w gry strategiczne, działające na wyobraźnię. Jest dużo gier przygodowych, taktycznych, edukacyjnych.

W związku z tym nie powiesz, że gry są złe?

To zależy od tego, ile czasu się na graniu spędza. Przecież od rana do wieczora nie można grać w grę edukacyjną.

Ale to tylko strata czasu. Ja miałam na myśli gry, w których zabija się ludzi.

Nadużywanie czegokolwiek zwykle ma fatalne konsekwencje. Te gry oczywiście mogą spowodować skrzywienia, odrealniają świat, powodują wzrost przemocy i agresji, ale nie jest tak, że każdy chłopak, który gra w taką grę, będzie strzelał do ludzi na ulicy. Takiego bezpośredniego przełożenia nie ma, niemniej człowiek jest tak skonstruowany, że jeśli sprawimy, że będzie miał potrzebę, będzie musiał ją zaspokajać. Jeśli na przykład rodzic często chodzi z dzieckiem do teatru, jest duże prawdopodobieństwo, że kiedy dziecko dorośnie, będzie miało naturalną potrzebę uczestniczenia w życiu kulturalnym. Jeśli czyta dziecku dużo książek, w dorosłym życiu będzie miało potrzebę czytania bądź słuchania czytanego słowa. Od gier komputerowych, którym towarzyszy silne wydzielanie adrenaliny, ludzie się uzależniają. Kiedy adrenalina się wydziela, człowiek czuje się lepiej i w związku z tym odczuwa potrzebę ciągłego dostarczania sobie silnych emocji. Załóżmy, że z gier komputerowych wyrośnie, ale potem będzie szukał doświadczeń, które mu adrenaliny dostarczą. Jedni będą uprawiali wspinaczkę, cross rowerowy czy sporty ekstremalne, inni będą kradli w sklepie lub robili przekręty dla samego dreszczyku emocji. Mogą też potrzebę ryzykowania i dominowania wyładowywać na podwładnych w pracy. Myślę, że za chwilę psychologowie zabiorą się za badania, które wykażą, jaki jest wpływ gier komputerowych i internetu na psychikę ludzi, ponieważ pokolenie komputerowe w stu procentach wypełni rynek pracy.

Co ma zrobić rodzic, by dziecko, które non stop siedzi przy komputerze, chociaż na chwilę od niego odciągnąć?

Dziecko, które spędza czas przed monitorem albo przed konsolą, tak naprawdę nie ma życia. Rodzic, który chce je z tego wyciągnąć, musi dać dziecku coś w zamian. Ale jeżeli przychodzi do mnie matka i pyta, co mogłaby zrobić, żeby jej dziecko nie było uzależnione od komputera, daję jej dwadzieścia różnych porad. A ona mnie wysłuchuje i mówi, że strasznie dużo od niej wymagam. To o czym tu mówić? Bo ona nie ma tyle czasu! I właśnie dlatego jej dziecko non stop siedzi przed komputerem!

A może rozwiązaniem jest zamknięcie komputera na klucz, czyli zabranie kabla od zasilania?

To tak, jakbyś zamykała na klucz alkohol przed alkoholikiem. On zawsze znajdzie. Dzieci znajdą kabel. A jeśli nie, to zastąpią komputer komórką czy telewizorem. Zawsze sobie znajdą jakieś urządzenie elektroniczne, przy którym będą mogły siedzieć. Nie tędy droga. Chodzi o to, żeby im wytłumaczyć, dlaczego tego robić nie mogą, i dać coś w zamian. Oczywiście dziecko będzie protestować, powie, że nie chce iść na spacer i na rower, bo jest już uzależnione. Nie uwierzyłabyś, jak może się zachowywać dziecko, któremu rodzice zabrali komputer.

Może w takim razie, żeby dziecko się nie uzależniło, należy wyznaczyć dzienny limit siedzenia przed komputerem?

Niestety tak to nie działa. Ja uważam, że dziecku trzeba po prostu w miarę późno ten komputer włączyć. Wydaje mi się, że nie wcześniej niż w dziesiątym roku życia. Nie ma powodu, żeby przesiadywały przed nim młodsze dzieci – poza takim powodem, że rodzic nie wie, co z dzieckiem zrobić. A niestety przesiadują, i to takie, które jeszcze nie potrafią czytać! A mama z dumą mówi: „Zobacz, jaki jest mądry! Wie, gdzie jest start i stop!". Tak, bo robi to mechanicznie. „Popatrz, jaki jest skoncentrowany, a pani w przedszkolu mówi, że na niczym nie potrafi się skupić. A tu proszę – już szóstą godzinę tak siedzi!". Jest takie powiedzenie: włączasz telewizję – wyłączasz dziecko. To dotyczy również komputera. Na początku to się wielu rodzicom podoba, ponieważ dzięki temu mają święty spokój. Idą po rozum do głowy wtedy, gdy zaczynają się z dzieckiem problemy.

Znam domy, w których rodzice śpią, a dziesięciolatek do rana siedzi przy komputerze, ponieważ ma go u siebie w pokoju i nikt go nie kontroluje. Komputer powinien stać w miejscu ogólnie dostępnym. Rodzic musi mieć wgląd w to, w jaki sposób dziecko z niego korzysta.

Mówiłaś o chowaniu kabla. Ja jestem zwolenniczką takiego podejścia, że to nie rodzic ma odcinać dostęp do komputera, tylko dziecko ma przestrzegać umowy, że o godzinie dwudziestej pierwszej komputer wyłącza. To dokładnie to samo, o czym mówiłyśmy wcześniej: nie tylko ja mam pilnować dziecka, żeby się nie zgubiło, dziecko też musi to robić. Mnie nie może zależeć na nauce bardziej niż jemu. Powtarzam to w każdym rozdziale: dziecko musi wiedzieć, musi mieć świadomość, że coś jest dobre lub złe, i dotyczy to również komputera. Bo oczywiście możemy pilnować dziecka, dbać o jego stopnie, ubierać i karmić, odcinać dostęp do telewizji i komputera, tylko kogo w ten sposób wychowujemy? Zbuntowanego człowieka, który gdy tylko nieco się usamodzielni, zrobi to wszystko, czego mu nie było wolno.

Domyślam się, że nie pochwalasz karania dzieci zakazem korzystania z komputera?

Pochwalam i nie pochwalam. Rodzic musi mieć jakiegoś asa w rękawie. Tylko musi pamiętać, że to on nadaje wszystkiemu znaczenie. Mówiłyśmy o tym w poprzedniej książce: jeżeli mały człowiek staje na środku pokoju i mówi dupa, to od reakcji naszej, dorosłych, zależy, czy to słowo wejdzie na stałe do repertuaru naszego dziecka, czy nie. Czy ta dupa będzie używana jako broń przeciwko nam, jako rozśmieszasz, czy w ogóle zniknie. Jeżeli zaczniemy się śmiać, gdy dziecko po raz pierwszy to powie, będzie używało tego słowa w sytuacjach stresowych i będzie śmieszkiem. Jeżeli zaczniemy krzyczeć, że tak nie wolno mówić, to na sto procent będzie tak mówić za każdym razem, kiedy będzie chciało nas zdenerwować lub zwrócić na siebie uwagę. Bo nadaliśmy temu słowu takie znaczenie. Dla dziecka to było puste słowo, nie do końca wiedziało, co znaczy, kiedy się go używa, jak działa. Podobnie jest z jedzeniem. Jak dziecko nie chce jeść, a matka robi z tego aferę, to dziecko się uczy, że jedzeniem może rodziców szantażować: „Zjem, jak mi dasz pieniądze, zjem, jak mi pozwolisz pójść z kolegami". Staje się to kartą przetargową. I taką kartą przetargową może być komputer, gdy jest karą albo nagrodą. Zaczyna być wartością samą w sobie. Jeżeli matka mówi: „Pozwolę ci grać" lub „Nie pozwolę", to dziecko nie będzie robiło różnych rzeczy dlatego, że tak należy, tylko po to, by móc korzystać z komputera. Dlatego mówię, że to zły pomysł, a dobry ze względu na tego asa, o którym wspomniałam. Według mnie najlepszym rozwiązaniem jest udostępnianie dziecku komputera w określonych godzinach: od tej do tej w poniedziałek, od tej do tej we wtorek. Ten plan powinien być przestrzegany i karą nie może być zabranie dziecku tych godzin. Jeżeli stwierdzam, że komputer służy do nauki, to nie mogę zabronić z niego korzystać, bo w ten sposób uniemożliwiam dziecku znalezienie potrzebnych mu informacji. Zakazać korzystania z komputera możemy wtedy, gdy wcześniej daliśmy dziecku w nagrodę dodatkową godzinę, na przykład na granie w głupią grę. Zabranie tej dodatkowej godziny będzie karą. Jeżeli na przykład umawiamy się, że dziecko ogląda w telewizji serial o weterynarzu, bo uwielbia psy, to jeśli coś zbroiło, nie karzemy go, mówiąc, że dzisiaj nie będzie go oglądać. Ale jeśli chciało wieczorem obejrzeć film z psem w roli głównej, tego filmu już nie zobaczy.

Nie rozumiem, dlaczego nie mogę ukarać dziecka, nie pozwalając mu obejrzeć ulubionego serialu.

Z jednego prostego powodu. Natychmiast powie: „Wcale nie muszę go oglądać, to głupi serial". I przestanie mu na nim zależeć. Karać trzeba mądrze. A wiesz, co robi dziewięćdziesiąt procent rodziców? Najpierw za karę zabraniają dziecku obejrzeć program czy film, po czym go nagrywają i dziecko ogląda później. To co to za kara? Że nie mógł obejrzeć dzisiaj, a może jutro? Przecież to kompletnie nielogiczne!

Powiedz, czy dobrze cię zrozumiałam: jeżeli matce bardzo zależało, żeby córka miała jakąś pasję i w końcu się udało, córka chodzi na zajęcia taneczne, które uwielbia, nie wolno powiedzieć: „Moja droga, za karę dzisiaj na zajęcia nie pójdziesz"?

Wiem, że wielu rodziców tak robi, ale to błąd. Kara nie powinna krzywdzić dziecka.

Schemat myślenia rodziców jest taki: trzeba zabrać to, co dziecko lubi najbardziej, bo wtedy najbardziej karę odczuje.

Nieprawda. Można znaleźć mądrzejszą karę. Dziecko chodzi na taniec z przyjemnością, ale robi to w ramach obowiązków. Zajęcia są opłacone, wkłada w nie ciężką pracę, realizuje się i być może z tańcem zwiąże swoją zawodową przyszłość. Jeśli nie pójdzie na zajęcia, traci lekcję. To tak, jakbyśmy za karę nie pozwolili mu iść do szkoły. Karą może być to, że nie pójdziemy dzisiaj na film o balecie, na który się wybieramy się od tygodnia albo nie kupimy go na płycie DVD.

Rodzice mówią: „Nie wiemy, jak karać i nagradzać. To strasznie trudne!". Proponuję: wypiszcie na kartce wszystkie nagrody, jakie dajecie swojemu dziecku. Wszystkie, jakie kiedykolwiek wam przyszły do głowy, jakie widzieliście w filmach, o których słyszeliście od znajomych. Postawcie pionową kreskę i obok zapiszcie jej przeciwieństwo, czyli jeżeli nagradzacie pieniędzmi, za karę je odbieracie. Bo żeby coś było karą, najpierw musi być nagrodą. Lekcje tańca, o których mówisz, nie są nagrodą. Nie można robić kary z czegoś, co jest obowiązkiem. To tak, jakby za karę nie wolno ci było myć zębów. Kara nie na tym polega. Kara to zaprzeczenie nagrody, a nie zabranie tego, co jest porządkiem życia.

Zajęcia tanecznie wcześniej nie były obowiązkiem.

A teraz są, bo dziecko chodzi na nie co tydzień.

Dla mnie obowiązek to coś, co muszę robić, chociaż tego nie lubię, a cotygodniowe lekcje angielskiego, który uwielbiam, obowiązkiem nie są.

Czyli praca jest obowiązkiem?

Nie. Bo ja swoją pracę bardzo lubię.

A są tacy, którzy by się z tobą nie zgodzili! Więc to jest twoja definicja obowiązku, a my mówimy o definicji powszechnie uznawanej. Jeśli twoim obowiązkiem domowym jest wyrzucanie śmieci, to karą nie może być zakaz ich wyrzucania. Jeżeli obowiązkiem jest chodzenie na judo, za które rodzice zapłacili, na których sprawdzają obecność, to karą nie może być ich opuszczenie. Jeszcze raz powtarzam: karą nie może być zabranie dziecku tego, co robi stale. Ciągle powtarzam, że kara musi być mądra. Żeby kara była dobra, żeby przyniosła skutek, musi być sensowna. Nie może być ani za lekka, ani za ciężka, musi też być taka, żeby dziecko ją zrozumiało.

W takim razie może nie należy wymyślać kary natychmiast, pod wpływem emocji, tylko spokojnie się nad nią zastanowić?

Najlepiej najpierw powiedzieć dziecku: „Źle zrobiłeś. Nie podoba mi się twoje zachowanie", a potem się zastanowić, jak je ukarać.

I mogę się nad tym zastanawiać cały dzień?

Tak, ale nie można przez tydzień mówić dziecku, że cały czas się zastanawiamy, jak je ukarać. Zasada jest taka: im dziecko młodsze, tym szybciej powinniśmy wymierzyć karę. Ale zawsze trzeba dać sobie chwilę na zastanowienie, rozważyć wszystkie za i przeciw. Nie działać pod wpływem emocji, jak matki, które dają dziecku klapsa, a potem płaczą i przepraszają, że to zrobiły. Klaps nie jest karą. Klaps tak naprawdę tylko i wyłącznie rozładowuje emocje tego, kto go wymierzył.

Są rodzice, którzy biją po czasie. Dziecko źle się zachowało na imieninach cioci, ojciec się uśmiecha, a przez zęby syczy: „Jak wrócimy do domu, to się policzymy! Zobaczysz, jak dostaniesz w dupę!".

I dziecko siedzi jeszcze dwie godziny, wiedząc, co je czeka po powrocie do domu.

Wie albo nie wie. Bo czasami rodzice tylko karą straszą. Ale i ci, którzy biją od razu, i ci, którzy biją po powrocie do domu, i ci, którzy tylko grożą, robią źle. Nie znają środków wychowawczych, którymi mogliby na dziecko wpływać. Oczywiście łatwiej mi zrozumieć matkę, która ma szybkie ręce, niż rodziców, którzy bicie odwlekają.

Są pewne zasady karania dzieci. Kara musi być przemyślana, musi być również adekwatna do wykroczenia. Nie można karać wieloma karami za jedno przewinienie: dziecko zrobiło coś źle i w związku z tym nie może oglądać telewizji, nie wyjdzie z kolegami, nie zje deseru... No i co jeszcze? Powiedziałam już, że im młodsze dziecko, tym szybciej kara powinna być wymierzona, ale dziesięciolatkowi, jeżeli coś przeskrobał w poniedziałek, możemy powiedzieć, że konsekwencje swojego czynu poniesie w weekend. Tylko po pierwsze nie wolno nam o tym zapomnieć, a po drugie do weekendu dziecko nie może być karane tym, że jesteśmy na nie obrażeni. Powinniśmy się zachowywać normalnie, tylko że jest to bardzo trudne i w efekcie dziecko ma karę przez sześć dni. A to jest kompletnym absurdem. Ja jestem za wymierzaniem kary w dniu wykroczenia, ale jeśli rodzice doszli do wniosku, że z jakichś powodów najlepiej ukarać dziecko w sobotę zakazem pójścia na imprezę, powinni z nim porozmawiać o tym, co się wydarzyło, powiedzieć, dlaczego im się to nie podoba, a potem już do tego nie wracać. I pamiętać, że najważniejsza jest rozmowa. Bez niej nie ma co mówić o wychowaniu. A jeśli damy dziecku szansę, by się wytłumaczyło, może się okazać, że kara wcale nie będzie potrzebna albo będzie, ale nie tak ostra, niż w pierwszym momencie zamierzaliśmy. Być może karą dla dziecka będzie to, że matka jest zdenerwowana lub z jego powodu płacze. Kary emocjonalne są trudne, ja za nimi nie przepadam, ale jesteśmy tylko ludźmi i trudno mieć kajecik z rodzajami przewinień i odpowiadających im kar. Ale im więcej o tym myślimy, im bardziej jesteśmy świadomi swojej relacji z dzieckiem, tym lepiej. Bo czasami dla dziecka karą jest to, że musi o tym, co zrobiło, porozmawiać z rodzicem. Moi synowie, gdy byli młodsi i coś zbroili, mówili, że dla nich największą karą było, gdy ojciec wołał ich do siebie i bez słowa kiwał głową. Nie musiał nic mówić, wiedzieli, co się za tym kryje: że ojcu jest przykro, że jest smutny, rozczarowany. Nie chcę teraz ważyć, czy to dla dziecka dobre, czy nie, ale im nie trzeba było wymyślać żadnych kar. Oczywiście potem zawsze była rozmowa o tym, jak tego błędu nie powtórzyć. Niestety w wielu domach rodzice mówią tylko: „Nie wolno ci...!", a potem dzieciak siedzi w pokoju i myśl: „O co chodzi? Przecież to Michał bił Olę! Stanąłem w jej obronie i za to mnie ukarali? To znaczy, że nie ma sensu bronić słabszych". Bo nikt nie wysłuchał jego argumentów. Pobiłeś kolegę? Masz karę! Dlatego mówię: kara musi być mądra. Czasami można od niej odstąpić, czasem trzeba dać możliwość zrehabilitowania się, czasem, jeżeli dziecko coś komuś zabrało, karą może być tylko to, że musi pójść do tego kogoś, stanąć z nim twarzą w twarz i przeprosić. I porozmawiać z rodzicem, obiecać, że to się więcej nie zdarzy. Czasem to wystarcza i przynosi lepsze skutki wychowawcze. Ale nie powiem teraz – i nigdy tego nie zrobię – jakie zachowanie zasługuje na jaką karę, bo każdy rodzic zna swoje dziecko najlepiej.

W naszej pierwszej książce mówiłaś o odbieraniu miłości. To bardzo ważne w kontekście kar, o których mówimy.

Uczucie między rodzicami a dzieckiem to wartość, dzięki której prawidłowo się rozwijamy, dzięki której wierzymy w siebie. W Wielkiej Brytanii prowadzono badania nad rodzicami pokładającymi w swoich dzieciach wielkie nadzieje. To były matki, które mówiły: „Mojemu dziecku się uda". Po wielu latach w badaniach podłużnych zbadano te dzieci, już dorosłe, i okazało się, że rzeczywiście odniosły sukces. Bo matka, która mówi dziecku: „Kocham cię niezależnie od tego, co zrobisz i jaki będziesz: czy będziesz wykształcony, czy nie, czy będziesz zarabiał dużo, czy mało, jeśli b ę d z i e s z d o b r y m i u c z c i w y m c z ł o w i e k i e m, b ę d ę c i ę k o c h a ć z a w s z e", swoim stosunkiem do dziecka projektuje jego życie. Rodzice, którzy odbierają dziecku miłość za złe zachowanie, którzy mówią: „Nie kocham cię, bo jesteś niedobry", rzucając to bezmyślnie albo w żartach, wyrządzają dziecku ogromną krzywdę. Krzywdę, której negatywne skutki w dziecku się kumulują. Ono słyszy, że ponieważ nie jest jakieś, nie zasługuje na miłość. Wzrasta w przekonaniu, że aby zasłużyć na miłość, musi spełnić czyjeś oczekiwania, że nie może być kochane i szanowane po prostu za to, że jest. Matka, która mówi: „Nie kocham cię, bo jesteś niedobry" albo: „Jak będziesz się tak zachowywać, to nie będę cię kochać" robi rzecz straszną! Rozmawiając z matkami, zawsze przekładam sytuację na dorosłych: „Wyobraź sobie, jak byś się czuła, gdyby twój facet powiedział: Jeśli nie schudniesz, nie będę cię kochać!". Miło usłyszeć takie słowa? Bolą? To dlaczego robimy to dziecku? Albo tekst: „Mamusia cię kocha, bo jesteś taki grzeczny i taki czysty". Rodzice, z którymi rozmawiam, tłumaczą się, że mają co innego na myśli, ale dziecko nie może się domyślać, co się za takim zdaniem kryje. Dziecko słyszy prosty komunikat: „Nie kocham cię, bo nie zjadasz obiadu. Nie kocham cię, bo nie masz dobrych stopni" albo: „Będę cię kochać, jak się będziesz dobrze uczyć". Pamiętam rozmowę z ojcem piątoklasisty. Nie chciał pójść na zebranie do szkoły, bo syn miał trójki. A dziecko dostało komunikat: „Nikt mnie nie kocha, bo mam trójki".

Trzeba umieć karać dziecko, ale też krytykować, o czym nie mówiłyśmy. Tylko trzeba to robić tak, by nie poczuło się poniżone. Rodzice zarzucają mi, że odmawiam im prawa do mówienia o tym, że nie podoba im się zachowanie dziecka. Nigdy w życiu tak nie powiedziałam! Ja odmawiam tylko prawa do krytykowania w określony sposób. Rodzic ma prawo powiedzieć: „Nie podoba mi się to, co robisz. Uważam, że robisz źle. Uważam, że to poniżej twoich możliwości. Jest mi przykro z tego powodu. Jest mi smutno. Jestem rozczarowana...". To jest krytyka. A żeby krytyka była konstruktywna, powinniśmy wytłumaczyć, dlaczego zachowanie dziecka nam się nie podoba. I nie powinniśmy mówić, że przynosi nam wstyd, tylko że to źle świadczy o nim. To je widzą i to je oceniają. Trzeba poświęcić dziecku trochę czasu, porozmawiać o tym, co mogłoby zrobić, by podobnych błędów nie popełniać. A najprościej jest powiedzieć: „Ty kretynie, na nic cię nie stać!".

Ty się starasz, tłumaczysz, a dziecko ma do ciebie pretensje, że ciągle mu zwracasz uwagę!

Bo tłumaczyć trzeba z głową. Mówisz dziecku: „Zwracam ci uwagę dlatego, że uważam, że twoje zachowanie może być źle odebrane. Ja kocham cię niezależnie od tego, co robisz, ale pamiętaj, że ludzie kierują się pierwszym wrażeniem. Ja wiem, jakim jesteś wartościowym człowiekiem, ale oni zobaczą tylko źle wychowanego chłopca, który nie umie się zachować przy stole". Do dziecka może to za pierwszym razem nie dotrzeć, ale poczuje, że ta krytyka czemuś służy. Kiedy krytykujemy, mówmy: „Mówię tak dlatego, że mi na tobie zależy. Bo gdyby nie zależało, byłoby mi wszystko jedno, co o tobie sądzą inni. A ja nie chcę, żebyś się niepotrzebnie wdawał w konflikty, chcę, żebyś miał jak najmniej przykrości. Nie mogę ci narzucić swojego zdania, bo wyjdziesz za drzwi i będziesz robić swoje. Mogę cię tylko przekonywać do swoich racji i mieć nadzieję, że weźmiesz je pod rozwagę".

Dzieci wychodzą za próg i zdarza się, że robią kompletnie inaczej, niż sugerowaliśmy, ale kiedy wracają do domu, koniecznie trzeba o tym porozmawiać. W wychowaniu chodzi o to, żeby wytłumaczyć dziecku zasady. Nie narzucać ich i nie pouczać.

A czym się różni krytykowanie od pouczania?

Krytykowanie jest bardziej konstruktywne, a pouczanie kojarzy mi się z czepianiem się: „Mówiłam ci, żebyś odrobiła lekcje! Mówiłam, że tak się to skończy!". Rodzic nie daje dziecku odrobiny wolności.

„Znowu niedokładnie wytarłaś kurze!".

Tak. I co dziecko wtedy mówi? „Skoro wycieram niedokładnie, to zrób to sama!". I wcale się nie dziwię! Też bym tak powiedziała. Bo należy się zastanowić: może to nie jest dobry moment na wycieranie kurzu, może dziecko źle się czuje, a może jesteśmy zbyt drobiazgowe, a może niepotrzebnie się tak czepiamy? Trzeba zawsze ustalić zasady: „U siebie w pokoju kurz możesz wycierać byle jak, ale proszę, żebyś w dużym pokoju robiła to tak, jak dla mnie jest dokładnie". I tyle. Pouczanie jest upiorne! Te matki nieustannie gderające: „Znowu chodzisz rozczochrana! Nie pójdziesz w tych podartych spodniach, bo babcia dostanie zawału!". Zapewniam, że nie dostanie. Tylko matka uważa, że będzie musiała się tłumaczyć, dlaczego jej dziecko jest tak ubrane.

Może na koniec coś optymistycznego. Oprócz kar są także nagrody. Za co możemy dziecko nagrodzić?

Dyskutuję na ten temat z rodzicami na okrągło, bo chociaż mają kłopoty z karaniem, to i tak jest to dla nich łatwiejsze niż nagradzanie.

Za co nagradzać dzieci? Rodzice często mówią, że nie mogą nagradzać dzieci za to, że są grzeczne, za to, że robią to, co należy do ich obowiązków, za to, że ładnie siedzą przy stole, że umyły zęby. A ja uważam, że wszystko zależy od tego, jaka to ma być nagroda. Lista nagród może być długa – od uśmiechu rodziców po wycieczkę zagraniczną. Oczywiście za to, że dziecko posprząta swój pokój, nie będziemy mu kupować zabawki, ale powinniśmy wyrazić aprobatę, która również może pełnić funkcję nagrody. Możemy wyściskać dziecko, pochwalić, że zrobiło to wyjątkowo dokładnie. Jeśli dziecko siedzi grzecznie przy stole i ładnie je, możemy to zauważyć: „Ale ty pięknie siedzisz!". Nagrodą jest to, że zwróciliśmy na nie uwagę, dzięki czemu wzmacniamy te zachowania, na których nam zależy. I tak powinniśmy nagradzać dzieci nawet za to, co uważamy za normalne. Dziecko wydmucha nos w chusteczkę – powinniśmy to zauważyć: „Wspaniale! Jestem z ciebie dumna, że nie wytarłeś w rękaw, że miałeś chusteczkę".

Oczywiście nie możemy dziecku cały czas mówić: „O, jak pięknie umyłeś zęby! O, jak pięknie zjadłeś!", bo nagroda stanie się karą, gdyż dziecku od tych słodkości zbierze się na wymioty. Wystarczy pochwalić raz na jakiś czas: „Świetnie dziś posprzątałeś!". Poza tym gdyby dziecko słyszało pochwały codziennie, to gdyby rodzic któregoś dnia o nich zapomniał, pomyślałoby, że coś zrobiło źle, że rodzic się na nie gniewa.

Zauważ, że dostrzegamy dzieci tylko wtedy, kiedy źle się zachowują lub kiedy źle coś robią, a wtedy, kiedy są grzeczne i ciche, ich nie widzimy. Dlatego kiedy dziecko ma potrzebę zwrócenia na siebie uwagi, zwykle zachowuje się źle. Bo nieważne, co będziemy do niego mówić – wreszcie je dostrzeżemy. Matka nie zauważa, że córka co rano zaplata sobie warkocz, ale gdy któregoś dnia przyjdzie z obciętym albo z natapirowanymi włosami, będzie miała awanturę. Ale efekt został osiągnięty – w końcu ją zauważyli.

A czego uczymy dzieci, nie nagradzając ich, nie chwaląc?

Że nic, co robią, nie jest dla nas ważne. Że nie doceniamy ich starań, a co za tym idzie, nie doceniamy ich samych.

10. MOJEMU DZIECKU ZAWALIŁ SIĘ ŚWIAT

Kiedy chodziłam do podstawówki, mój świat walił się kilkakrotnie. Moi rodzice przeprowadzali się z miasta do miasta, a ja musiałam zostawiać przyjaciół, jechać w nieznane i wszystko zaczynać od początku. A jak już się zagnieździłam – kolejna przeprowadzka.

Weź pod uwagę, że mówisz o czasach sprzed trzydziestu lat, kiedy nie było telefonów i kontaktować się można było właściwie tylko listownie, a listy szły tydzień, dwa, a czasami w ogóle nie dochodziły! W tej chwili świat jest globalną wioską i możliwości techniczne są takie, że możesz codziennie rozmawiać przez Skype'a z przyjaciółką, która się wyprowadziła na inny kontynent. Oczywiście nie chcę powiedzieć, że przeprowadzka to bułka z masłem, że się jej nie przeżywa, ale może być tylko przejściowym problemem, nie końcem świata. To zależy przede wszystkim od charakteru dziecka, ale też od tego, jak przygotują je do przeprowadzki rodzice. Jeżeli podejmują decyzję, której skutki siłą rzeczy poniesie dziecko, to nie mogą udawać, że jakoś to będzie, bo wtedy faktycznie dziecku może się zawalić świat. Skoro oni przed wyjazdem załatwiają tysiące spraw, obawiają się nieznanego, muszą się zatroszczyć i o to, by dziecko w tej niekomfortowej sytuacji czuło się maksymalnie bezpiecznie. Niestety wielu dorosłych w ogóle o tym nie myśli.

Jak w takim razie dobrze przygotować dziecko do przeprowadzki?

To zależy, z jakiego powodu się przeprowadzamy. Jeżeli matka z dziećmi ucieka przed przemocą ze strony męża, przeprowadzka nie jest dla dziecka traumą, lecz wybawieniem. Oczywiście wtedy także cierpi, bo wiele się zmienia, ale jest w stanie zostawić kolegów i koleżanki, bo wie, że może być tylko lepiej.

Inaczej jest, jeżeli przeprowadzamy się w związku z nową pracą. Tyle że przecież raczej nie robimy tego z dnia na dzień. Zawsze mamy przynajmniej trzydzieści dni, i wtedy powinniśmy z dzieckiem o tym porozmawiać. Im młodsze dziecko, tym łatwiej, bo ono jeszcze nie ma na przykład grupy rówieśniczej. Sześciolatkowi możemy przedstawić sytuację tak, że nie będzie się mógł doczekać przeprowadzki (bo w nowym domu będzie na przykład miał psa, większy pokój czy park blisko domu), ale dwunastolatka raczej w ten sposób nie zachęcisz. Bo on już się zakorzenił w grupie rówieśników, wywalczył swoje miejsce, ma kolegów, których lubi mniej lub bardziej, a czasem nawet pierwszą sympatię. Ale niezależnie od wieku dziecka nie można zaskakiwać: „Mam dla ciebie wspaniałą niespodziankę! Za tydzień przeprowadzamy się do miasta X, na drugi koniec Polski, albo wręcz za granicę!". Musimy o swojej decyzji poinformować dziecko wcześniej i uczciwie powiedzieć, co się zmieni się w jego życiu: że będzie nowa szkoła, nowa klasa, nowe dzieci na podwórku i związane z tym wyzwania. Oczywiście pokazujemy też dobre strony, by lęk dziecka zamienić w ciekawość. Możemy się wspólnie zastanowić, jak urządzimy nowe mieszkanie, a nawet obejrzeć je, jeśli miejscowość, do której mamy się przenieść, nie jest zbyt daleko. A może jeszcze przed przeprowadzką spróbować znaleźć dziecku kolegów? Przecież wiemy, gdzie będziemy pracować, więc możemy się zapoznać z przyszłymi współpracownikami, zapytać, kto ma dzieci w podobnym wieku i jeśli to możliwe, nawet je sobie przedstawić. Mogą przecież nawet co drugi dzień rozmawiać przez telefon czy Skype'a, bo dzięki temu nasze dziecko, kiedy znajdzie się w nowym miejscu, będzie się czuło bezpieczniej. Wiem, że rodzice w tym okresie mają mnóstwo dodatkowych obowiązków, ale troska o dziecko musi być tym najważniejszym.

Niestety wielu rodziców traktuje dzieci jak bagaż – dostali nową pracę, przenoszą się i zabierają dziecko ze sobą. Bez szemrania. W myśl zasady: dzieci i ryby głosu nie mają. Znam rodzinę, w której dokładnie tak się to odbyło. Rodzice postanowili się przenieść do innego kraju. Bez słowa wyjaśnienia, bez pytania, jak córka się w związku z tym czuje. W dniu wyjazdu musieli ją wyciągać z mieszkania siłą. Trzymała się kaloryfera, zanosząc się od płaczu, krzyczała, że nie chce wyjeżdżać. Po dwóch latach, kiedy odbudowała swoje życie i psychikę, rodzice doszli do wniosku, że nie jest tak dobrze, jak się spodziewali, więc przeniosą się do innego kraju. No i kolejna dziecięca trauma. Można oczywiście powiedzieć: co cię nie zabije, to cię wzmocni, można twierdzić, że dzieci się w ten sposób uodparniają – ba, stają się nawet silniejsze psychicznie – ale pozostaje pytanie: jakim kosztem? Moim zdaniem niewspółmiernie dużym.

Załóżmy, że dziecko ma dziesięć, dwanaście lat i rodzice wyjeżdżają na dwuletni zagraniczny kontrakt. Może dobrym rozwiązaniem jest pozostawienie go pod opieką dziadków?

To niezbyt dobry pomysł!

Ale to pomysł dziecka. Ono chce z nimi zostać.

Chce, ponieważ tu, gdzie mieszka, czuje się bezpieczne. Pracowałam z takimi dziećmi. Mówi się o nich eurosieroty. To dla nich straszne przeżycie, bo chociaż rodzice zostawiają je w dobrej wierze, niekiedy na ich wyraźną prośbę, pod opieką dziadków, tęsknota jest jednak zbyt silna... Oczywiście zdarza się, że to się udaje, ale generalnie pomysł nie jest dobry. To przecież przede wszystkim rodzice są odpowiedzialni za wychowanie dziecka i to oni mają się o nie troszczyć. Znam przypadki, gdy mama i tata wyjeżdżali na dwa lata, a potem pobyt przedłużali, przedłużali, i tak mijało lat pięć. Wysyłali pieniądze na utrzymanie dziecka, prezenty, ale więź emocjonalna gasła. Pozostawienie dziecka to ostateczność i, szczerze mówiąc, nie mogę sobie wyobrazić sytuacji, w jakiej jest to naprawdę niezbędne.

Myślę, że rodzice decydują się na ten krok, ponieważ obawiają się, że dziecku będzie trudno się w nowym kraju zaaklimatyzować.

Uważam, że łatwiej wytłumaczyć dziecku, dlaczego wyjeżdżamy za granicę, niż dlaczego się przeprowadzamy do innego miasta. Wytłumaczyć i przekonać. Bo zagranica zawsze jest atrakcyjniejsza. Większość dzieci marzy o tym, żeby mieszkać „w zagranicy" albo w Ameryce, dwieście kilometrów od Disneylandu. Możemy dziecku opowiedzieć i pokazać – w internecie – że tam, gdzie będziemy mieszkać, są wspaniałe place zabaw, sklepy, w których jest mnóstwo zabawek, powiedzieć, że będziemy zwiedzać cały kraj, jeździć na nartach, bo są tam lepiej przygotowane trasy i nie ma kolejek do wyciągów i tak dalej. Te informacje trzeba oczywiście dostosować do wieku dziecka, no i nie wolno nam przekolorować, bo dziecko będzie do nas miało słuszny żal. Zawsze jednak można znaleźć jasne strony i koniecznie trzeba je dziecku przedstawić. Nie powinniśmy jednak zupełnie zatajać swoich obaw, jeśli je mamy. Dla nas to nowa sytuacja, jedziemy przecież w nieznane. Dlatego trochę się denerwujemy i obawiamy, ale razem damy radę. Bardzo często takie sytuacje scalają rodzinę, bo nagle wszyscy mamy jeden cel. Rozmawiamy o wyjeździe, szukamy informacji o kraju i miejscowości, w której będziemy mieszkać, planujemy przeprowadzkę, przygotowujemy najpotrzebniejsze rzeczy. Jeśli potraktujemy wyjazd jak przygodę, względy społeczne, które są dla dziecka bardzo ważne, mogą zejść na drugi plan. Możemy dziecku obiecać, że jak się zadomowimy, zaprosi na wakacje przyjaciółkę – tylko musimy tej obietnicy dotrzymać. Istnieje duże prawdopodobieństwo, że kiedy za pół roku spytamy: „No to jak, zapraszamy Olę?", usłyszymy: „Już nie trzeba". Bo już ma nowych kolegów. Dzieci potrafią szybko wejść w nowe środowisko. Z tym radzą sobie dużo lepiej niż dorośli. Kiedyś miałam znajomych, którzy w latach osiemdziesiątych z dwójką dzieci – trzy lata i półtora roku – postanowili wyemigrować do Niemiec. Pojechałam do nich rok później. Dzieci gadały po niemiecku ze wszystkimi dzieciakami na podwórku, a dorośli chodzili na kursy i nie mogli się nijak języka nauczyć.

Ale to były maluchy. A jak adaptują się dzieci dwunastoletnie?

Podobnie. Moja siostrzenica w wieku dwunastu lat, nie znając słowa po angielsku, wyjechała z rodzicami do Australii. Po pół roku chodzenia do zwykłej publicznej szkoły była najlepszą uczennicą. Język wchłonęła natychmiast. Była do tej przeprowadzki nieźle przygotowana, ale chyba z nikim się mocniej nie zaprzyjaźniła. Miała jednak sporo koleżanek.

Można się przeprowadzić do innego kraju, innego miasta, ale kiedy rodzice się rozwodzą, czasem trzeba się przeprowadzić do innego mieszkania.

Najczęściej to mężczyzna wyprowadza się z domu, a dziecko wraz z matką zostaje. Ale nawet jeśli rodzice zamieniają mieszkanie na dwa mniejsze albo matka przenosi się do nowego partnera, to sama trauma rozwodowa jest dla dziecka większa niż przeprowadzka do nowego „tatusia".

Mówiłyśmy o rozwodach w poprzedniej książce, ale jej bohaterami były dzieci do szóstego roku życia. Jak jest w przypadku dzieci starszych?

Dziecko łatwiej znosi rozstanie rodziców, gdy jest mniejsze, ponieważ ma mniejszą świadomość tego, co się dzieje. Dzieciom starszym jest zdecydowanie trudniej, ale wiele zależy od tego, jaki jest powód rozwodu. Jeżeli dziecko doświadczało przemocy lub rodzic był alkoholikiem, dziecko czuje, że opuszczenie domu jest dla niego ratunkiem – często dzieci same nalegają, żeby to zrobić. Natomiast zupełnie inaczej jest wtedy, gdy mamusia poznaje jakiegoś pana i nagle mówi dziecku, że się od tatusia wyprowadzają.

Może też być tak, że rodzice się nie kłócą, ale w domu panuje chłód. Czy ich rozstanie będzie dla dziecka traumą?

Opowiem ci historię chłopca, z którym pracowałam. Jego rodzice nigdy się nie kłócili, byli bardzo kulturalni, mówili do siebie proszę, przepraszam, dzień dobry, ale od wielu lat łączyły ich tylko dzieci. W którymś momencie doszli do wniosku, że dzieci są już na tyle duże, że w końcu mogą się rozwieść. Wytłumaczyli im, że one, dzieci, za chwilę wyprowadzą się z domu, a oni zostaną sami i woleliby mieszkać osobno. Rozwód odbył się w miłej, kulturalnej atmosferze, rodzice nadal mówią sobie dzień dobry, nie mają nowych partnerów. Po prostu rozstali się, bo między nimi nie było już żadnej więzi. Dzieci nie przeżyły żadnej traumy, ponieważ cały czas czuły, że w ich rodzinie panuje chłód.

Ten chłopiec powiedział, że kiedy poznał dziewczynę i poszedł do niej do domu, na widok jej rodziców całujących się w kuchni rozpłakał się i uciekł. Bo jego rodzice nigdy się nie całowali i nigdy nie przytulali. Nie jesteśmy w stanie oszukać dziecka, nawet jeśli się nie kłócimy i grzecznie ze sobą rozmawiamy. Dystans, który jest między nami, wyczuje zawsze.

Czuje, że między rodzicami jest dystans, ale przecież w stosunku do niego zachowują się inaczej. Poza tym kocha i ojca, i matkę.

Co znaczy: kocha ojca, kocha matkę? Na jakim poziomie jest tak naprawdę z nimi związany? Bo jeżeli jest z nimi związany na zasadzie „spoko ojciec, spoko matka, nic się nie dzieje", to dla niego ich rozwód naprawdę nie będzie dramatem. Jeżeli natomiast dziecko płacze, gdy tatuś wychodzi z domu, śpi z rodzicami w łóżku…

Trochę się rozpędziłaś. Mówimy teraz o dzieciach w wieku szkolnym, które z tego powodu nie płaczą i z rodzicami już nie śpią.

Moja droga, z rodzicami śpią nawet dziesięciolatki! Znam matkę, która śpi z dwunastoletnim dzieckiem, i taką, która dzieli łóżko z szesnastoletnią córką i psem!

To, że śpi z psem, rozumiem, ale dlaczego z szesnastoletnią córką?!

Bo się rozwiodła z mężem, nie chce spać sama, bo ma traumę, że została porzucona.
No dobrze, nawet jeżeli dziecko nie płacze, gdy ojciec wychodzi z domu, ale jest z nim związane emocjonalnie, bo jest dla niego autorytetem, ma pieniądze, supersamochód, chodzi świetnie ubrany,

koleżanki zazdroszczą, bo taki przystojny, i nagle wyprowadza się z domu, dziecku wali się świat. Do głowy przychodzi mu tylko jedna myśl: „To na pewno moja wina!". A matka, zamiast wytłumaczyć, dlaczego tak się stało, jeszcze dolewa oliwy do ognia, mówiąc: „Tatuś już nas nie kocha!". Jakie „nas"? Facet nie kocha już jej!

Uważam, że winę za rozstanie zawsze ponoszą obie strony. Nigdy nie jest tak, że jedno jest tylko złe, a drugie bez skazy. Ale kobiety nie potrafią spojrzeć na siebie obiektywnie. Najłatwiej zwalić winę na drugą stronę. Mało tego – kobiety uwielbiają się mścić. Bo czym jak nie zemstą jest ograniczanie kontaktów z dziećmi byłemu mężowi? Rozumiem emocje tych kobiet, bo nagle zostały same, nie dają sobie z tym rady, ale przecież to, że facet wyprowadził się z domu, nie oznacza, że przestał kochać swoje dzieci. To tylko od nich obojga zależy, czy nadal będą się oboje nimi zajmować, dzieląc ten obowiązek na pół. A czasem jest tak – i znam takie przypadki – że ojciec po rozwodzie poświęca dzieciom więcej czasu niż wtedy, gdy z nimi mieszkał. Oczywiście są i sytuacje odwrotne.

Jak w takim razie rodzice mają przygotować dziecko na rozwód?

Mirosława Kątna, przewodnicząca Komitetu Ochrony Praw Dziecka, która od trzydziestu lat zajmuje się tą problematyką, powiedziała, że w karierze zawodowej miała tylko kilka przypadków, kiedy rodzice zamierzający się rozstać udali się do psychologa i poprosili: „Chcemy się rozwieść. Proszę nam pomóc zrobić to tak, żeby nasze dziecko ucierpiało jak najmniej". My, dorośli, traktujemy dziecko jak kolejny przedmiot, które można podzielić, jak stół, krzesło czy fotel. Na ogół nie zajmujemy się jego emocjami. Kiedy dziecko płacze po nocach, mówimy, że to przez tego łobuza, który nas zostawił, i do głowy nam nie przyjdzie, że winę ponosimy my, nie rozmawiając z dzieckiem, a tylko rzucając zdawkowe: „Tatuś się wczoraj wyprowadził" albo „Tatuś od nas odchodzi, bo mu się znudziliśmy". Mamy fatalny zwyczaj stawiania dziecka przez faktem dokonanym, a wyobraźmy sobie, jak byśmy się czuły, gdyby mąż nam obwieścił: „Jutro o ósmej rano wyjeżdżamy do Anglii na cztery lata". I mamy być tym zachwycone!

Dziecku trzeba rozstanie rodziców wytłumaczyć. Spokojnie, bez wzajemnego obwiniania się: „Oboje cię kochamy nad życie, ale niestety nasze drogi się rozchodzą. Będziemy mieszkać osobno, ale tata będzie cię odwiedzał i będziesz mógł, kiedy tylko to będzie możliwe, u niego mieszkać". Nie dam ci jednej rady, jak to zrobić, nie podam jednego wzoru rozmowy. Każdy musi ją dostosować do swojej sytuacji, czasami podkoloryzować. Pokazać nie tylko złe strony rozstania, ale znaleźć pozytywy: „Będziesz teraz miał dwa domy. Będziesz miał więcej kolegów, bo i tych starych, i nowych, których poznasz na podwórku, gdy będziesz odwiedzać tatę. Będziesz miał nową ciocię i nowego wujka, będziesz dwa razy obchodzić urodziny i Gwiazdkę. Ciocia, z którą zamieszka tata, ma psa, o którym zawsze marzyłeś".

Oczywiście dziecku zawali się świat, ponieważ rozpada się jego dom. Dlatego warto poprosić o pomoc psychologa, by dziecku jak najłatwiej było przez to przejść. Jeżeli rozwód jest potwornie trudny dla rodziców, to jak trudny musi być dla dziecka! Jeżeli porzucone kobiety mają traumę, to jaką traumę mają pozostawione samym sobie dzieci? One często mają poczucie winy, ponieważ nie wiedzą, z jakiego powodu doszło do rozstania: „A może tatuś się wyprowadził, bo ostatnio dostałem dwie jedynki"? Mało tego, matka im jeszcze mówi, że to ich wina. Ponieważ sama została zraniona, zaczyna obwiniać wszystkich dookoła.

Powtarzam rodzicom, z którymi pracuję: mnie nie interesują wasze emocje, tylko emocje waszego dziecka, nie interesuje mnie, że jesteś sfrustrowana. Mnie interesuje, co czuje twoje dziecko.

**A jakie są dla dziecka konsekwencje źle przeprowadzonego roz-
wodu?**

Doświadcza bardzo silnego wstrząsu. Może on sprawić, że kiedy wejdzie w dorosłość, będzie mieć problemy z zaufaniem drugiej osobie,
z wejściem w związek, z jego utrzymaniem, z odpowiedzialnością.
A następstwa bezpośrednie to regres na poziomie emocjonalnym,
funkcjonalnym, zachowań. Może to być agresja, zamknięcie się w sobie, depresja.

A próby samobójcze?

Oczywiście. Dzieci próbują ratować to, co znają. Grożą: „Jeżeli się
rozwiedziecie, to popełnię samobójstwo". Dlatego mówię, że trzeba
pójść do psychologa przed rozwodem, żeby rozpoznał, czy to tylko
słowa, czy deklaracja, która może zostać wprowadzona w życie. Ale
niezależnie od rozpoznania nie wolno tego zostawić. Trzeba z dzieckiem o tym rozmawiać: „Dlaczego miałbyś popełnić samobójstwo?".
„Bo mi się świat rozpadł". „Nie. Twój świat się nie rozpadł. Twój
świat będzie nadal funkcjonował. Nasze rozstanie nie ma żadnego
związku z tobą".
Sama przeżyłam rozwód, więc wiem, jaki to trudny okres dla wszystkich członków rodziny. Dla dziecka jest oczywiście trudnym przeżyciem, bo nagle nie ma obojga rodziców koło siebie rano i wieczorem,
ale należy zrobić wszystko, żeby ten brak jak najmniej odczuwało.
Trzeba się starać, by w jego życiu zmieniło się jak najmniej. Odpro-
wadzać do szkoły, spotykać się z nim i z byłym mężem, jeśli to oczywiście możliwe, na wspólnych obiadach. Można razem obchodzić
imieniny i urodziny wspólnych dzieci. Bo jesteśmy rodzicami i tego
nic nie zmieni.

Po rozwodzie sąd przyznaje prawo do opieki nad dzieckiem.

Ale tylko wtedy, gdy jest orzekanie o winie. Jeżeli go nie ma, sąd ustala tylko adres, pod jakim dziecko będzie mieszkać, to znaczy adres matki lub ojca, ale to w żaden sposób nie ogranicza praw rodzicielskich.

Z reguły dziecko zostaje z matką. Rozumiem to, gdy jest niemowlakiem, ale gdy chodzi do szkoły, nie jest to dla mnie już takie oczywiste.

Uważam, że dziecko powinno zostać z tym rodzicem, z którym jest bardziej związane, i o to trzeba zapytać dziecko. To zależy również od tego, które z rodziców jest mu w stanie zapewnić lepsze warunki. Teoretycznie jest to ojciec, bo to on zarabia pieniądze, a kobieta często nie pracuje zawodowo, tylko zajmuje się domem, ale sąd zleca badania psychologiczne, które sprawdzają relacje dziecka z obojgiem rodziców, sprawdza ich możliwości finansowe, i jeśli mężczyzna zarabia dużo, a kobieta mniej, zasądza mu wyższe alimenty. Bo zasada jest taka, że dziecko ma nie poczuć różnicy na poziomie materialnym. To są bardzo skomplikowane sprawy, dlatego myślę, że każdą należy rozważać indywidualnie, ale nie widzę powodu, żeby dziecko zawsze miało zostać z matką.

Argumenty są takie, że matka jest bardziej odpowiedzialna, że lepiej wychowa, że kiedy dziewczynka wchodzi w okres dojrzewania, ważne, by miała u boku kobietę.

To są stereotypy. Jeżeli rodzice mają ze sobą dobry kontakt, to córka może mieszkać z ojcem i mieć świetne relacje z matką. Ale wiem, o czym mówisz. Presja społeczna jest bardzo silna. To my, społeczeństwo, wpędzamy kobiety w poczucie winy, że zostawiła dziecko pod wątpliwą opieką faceta. Oczywiście są nieodpowiedzialni ojcowie, którzy po rozwodzie znikają z życia dziecka, ale myślę, że taki facet tak naprawdę już wcześniej ojcem nie był. Nie zdarza się tak, że facet jest świetnym, kochającym tatusiem, a potem się rozwodzi i nagle przestaje nim być. To tak nie działa. On nigdy nie wszedł dobrze w rolę ojca. I czasem może lepiej dla dziecka, że z jego życia znika.

Rozwód jest dla dziecka ciężkim przeżyciem, ale zdarzają się rozstania na zawsze, na przykład gdy jedno z rodziców umiera.

To są niesamowicie trudne sprawy. Pracowałam z kobietą, której mąż wyszedł rano do pracy i został śmiertelnie potrącony przez samochód. Osierocił trzech synów w wieku lat siedmiu, pięciu i roku. Od tragedii minęły dwa lata, a ona ciągle nie mogła dojść do równowagi psychicznej. Powiedziała mi, że w zasadzie w ogóle zapomniała o tym, że ma dzieci. Jej ból był tak ogromny, że skoncentrowała się tylko na nim. Jej synowie przeżyli w związku z tym podwójną tragedię: najpierw zginął ojciec, a potem odeszła matka, bo nie mieli z nią żadnego kontaktu. Tak naprawdę stracili oboje rodziców. Kiedy ta kobieta dzięki lekarzom i psychologom zaczęła dochodzić do siebie, okazało się, że właściwie nie zna swoich dzieci. Próbowała na nowo nawiązać z nimi kontakt. I właśnie wtedy się poznałyśmy. Starsi chłopcy mieli poczucie winy, uważali, że to wszystko stało się przez nich, że zrobili coś złego zarówno ojcu, jak i mamie. Do tego nie mieli szansy przeżyć żałoby, bo o zmarłym tacie w domu nie wolno było mówić. W związku z tym nie mieli szansy się z nim pożegnać. Byli co prawda na pogrzebie, ale potem nie chodzili na jego grób, bo matka nie była w stanie tam z nimi pójść. Nie mieli jego zdjęcia. On zniknął z ich życia. Tłumaczyłam ich mamie, że chłopcy nie przeżyli żałoby, tak jak powinni, nie wypłakali się, nie wyzłościli. Ja jestem w stanie zrozumieć ogrom bólu, jaki się czuje po stracie najbliższej osoby, ale nie mogę zrozumieć, dlaczego najbliższa rodzina nie udziela w tym czasie wsparcia. Ta kobieta została sama. Bo zaczęło się rodzinne piekiełko: wypominania, absurdalne zarzuty, że „Gdyby nie musiał harować na trójkę dzieci, na pewno by do tego nie doszło!". Niestety rodzic musi mimo potwornego bólu mieć świadomość, że tak jak on, a może nawet bardziej, cierpi jego dziecko. Nawet jeżeli ma trzy latka i wydaje się, że nic nie rozumie. Nieprawda, rozumie. Zadaje pytania. Rozmawianie z dzieckiem o śmierci jest tak trudne również dlatego, że dzieci zadają proste pytania, takie, na które nie potrafimy odpowiedzieć: „A co się dzieje po śmierci? A czy w trumnie nie jest za ciemno? Może dać tacie lampkę, by mógł czytać? Czy nie będzie mu zimno?" lub: „Mamo, a robaki to oczy też wyjadają?". Wbrew pozorom w tym pytaniu nie ma lęku, jest tylko poznawcza ciekawość.

Takie pytania zadaje dziecko trzyletnie.

Sześcioletnie też. „Co to jest śmierć?".

A dwunastolatek spyta: „Dlaczego akurat tata? To niesprawiedliwe!".

To jest niesprawiedliwe. To był wypadek. Dziecko pyta: „A ty też umrzesz? A ja umrę?". I trzeba na te pytania odpowiedzieć. Kiedyś o śmierci się mówiło. Były bajki o śmierci. Śmierć istniała. Od wielu lat panuje kult młodości i wszyscy udają, że śmierci nie ma, że nas nie dotyczy. Śmierć stała się tabu. A ona jest konsekwencją życia. Każdego życia. Oczywiście najpiękniej byłoby umrzeć, mając dziewięćdziesiąt kilka lat, położyć się i zasnąć, ale tak niestety rzadko się dzieje. Umierają małe dzieci i starsze, dorośli, niezależnie od wieku. Mam świadomość, że strasznie trudno wytłumaczyć dziecku, dlaczego tata w pełni sił zginął w wypadku, ale jeszcze trudniej wytłumaczyć, dlaczego mama wyskoczyła z okna. „Przecież mówiła, że mnie tak kocha!".

Myślę, że samobójstwo rodzica chyba wszyscy przed dzieckiem ukrywają.

A jeśli dziecko było tego świadkiem? Jeśli lamentują nad nim sąsiedzi: „Biedaku, twoja matka rzuciła się z okna". Prawdy nie da się wtedy ukryć.

Ale dziecko natychmiast pomyśli: „Skoro sama odebrała sobie życie, na pewno mnie nie kochała!".

Dlatego trzeba z dzieckiem porozmawiać. Trzeba wytłumaczyć, że mama bardzo je kochała, ale była chora i nie wiedziała, co robi. Takie rozmowy są trudne, ale można poprosić o pomoc specjalistę, który wie, jak to się robi.

Czy możesz powiedzieć, jak powinna wyglądać żałoba? Na co zwrócić uwagę, czego nie należy robić?

Na pewno nie powinniśmy udawać, że nic się nie stało. Powinniśmy pozwolić i sobie, i dziecku płakać. Nie wstydzić się łez. Łzy są potrzebne, oczyszczają, przynoszą ukojenie. Jeżeli mamy potrzebę, powinniśmy krzyczeć. Trzeba odpowiadać dziecku na pytania, a jeżeli widzimy, że zamyka się w sobie i boi się pytać, delikatnie zagaić, biorąc pod uwagę wiek dziecka, to, co się wydarzyło, co dziecko na ten temat wie. W żadnym wypadku nie można zostawiać go samego z jego emocjami. Trzeba mu pomóc te emocje rozładować.

A co z chodzeniem na cmentarz? Czy powinniśmy kazać dziecku chodzić, czy spytać: „Wybieram się na grób taty. Pójdziemy razem?".

Zawsze trzeba spytać. Dziecko może nie chcieć, i ma do tego pełne prawo. Nigdy nie powinniśmy zmuszać. Powinniśmy się dowiedzieć dlaczego. To, że my mamy potrzebę chodzenia tam codziennie albo co drugi dzień, nie znaczy, że tak mają wszyscy.

Chciałabym powiedzieć parę zdań na temat pogrzebu. W Polsce nie ma zwyczaju żegnania zmarłych przy otwartej trumnie. Robi się tak bardzo rzadko. Uważam, że z takiego pożegnania zdecydowanie powinno się wyłączyć dzieci. Nie jest to łatwe nawet dla dorosłych. Małe dzieci – do szóstego roku życia – nie powinny również uczestniczyć w pogrzebie, ponieważ tej sytuacji nie rozumieją, a emocje płaczących ludzi nie są im do niczego potrzebne. Poza tym matka powinna w tym czasie skupić się na sobie i swoich odczuciach, a nie zajmować się dziećmi. Jeśli natomiast dziecko ma więcej niż siedem lat, możemy je spytać, czy chce z nami w pogrzebie uczestniczyć. Oczywiście najpierw trzeba wytłumaczyć, czym jest pogrzeb, co będzie się działo, bo przecież dziecko doświadczy tego po raz pierwszy w życiu. I zaproponować to wtedy, gdy dziecko było z osobą zmarłą emocjonalnie związane, bo zabieranie go na pogrzeby dalekich krewnych, których nigdy w życiu nie widziało, jest kompletnie bez sensu. A kiedy dziecko zadeklaruje chęć pójścia na pogrzeb, na wszelki wypadek mieć plan B. Bo w drodze na cmentarz albo podczas pogrzebu może nagle stwierdzić, że chce wracać do domu, i musimy mu to umożliwić. I niezależnie od wieku dziecka absolutnie nie można go do uczestniczenia w pogrzebie zmuszać. Nie przekonujmy: „Jesteś dużym chłopcem i rozumiesz, że powinieneś pożegnać babcię. Jesteś jej to winien, za to, że się tobą opiekowała". Dziecko może nie chcieć pójść na pogrzeb z różnych powodów: nie dlatego, że babci nie kochało, lecz dlatego, że ma już dwanaście lat i boi się, że się rozpłacze. A jest już prawie dorosłe! Albo wręcz odwrotnie – obawia się, że nie będzie płakać, i co wtedy o nim pomyślą? Czasami dziecko nie chce się ze śmiercią pogodzić i wydaje mu się, że jeśli nie pójdzie na pogrzeb, wszystko będzie jak dawniej. To myślenie magiczne, ale znam dorosłych, którzy właśnie dlatego nie chodzą na pogrzeby swoich najbliższych.

Mówimy o śmierci człowieka, ale przecież dzieci przeżywają śmierć chomika, kotka, papużki. Z ich punktu widzenia to taki sam problem. My płaczemy po ukochanej cioci Zosi spod Płońska, a dziecko nie, bo widziało ją tylko raz. Dziecko może być bardziej związane z psem niż z babcią. I nie możemy mieć pretensji o to, że cioci czy babci nie opłakuje, a po śmierci psa wpadło w histerię.

Kiedy zmarł mój pies, natychmiast schowałam miskę, wyrzuciłam posłanie, oddałam zapas jedzenia.

To był pierwszy etap żałoby, ale z czasem myślenie o nim przestało być tak bolesne. Rozmawiałam z mężczyzną, który musiał uśpić kota. Rozchorował się tak ciężko, że dalsze leczenie nie miało sensu. Cierpiał potwornie. Wspólnie z weterynarzem zdecydowali o eutanazji. Pierwszego dnia ten człowiek okłamał dwunastoletnią córkę, że kot został w lecznicy na noc, ale szybko stwierdził, że długo nie da się tego ukrywać. Wraz z żoną powiedzieli jej prawdę. Dziewczynka dostała ataku histerii. Rozmawiali, tłumaczyli, że to dla kota lepiej, że już się nie męczy. Na początku chciała podrzeć i wyrzucić wszystkie jego zdjęcia, ale ojciec namówił ją, by je głęboko schowała, powiedział, że za jakiś czas będzie mogła na nie patrzeć. Po dwóch tygodniach pomału zaczęły się pojawiać w jej pokoju. A on przez rok woził w samochodzie kocią klatkę, bo nie był w stanie się jej pozbyć. Każdy z nas przeżywa żałobę inaczej.

I nie wolno dziecku mówić: „To przecież tylko kot!"?

Oczywiście, że nie, bo czy umiera kot, pies czy chomik, dla dziecka jest to strata. I trzeba to zrozumieć. Dorośli często mówią: „Kupimy ci następnego pieska". To fatalnie o nich świadczy, ponieważ pies nie jest własnością dziecka, jest członkiem rodziny. Na szczęście w większości przypadków strata psa i kota jest bolesna dla wszystkich. Gorzej, gdy w grę wchodzą małe zwierzątka, które żyją krótko. Wtedy rodzice często wpadają na ich zdaniem rewelacyjny pomysł: mianowicie gdy ginie chomik czy myszka, podmieniają na nowe zwierzątko, uważając, że dziecko tego nie zauważy. A dziecko doskonale widzi wszystkie różnice!

Wydaje mi się, że trzeba odczekać, aż żałoba w naturalny sposób wybrzmi. Niczego na siłę nie przyspieszać.

Tak jest ze wszystkim. Kiedy ludzie się rozstają, zanim wejdą w nowy związek, powinni najpierw pobyć trochę sami, czyli przeżyć żałobę po tym, który się skończył. Natychmiastowe przejście z jednego związku w następny jest fatalne w skutkach, ponieważ niczego nie możemy wtedy przemyśleć, nie możemy wyciągnąć wniosków, niczego się nauczyć. Będziemy powtarzać te same błędy. Ludzie robią różne głupoty. Na przykład wpadają na pomysł, że urodzenie kolejnego dziecka rozwiąże wszystkie ich problemy. A tu wręcz przeciwnie – stare stają się jeszcze większe, a do tego dochodzą nowe.

W jakich jeszcze sytuacjach świat dziecka może zadrżeć w posadach?

W bardzo wielu. Często to, co nam, dorosłym, wydaje się straszliwym dramatem, dla dziecka nim nie jest. I odwrotnie – to, co nam się wydaje drobiazgiem, dla dziecka może być niebywale traumatyczne. Takim ciężkim przeżyciem może być na przykład powtarzanie klasy czy odrzucenie przez grupę rówieśniczą. Może to mieć tak potężne konsekwencje emocjonalne, że dziecko nie będzie chciało chodzić do szkoły, będzie płakało, moczyło się w nocy. Taką sytuacją może być nie tylko bezpośredni udział, ale również bycie świadkiem wypadku samochodowego, napaści lub pobicia. Nawet gdy dziecku nic się nie stało, może mieć lęki. Bo jego bezpieczny do tej pory świat legł w gruzach. Przyczyną może też być pojawienie się siostrzyczki czy braciszka. Przez osiem czy dziesięć lat było jedynakiem czy jedynaczką, a tu nagle musi się z kimś miłością rodziców dzielić. Na dodatek rodzice każą się cieszyć! Albo przez osiem czy dziesięć lat mieszkało tylko z mamusią, a nagle pojawia się obcy facet, a chwilę później materializuje się dziecko!

Dziecku wali się świat z tysiąca różnych powodów. Dziewczynie – bo ma łojotokową cerę i wyskakują jej pryszcze. Dwunastoletniemu chłopcu – bo po lekcji WF-u porównywali przyrodzenia i okazało się, że on ma najmniejsze. Takie rzeczy też się w szatniach odbywają. Już nie wspomnę o dzieciach, które chorują przewlekle albo które uległy wypadkowi i zostały kalekami, o dzieciach, którym rodzi się chore rodzeństwo i życie całej rodziny wywraca się do góry nogami. Gdybyśmy chciały dogłębnie ten problem przeanalizować, musiałybyśmy napisać osobną książkę. Dlatego tylko uczulam rodziców, żeby nie patrzyli na świat dziecka z własnej perspektywy, lecz starali się spojrzeć jego oczami, żeby mieli świadomość, że to, co im się wydaje błahostką, dla dziecka może być tragedią.

Czytałam, że „już czterdzieści do pięćdziesięciu procent dzieci w szkołach podstawowych nie ma poczucia sensu życia, a trzydzieści procent miewa również myśli samobójcze". Depresja dotyka także najmłodszych. Tymczasem my, dorośli, uważamy, że tylko my mamy do niej prawo.

Nie jestem specjalistką od depresji i nie czuję się na siłach, by o niej szczegółowo mówić. Informacje o niej można znaleźć w internecie, nawet szczegółowe opisy symptomów, na podstawie których można ją rozpoznać (które według mnie często świadczą nie o tej chorobie, tylko o chwilowym obniżeniu nastroju). Przeprowadzono dosyć duże badania na amerykańskich dzieciach. Wnioski są takie, że o depresji można mówić wtedy, kiedy dziecko jest wiecznie smutne, ma poczucie, że nic mu się w życiu nie udaje, że wszystko jest bez sensu, kiedy nic go nie cieszy. Dziecko nie chce wychodzić z domu, nie chce nic robić, często jest znudzone, ma fobie, lęki, boi się świata. W grupie ryzyka są dzieci, które cierpią na zaburzenia uczenia się lub zachowania. To dzieci, które ciągle o sobie słyszą, że są złe, niegrzeczne, że nic im się nie uda, nic z nich nie wyrośnie. Badania te wykazały, że jedna trzecia amerykańskich dzieci w wieku od sześciu do dwunastu lat cierpi na depresję. Pamiętając o tym, że amerykańskie społeczeństwo jest bardzo specyficzne, przyjmijmy, że w Polsce ten problem dotyczy dziesięciu procent dzieci. A to i tak strasznie dużo.
Uczuliłabym rodziców na dwie sprawy: po pierwsze powinni przyjąć do wiadomości, że dziecko może mieć problemy. Dla nas dziecko powinno się budzić uśmiechnięte i wesolutkie jak skowroneczek i w tym samym nastroju kłaść się wieczorem do łóżka. Powinno być

szczęśliwe tylko dlatego, że jest dzieckiem. A dziecko ma całą masę
problemów, które nam z perspektywy metra siedemdziesięciu wydają
się żadne, a z perspektywy metra dwudziestu są sprawami bardzo po-
ważnymi. Po drugie dziecko jest człowiekiem i ma takie same emocje,
takie same lęki i obawy jak my. Mało tego: my już możemy zrozumieć
pewne rzeczy, a dziecko jeszcze nie. Co prawda w różnych sytuacjach
się zdarza, że nie dopuszczamy do głosu racjonalnego myślenia, bo
gdy się stresujemy, krew najpierw napływa do pięści, a dopiero potem
do mózgu, ale kiedy ochłoniemy, możemy pójść po rozum do głowy.
Dziecko nie może, bo nie ma jeszcze umiejętności i doświadczenia.
Dotyczy to szczególnie tego wieku, kiedy zaczynają działać hormony.
Dotyczy to głównie dziewczynek, które powolutku stają się kobietami. Organizm zaczyna wysyłać związane z tym sygnały: mogą się pojawić bóle brzucha, zaczynają pracować jajniki, pojawia się huśtawka
nastrojów, tak jak u kobiet w ciąży. Dwunastolatka wstaje rano, źle
się czuje i nie wie, co się z nią dzieje. Wie tylko, że otaczający ją świat
jest koszmarny. Trzeba się uważnie dziecku przyglądać, nie wypyty-
wać na siłę, tylko łagodnie namówić na rozmowę. A jeśli będzie taka
potrzeba, udać się do specjalisty. Depresja dotyka dzieci, podobnie
jak samobójstwa. Niestety mówi się o nich jeszcze mniej. To trochę
temat tabu.
W zeszłym roku jeden z tygodników podał wyniki badań na temat
samobójstw, które wykazały, jak poważny jest to problem (najgorzej
jest w Japonii, ze względu na fatalny system szkolnictwa). Generalnie dziecko, które popełnia samobójstwo, to dziecko, które nie ma
wsparcia. Oczywiście zdarza się, że robią to dzieci, którymi rodzice
wspaniale się opiekują. Wtedy powodem są zaburzenia psychiczne.

**Wcześniej powiedziałaś, że dziecko, kiedy matka mu czegoś
zabrania, w emocjach wykrzykuje: „Nienawidzę cię!", i nie ma to**

żadnego związku z prawdą. A jak jest w sytuacji, gdy dziecko grozi, że popełni samobójstwo? Powinniśmy być bardziej czujni i nigdy tego nie lekceważyć?

Powinniśmy być bardziej czujni, ale tak naprawdę każdy rodzic zna swoje dziecko – a przynajmniej powinien – i wie, czy to tylko chęć odegrania się, próba szantażu – i temu nie wolno się poddać – czy rzeczywisty problem. Ja uważam, że to raczej tylko groźba. Dziecko rzuca w drzwiach: „Jak mi nie dasz kasy, to się zabiję!". I natychmiast powinniśmy porozmawiać: „Co to znaczy, że się zabijesz?". „Tak tylko powiedziałem, żeby cię zdenerwować". Wtedy musimy wytłumaczyć: „Powiedz, że mnie nie lubisz albo że jesteś na mnie wściekły, ale nie mów o samobójstwie, bo to bardzo mocne słowa. A jeżeli naprawdę taka myśl ci przychodzi do głowy, pójdziemy po pomoc do lekarza". Trzeba pokazać dziecku, że nas nie zastraszy.
Gorzej jest wtedy, gdy dziecko milczy i zamyka się w sobie. Wtedy trzeba być superczujnym! Znam kobietę, której trzynastoletnie dziecko przez trzy lata cięło się żyletką, a ona nic nie zauważyła. Bo dziewczynka grała w tenisa i nosiła na rękach opaski.

Ale przecież poza kortem nie trzeba ich nosić.

Ale ona je zmieniała, zakładała w różnych kolorach.

I tak dzień w dzień? Latem, wiosną, zimą?

Tak.

I nie zdziwiło to matki?

Nie. Dlatego ją zapytałam: „Gdzie byłaś przez te trzy lata?!".

Poznaję rodziców nastolatków, którzy biorą narkotyki, a oni nic o tym nie wiedzą. Ja uważam, że nie chcą wiedzieć, że prześlizgują się po dzieciach niewidzącym wzrokiem. Pracowałam z dziewczynką, która się truła lekami. W Polsce jest taki przepis, że osoba po próbie samobójczej trafia do szpitala psychiatrycznego na obserwację. Ta dziewczynka była w szpitalu trzykrotnie. Kiedy spytałam, dlaczego to robi, powiedziała, że nie chce popełnić samobójstwa, a tylko przespać problem. Spytałam matkę, czy rozmawiała z córką o jej problemach i usłyszałam: „A po co? Przecież chodzi do psychologa". Pytam dziewczynkę o jej relacje z psychologiem: „Nie lubię tej pani. Ja jej nie ufam". „To dlaczego do niej chodzisz?". „Bo mamie ona się podoba". A to nie mamie ma się podobać, tylko dziecku, które z psychologiem pracuje! Ale pani psycholog też nie jest bez winy. Powinna zauważyć, że coś jest nie tak i powiedzieć matce: „Wydaje mi się, że moja praca nie przynosi efektów. Postaram się znaleźć innego terapeutę". Niestety na taki gest stać tylko niektórych, bo to jest równoznaczne z przyznaniem się do porażki.

Powiedz w takim razie, jak wybrać najlepszego psychologa – najlepszego dla dziecka.

Możemy popytać znajomych. Jeśli wymienią kilku, umawiamy się na spotkanie i najpierw idziemy sami. Obserwujemy, jak pracują, jak traktują pacjentów, czy w tym czasie odbierają telefony, porządkują papiery na biurku, czy rzeczywiście są na nas skupieni. Bo jeśli nas lekceważą, tym bardziej będą lekceważyć dziecko. Załóżmy, że spodobało nam się dwóch. Idziemy na następną wizytę wraz z dzieckiem, a później pytamy je, co o każdym z nich sądzi. Wybór należy do dziecka, bo to ono będzie z nim pracować. A dzieciom czasami przeszkadzają w kimś takie rzeczy, które nam nigdy by nie przyszły do głowy.

Mój syn, kiedy miał siedem lat, chodził do logopedy, i nagle stwierdził, że więcej nie pójdzie. Tłumaczyłam, że to najlepsza specjalistka
w dzielnicy, ale się uparł, że nie będzie do niej chodził, a na dodatek
nie chciał powiedzieć dlaczego. Rozmawiałam z tą panią. Ona nie
widziała żadnego problemu, mówiła, że mają świetny kontakt. Udało mi się namówić syna, byśmy poszli na zajęcia razem. Faktycznie,
mieli dobry kontakt, i syn z nią współpracował. Ale kiedy wrócili-
śmy do domu, obwieścił, że był tam po raz ostatni. Powiedziałam,
że się zgadzam, ale chciałabym się dowiedzieć dlaczego. Usłyszałam:
„A widziałaś jej język?". Przypomniałam sobie, że jest wielki, czarny,
pokryty głębokimi bruzdami. I kiedy ona pokazywała, jak ma wypo-
wiadać głoski, jemu na jego widok robiło się niedobrze. A poza tym
on tę panią lubił, uważał, że jest miła i proponuje fajne ćwiczenia. Ale
musiałam znaleźć innego logopedę.
Więc nie jest tak, że wysyłasz dziecko do psychologa i umywasz ręce.
Musimy być z nim w kontakcie, musimy pytać dziecko, czy czuje się
lepiej, bo chodzenie tylko po to, żeby chodzić, jest kompletnie bez
sensu.
A jeśli dziecko nam powie, że nie widzi efektów, znajdźmy mu innego
psychologa – może pracującego inną metodą, może zamiast kobiety
mężczyznę, zamiast starszej osoby młodszą. Musimy znaleźć kogoś,
kogo bez zastrzeżeń zaakceptuje. Inaczej terapia nie zadziała.

**Dorośli nie przyznają się, że chodzą do psychiatry, by ich nie
uznano za niepoczytalnych. Z psychoterapią jest już lepiej, chociaż
wciąż wielu ma opory. A co myślą rodzice o wizytach swoich dzieci
u psychiatry i psychologa?**

Myślą podobnie. Panuje przekonanie, że do psychologa idzie się wtedy, kiedy jest źle. A ja poznałam świetną psycholog z KUL-u, która

namawia wszystkich do pozytywnego rozwoju. Przychodzą do niej za zajęcia ludzie, którzy deklarują, że nie mają problemów. I ona się na to godzi. Bo ona nie skupia się na grzebaniu w przeszłości, tylko na przyszłości, i dlatego proponuje ćwiczenia, które rozwijają zdolności mentalne, koordynację, rozszerzają pole świadomości. Uważam, że psychologowie powinni się koncentrować na rozwoju człowieka, nie zważając na to, że ma deficyty. I tak się powinno pracować z dziećmi. Rodzice gdzieś już to dostrzegają, tylko niestety traktują jako inwestycję. Myślą, że w ten sposób dziecko zdobędzie większą wiedzę, że to będzie służyło jego karierze, że pomoże mu się ustawić w życiu. A to ma pomóc dziecku być w dorosłym życiu szczęśliwym, spełnionym człowiekiem.

11. MOJE DZIECKO ZACZYNA DOJRZEWAĆ

Czas mija i dziecko pomału zaczyna dojrzewać. Kiedy możemy się spodziewać pierwszych zmian?

Dojrzewanie tak naprawdę zaczyna się zaraz po urodzeniu, bo przecież od tego momentu dziecko rozwija się psychicznie, intelektualnie i fizycznie. Dziecko dojrzewa do podejmowania samodzielnych decyzji, do odpowiedzialności, do dokonywania trafnych wyborów społecznych – z kim będę się przyjaźnił, a z kim nie – dojrzewa do zasad moralnych, dojrzewa intelektualnie – chce zdobywać wiedzę dla własnego rozwoju, nie dla stopni. Oczywiście u dzieci w wieku od sześciu do dwunastu lat najbardziej rzuca się w oczy przemiana fizyczna. Dziewczynki zmieniają się wcześniej, chłopcy trochę później. Pierwsze zmiany pojawiają się mniej więcej w okolicach czwartej klasy szkoły podstawowej – mówię mniej więcej dlatego, że każde dziecko jest inne. Różnicę między dziewczynkami a chłopcami widać bardzo wyraźnie w czwartej, piątej, szóstej klasie, gdy dziewczynki nagle robią się o głowę wyższe. Wyglądają już jak młode kobiety, a chłopcy nadal są bardzo dziecinni. Ta różnica nie dotyczy tylko wzrostu, odnosi się do wszystkich poziomów rozwoju – od psychicznego aż po społeczny.
Niezwykle ważnym objawem dojrzewania fizycznego u dziewczynek jest menstruacja. Teoretycznie powinna się pojawić w okolicach

trzynastego, czternastego roku życia, ale zdarza się już u dziewięciolatek. To pojedyncze przypadki, ale to się zdarza. Jeżeli dwunastoletnia dziewczynka zostaje matką, to znaczy ni mniej, ni więcej, że jest
w tym wieku do ciąży biologicznie gotowa.

**Kiedy w takim razie matka powinna rozmawiać z córką o men-
struacji, skoro dziewięcioletnie dziewczynki już mogą miesiączkować?**

Wielu psychologów uważa, że na pewne tematy powinniśmy rozmawiać
z dzieckiem tylko wtedy, kiedy propozycja wyjdzie od niego. Można
przyjąć taką koncepcję, ale czasem rodzic musi zainicjować rozmowę,
na przykład wtedy, kiedy dziecko jakiegoś tematu unika, albo rozsze-
rzyć ją, by dać dziecku podstawy wiedzy. Oczywiście należy odpowiadać na każde pytanie. Dziecko pyta: „Skąd się biorą dzieci?". Zadaje to
pytanie, gdy ma trzy lata, pięć, osiem. Wiadomo, że w zależności od
wieku dziecka odpowiemy tak albo inaczej. Pięcioletniej dziewczynce
powiemy, że rodzice się kochają, przytulają, i stąd się biorą dzieci, ale
już ośmiolatce należy się dokładniejsze wyjaśnienie. Podczas tej rozmowy powinniśmy poruszyć temat dojrzewania. Trzeba powiedzieć, że
aby kobieta mogła mieć dzieci, najpierw musi dojrzeć. Rosną jej piersi, pojawiają się włosy łonowe (niekiedy dziesięcio-, dwunastoletnie
dziewczynki dostają histerii, gdy na ich gładziutkiej do tej pory skórze
pojawia się pierwszy włos łonowy), zaczyna się menstruacja. Wiadomo, że ośmiolatce będziemy o niej opowiadać inaczej niż dwunastolat-
ce, której trzeba to wytłumaczyć na tyle dokładnie, żeby miała rzetelną
wiedzę, a nie bazowała na często wulgarnych opowieściach koleżanek
lub kolegów. Musimy podkreślać pozytywne strony zachodzących prze-
mian i ich naturalny charakter. „To wspaniałe, że z dziecka stajesz się
nastolatką i że za chwilę będziesz kobietą".

Wiem, że czasem potwornie trudno powiedzieć dziecku, skąd się biorą dzieci, jak ten plemnik w środku się znalazł, że „tatuś ma taki kranik, a mamusia ma taką dziurkę i ten kranik się wpasowuje w tę dziurkę". Dla dziecka to obrzydliwe. Mało tego, na końcu na ogół pada pytanie: „Ty też z tatą tak robisz?". Nie mogę podać wzorca takiej rozmowy, udzielić rady, że mamy wszystkim dzieciom mówić to samo. Każdy rodzic zna swoje dziecko i wie, ile jest w stanie przyjąć. Czasem lepiej powiedzieć o słowo za mało niż za dużo. Dlatego zawsze trzeba odpowiedzi bardzo dobrze przemyśleć. Jeżeli dziecko przychodzi i zadaje takie pytanie, a my nie jesteśmy na udzielenie odpowiedzi gotowi, proponuję powiedzieć: „Teraz ci nie odpowiem, ale umówimy się, że porozmawiamy jutro wieczorem". Mamy czas na ułożenie sobie w głowie tego, co chcemy przekazać. Możemy spytać koleżankę, która ma starsze dzieci, jak sobie poradziła, poszukać porady w internecie lub u psychologa. Pamiętajmy jednak, że musimy do tej rozmowy wrócić. Następnego dnia, tak jak obiecaliśmy, pytamy: „Mieliśmy dzisiaj porozmawiać. Nadal masz na to ochotę?". A jeśli dziecko straciło zainteresowanie tematem, nie powinniśmy nalegać. Co nie znaczy, że mamy sobie definitywnie odpuścić. Bo może się to skończyć tak, jak w przypadku jednej z moich podopiecznych kolonistek, która przybiegła do mnie w nocy przerażona, że umiera. Spytałam, co się stało. Okazało się, że ma zakrwawione łóżko i nie wie, co się z nią dzieje. Kiedyś miała krwotok z nosa, więc krew kojarzyła jej się z czymś niebezpiecznym. Wraz z drugą wychowawczynią wytłumaczyłyśmy jej, że się skaleczyła, ponieważ na rozmowę o dojrzewaniu nie byłyśmy gotowe (miałam wtedy osiemnaście lat) i natychmiast zadzwoniłyśmy do jej matki. Kiedy przyjechała, powiedziała nam, że chociaż jest lekarką, do głowy jej nie przyszło, by z ośmiolatką rozmawiać o menstruacji. Wiedziała, że tak się zdarza, ale nie przypuszczała, że będzie tak w przypadku jej córki, ponieważ z reguły córki dostają okresu w tym samym wieku co matki, a ona zaczęła miesiączkować zdecydowanie później. Kiedy zaczęła się nad tym zastanawiać, przypomniała sobie, że córka od pewnego czasu skarżyła się na bóle brzucha. Badano ją pod kątem zapalenia wyrostka, nerwobólów, a nikt nie pomyślał, że mogły zacząć pracować jajniki. Więc po pierwsze matki powinny pamiętać, kiedy same dostały miesiączkę, a po drugie nie lekceważyć skarg dziecka, że co miesiąc boli je podbrzusze, ponieważ to znak, że organizm zaczyna dojrzewać.

Czasem sprawdza się model amerykański: na pytanie, skąd się biorą dzieci, odpowiadamy pytaniem: „A jak myślisz?". Wysłuchujemy dziecka i mówimy: „Tak, właśnie tak". Mowa tu oczywiście o malutkich dzieciach i ich fantazjach, że dzieci biorą się na przykład z całowania.

I nie łudźmy się, że rozmowę o tym załatwi za nas szkoła. Szkoła w ogóle nie jest uprawniona do takich rozmów. Wychowanie do życia w rodzinie to przedmiot, którego program zawsze muszą zatwierdzić rodzice. Zawsze też muszą podpisać zgodę, żeby dziecko chodziło na takie lekcje. Bo rodzice nie muszą się zgodzić, żeby ich dziecku ktoś opowiadał o czymś, co jest niezgodne z ich światopoglądem. Nauczyciel może na przykład mówić o środkach antykoncepcyjnych, a według nich w ogóle nie należy ich stosować, albo o tym, że współżycie trzeba podejmować świadomie i świadomie decydować się na macierzyństwo, a oni uważają, że do osiemnastego roku życia nie powinno się z dzieckiem o tym rozmawiać. Rodzic ma prawo do takich poglądów i ma prawo zgodnie z nimi wychowywać dziecko. I to jego problem, jeśli zostanie młodym dziadkiem, gdy jego piętnastoletnia pociecha zajdzie w ciążę, ponieważ nie będzie wiedziała, skąd się biorą dzieci. Bo ciągle są rodzice, którzy mówią: „Jak wyjdziesz za mąż, to się wszystkiego dowiesz". Rozmowa o dojrzewaniu nie może im przejść przez gardło.

Bo rozmawianie z dzieckiem o seksie jest dla rodziców krępujące.

Ale ty mówisz tylko o tym, skąd się biorą dzieci, a to nie jest rozmowa o seksie. O seksie będziesz rozmawiała wtedy, gdy dziecko będzie gotowe, żeby podjąć współżycie, a dwunastolatek takich pomysłów mieć nie powinien. Może się zdarzyć, że dziecko nakryje rodziców w sypialni i spyta: „Co robicie?", i wtedy trzeba wyjaśnić: „Kochamy się". Myślę, że sześciolatkowi taka odpowiedź wystarczy, a dwunastolatek powinien już być na tyle dobrze wychowany, żeby nie pakować się rodzicom do sypialni w środku nocy. A rodzice oczywiście powinni pamiętać, by dobrze zamknąć drzwi.

A jak mają się zachować rodzice, kiedy wraz z dzieckiem oglądają film, w którym pojawiają się sceny erotyczne?
Kiedyś problem był mniejszy, ponieważ takie sceny trafiały się tylko w filmach emitowanych po dwudziestej. Teraz można się na nie natknąć praktycznie od rana do wieczora.

Nie przesadzaj. Ustawa o radiofonii i telewizji mówi, że filmy, w których pojawiają się sceny, które mogą naruszyć moralny, psychiczny i społeczny rozwój dziecka, mogą być emitowane dopiero po dwudziestej drugiej. Ta ustawa jest przestrzegana, więc scen *stricte* erotycznych w godzinach popołudniowych nie zobaczysz.
Pytanie brzmi: co jest sceną erotyczną? Czy jest nią sytuacja, gdy dwoje ludzi leży w łóżku i się całuje lub wykonują jakieś ruchy pod kołdrą, a ty nie widzisz, co się dzieje? Równie dobrze mogą się łaskotać.

Ale takich scen, gdy się całują i wykonują jakieś ruchy pod kołdrą, praktycznie się już nie kręci.

Każdy film ma oznaczenie, od jakiego wieku można go oglądać: żółty znaczek – od lat dwunastu i czerwony – dla dorosłych. I możesz temu zaufać. Zostało to wprowadzone po to, żeby ośmioletnie dziecko nie oglądało nieodpowiednich filmów. A jeżeli twoje dziecko ogląda, to jest to twój problem, nie nadawcy. Jeżeli na to pozwalasz, to znaczy, że jesteś gotowa o tym rozmawiać. W filmach dla dzieci ostrych scen erotycznych nie ma.

Jeśli decydujemy, że nasze dziecko obejrzy film od osiemnastu lat i wspólnie go oglądamy, musimy wziąć pod uwagę, że takie sceny mogą się pojawić, i trzeba stawić temu czoło. Nie zasłaniać dziecku oczu, nie wyrzucać z pokoju (bo wtedy nadamy im negatywne znaczenie), tylko zjeść tę żabę i porozmawiać. Oczywiście mogę rodzicom poradzić, jak ten problem rozwiązać. Po prostu nie powinni pozwalać dziecku oglądać filmów, które nie są przeznaczone dla niego. To pierwsza rzecz. I druga: jak długo dziecko nie powinno oglądać nagiego ciała?

Jeżeli wychowujemy dziecko w przekonaniu, że każda nagość jest obrzydliwa, to niezależnie od tego, ile będzie miało lat, będzie się pociło na widok nagiej kobiety, będzie wycinało zdjęcia i oglądało strony o seksie w internecie. Ludzie rodzą się nadzy. Nagość jest naturalna, normalna i nie ma w niej nic nagannego.

To my wszystkiemu nadajemy znaczenie. Przez lata jeździłam na wczasy do Łeby. Kiedy idziesz z ruchomych piasków do miasta, musisz przejść przez plażę nudystów. Żebyś ty widziała, jak niektórzy przechodzący tamtędy dewoci wykrzykiwali: „Nie patrz na tych zboczeńców! To skandal, żeby tak się obnażać! Za grosz nie mają wstydu!". Nie mówię, że rodzice mają chodzić po domu bez ubrań, by dziecko z nagością oswoić, ale ono nie może rosnąć w przeświadczeniu, że w chwili narodzin miało na sobie spodenki i koszulkę. Prawdy nie da się ukryć. Prawda jest goła. I zawsze wyjdzie na wierzch, chociażby w dniu narodzin młodszego brata czy siostrzyczki. Wtedy dziecko będzie się dopytywać: „A dlaczego on tutaj ma co innego niż ja?". Chciałabym poruszyć jeszcze jedną kwestię. Zdarza się mianowicie, że dziecko ogląda film dozwolony w jego wieku, w którym ludzie przytulają się albo całują, i sceny te są dla niego krępujące. Nie będą takie, jeżeli jego rodzice potrafią sobie okazywać pozytywne uczucia – przytulają się, trzymają za ręce, całują. Wtedy jest to dla dziecka czymś najnormalniejszym na świecie, więc nie ma powodu się peszyć, gdy zobaczy to w telewizji. Nie mówię, że rodzice mają uprawiać przy dziecku seks. Mówię, że mają sobie okazywać dobre uczucia, żeby dziecko wiedziało, że się lubią, kochają, szanują. Oczywiście dziecko bywa zazdrosne. To naturalne, rozwojowe. Mamusia jest jego, więc dlaczego tatuś ją całuje? Dlaczego tatuś może spać z mamusią, a on nie? Trzeba wytłumaczyć, że to jest łóżko dla dorosłych i kiedy on będzie miał żonę, też będzie z nią spał. Musimy rozmawiać, rozmawiać i jeszcze raz rozmawiać. Również po to, by nie było tematów tabu.

Ale wstyd też jest wpisany w rozwój i dojrzewanie. Wcześniej dziecko nie wstydziło się biegać nago, teraz już tego nie zrobi.

Dziecko zaczyna się wstydzić swojego ciała. Rodzice pytają mnie, jak długo ojciec może kąpać córkę. Odpowiadam: do czasu, kiedy córka powie: „Ja sama!". Jedne dzieci powiedzą to w wieku lat czterech, inne w wieku lat pięciu, a jeszcze inne – siedmiu. Pięcioletnia dziewczynka może stwierdzić, że chce, by od tej pory kąpała ją tylko mamusia, bo obecność taty, chociaż nie wie dlaczego, jest dla niej krępująca. Ta naturalna wstydliwość pojawia się tak, jak u dzieci kilkumiesięcznych pojawia się lęk przed obcymi. Ważne, co z tym jako rodzice zrobimy. Jeżeli będziemy naciskać: „Czego tu się wstydzić? Przecież od lat oglądam cię na golasa", sprawimy, że dziecko będzie się wstydzić jeszcze bardziej. Musimy ten okres przeczekać, wyrosnąć razem z dzieckiem. Uznać, że tak już zostanie. Poza tym dziecko potrzebuje intymności.

To znaczy, że jeśli dziesięcioletnie dziecko mówi, że nie chce, aby matka czy ojciec wchodzili do łazienki, kiedy ono się myje, trzeba to uszanować?

Tak, ale trzeba mu powiedzieć: „Dobrze, nie będziemy wchodzić, ale prosimy, żebyś nie zamykał drzwi na zamek, bo gdybyś, nie daj Boże, zasłabł, nie moglibyśmy się do ciebie dostać". Musimy mieć z dzieckiem kontakt, bo dzieciom przychodzą do głowy różne pomysły. Wiele dzieci lubi się bawić w ten sposób, że zanurzają głowę pod wodą i jak najdłużej wstrzymują oddech. Jeśli dziecko tak robi, trzeba postawić warunek: „Ktoś musi cię asekurować. Wstyd wstydem, ale albo będziesz się tak bawić pod kontrolą, albo w ogóle". Wiadomo, że o nieszczęście nietrudno.

Trzeba też uczulać dziecko, by reagowało na wszystkie sygnały, jakie wysyła ich ciało i by nie krępowało się o tym mówić. Jestem na tym punkcie bardzo przewrażliwiona, ponieważ spotkałam się z przypadkami, które miały poważne konsekwencje, tylko dlatego, że dzieci wstydziły się o mówić. Pewien chłopiec podczas bójki został kopnięty w krocze. Chociaż ból był solidny, nie powiedział o tym rodzicom. Z jednego powodu – ponieważ się wstydził. Mniej więcej po sześciu tygodniach matka zauważyła, że syn się krzywi, gdy siada i wstaje, nie chce grać z kolegami w piłkę. Widać było, że ruch sprawia mu ból. Spytała, co się dzieje. Odpowiedział, że nic. Minął jeszcze tydzień i dostał gorączki. Wezwała pediatrę. Stwierdził, że to może być atak wyrostka, ale brzuch był miękki. Kiedy lekarz wyszedł, nie postawiwszy diagnozy, chłopiec popłakał się i powiedział matce, że kolega go kopnął. Kiedy zobaczyła jego czarną moszmę, natychmiast pojechali do szpitala. Niestety za późno. Okazało się, że doszło do martwicy i trzeba było usunąć jądro.

Inny przypadek – dwunastoletnia dziewczynka, która wstydziła się powiedzieć, że pod pachą rośnie jej guz. Myślała, że to pierś, która później przesunie się niżej. Nikt z nią nie rozmawiał o dojrzewaniu fizycznym, więc skąd miała wiedzieć, że piersi od razu rosną na swoim miejscu?

Musimy dziecko nauczyć, że jeśli cokolwiek dzieje się z jego ciałem, coś je boli, piecze, gdzieś pojawia się krostka czy wysypka, ma nam o tym powiedzieć. A jeśli wstydzi się któregoś z rodziców, niech powie drugiemu. Jeśli wstydzi się pokazać rodzicom, pójdźmy z nim do lekarza. Bo lepiej dmuchać na zimne. I między innymi dlatego tak ważne jest, żeby rozmawiać z dzieckiem o dojrzewaniu, o naturalnych zmianach, jakie zachodzą w jego organizmie. Wiem, że to są trudne rozmowy, ale czasem ratują dziecku życie. Nie możemy obłudnie udawać, że pewne sprawy nas nie dotyczą.

Myślę, że największym tabu jest masturbacja. Często gdy dziecko kładzie się spać, rodzice wydają polecenie: „Trzymaj ręce na kołdrze!".

Albo: „Nie dotykaj się tam!". A dzieci masturbują się o każdej porze dnia, bo masturbacja jest naturalnie wpisana w rozwój dziecka, jest niczym innym jak tylko rozładowywaniem napięcia emocjonalnego. Ale dziecko nie robi tego świadomie. Po prostu coś mu sprawia przyjemność, więc to robi.

A dlaczego właśnie to?

Moim zdaniem, ale nie mam stuprocentowej pewności, dziecko przypadkiem dostarcza sobie przyjemnych bodźców, zupełnie niechcący,

przy okazji wykonywania innej czynności. Podrażnia zewnętrzne na-
rządy płciowe i czuje, że to przyjemne – na przykład kiedy przysiada
na nóżce, gdy chce mu się siusiu.

Miałam w klasie dziewczynkę, która onanizowała się, ocierając się
o kant ławki. Są dzieci, które bujają się na trzepaku, zaplatając nogę
o nogę. Są takie, które trzymając się klamki u drzwi, ocierają się kro-
czem o ich krawędź. Niestety znane są przypadki, kiedy dzieci używają
do tego ołówka, długopisu czy pilota. Częściej robią tak dziewczynki,
bo nie muszą w tym celu zdejmować ubrania.

Ale, jak powiedziałam, dzieci nie robią tego świadomie. Służy im to
do rozładowywania napięcia, jakie odczuwają w stresujących sytuacjach, ale absolutnie nie wiążą tego z seksualnością, nie widzą w tym
nic nieprzyzwoitego. Są dzieci, które w trudnych sytuacjach ruszają
nogą. Są takie, które wkładają palec do buzi i takie, które nerwowo
obracają coś w rękach, i takie, które się masturbują.

Każdy pediatra ci powie, że u dzieci we wczesnym wieku szkolnym – od
sześciu do dziewięciu lat – jest to jak najbardziej naturalne i w naturalny sposób się z tego wyrasta. Jeśli to się przedłuża i nasila, jeśli dziecko
masturbuje się w każdej trudnej sytuacji, to trzeba pójść do lekarza.

**Skoro to mija w naturalny sposób, rodzice mają na to reagować
czy nie?**

Przede wszystkim nie powinni szczególnie zwracać uwagi, krzyczeć, nie
powinni tego rozpatrywać w kategoriach grzechu, świństwa, choroby.

Ale rozmawiać o tym czy po prostu milczeć?

Przy małym dziecku bym się tym nie przejmowała. Byłabym uważna,
ostrożna, monitorowałabym i odwracała uwagę, a więc dostarczała

innych, ciekawych bodźców. U małego dziecka o to nietrudno. Problem jest wtedy, gdy dziecko masturbuje się pięć, sześć razy dziennie. Wtedy to już nie jest w porządku i trzeba szukać fachowej pomocy. Trzeba jej szukać również wtedy, gdy robi to dziecko powyżej dziewiątego roku życia.

Pamiętajmy, że to może być niebezpieczne. Powyżej siódmego roku życia dziecko już powinno umieć inaczej sobie radzić z napięciem, które czuje, z seksualnym napięciem. U chłopców dwunastoletnich i starszych często to już nie jest zamiast. Mają już pełną świadomość, co robią. Oni już jakby sami ze sobą uprawiają seks i wtedy trzeba poważnie porozmawiać o tym, dlaczego tak się dzieje, ale też nie należy mówić o tym jako o grzechu czy zboczeniu. Trzeba zauważyć, że takie dziecko nie nauczyło się radzić sobie inaczej i pójść do specjalisty, który mu pomoże się nauczyć, przełożyć to na inny rodzaj aktywności fizycznej.

Pamiętajmy jednak, że masturbacja u dorosłych nie jest niczym złym.

Dwunastoletnie dzieci już odkrywają swoją seksualność. Widać to zwłaszcza u dziewczynek.

Mam znajomą, mamę dwunastolatki, która właśnie z tym ma ogromny problem. Ta dziewczynka od roku nie jest w stanie myśleć o niczym innym, jak tylko o chłopakach. Tylko o tym chce rozmawiać. Ten ją kocha, tamten jej nie kocha, ten dał jej prezent. I ubiera się zdecydowanie nie tak, jak na dwunastolatkę przystało. Jest bardzo mocno rozerotyzowana, na co oczywiście wpłynęły media.

Może mieć zaburzenia hormonalne i potrzebować wizyty u endokrynologa.

Może. Na razie matka schowała głowę w piasek i nic nie robi. Czyli zrobiła rzecz najgorszą z możliwych.

Dziewczynki, nawet jeśli nie są rozerotyzowane, w tym wieku już chcą się malować. Co mamy z tym fantem zrobić? Na ile możemy pozwolić?

Przykład idzie z góry. Jeśli matka spędza przed lustrem całe godziny i nie wyjdzie na ulicę bez wręcz wieczorowego makijażu, niech się nie dziwi, że podobnie do tego podchodzi jej córka. Nie powinna mieć pretensji do niej, tylko do samej siebie. Bywa i tak, że córka zachowuje się odwrotnie: jeśli jej matka jest kompletnie zaniedbana, chodzi w byle czym, nie dba o fryzurę, nie maluje się, ona próbuje za wszelką cenę podkreślić swoją kobiecość. Lecz niezależnie od tego, jakimi motywami kieruje się dziewczynka, na makijaż jest stanowczo za wcześnie. I matki absolutnie nie mogą ich do malowania się nakłaniać. Powinny się zatroszczyć o to, by miały umyte i uczesane włosy, czyste i starannie obcięte paznokcie, a kiedy pojawią się problemy z cerą, powinny je wysłać do kosmetyczki lub jeśli to konieczne, do dermatologa. Jestem za tym, żeby im pozwalać podkreślać dziewczęcość, ale nie postarzać się. Można córce kupić błyszczyk do ust, bezbarwny lakier do paznokci, wodę toaletową, ale w żadnym wypadku podkład i puder, które bardzo niszczą cerę. Na tusz do rzęs też jest jeszcze za wcześnie. Ale jeśli córka podbiera matce kosmetyki i w tajemnicy zaczyna się malować, jeśli nie daje sobie wytłumaczyć, że nie jest to korzystne ani dla jej wyglądu, ani skóry, jedyne, co pozostaje, to nauczyć ją robić dyskretny makijaż, który podkreśli urodę, a nie oszpeci.

Niestety wzorem dla takiej dziewczynki jest nie tylko matka, lecz także media, o których wspomniałaś. Na rynku jest sporo gazet dla

nastolatek, które chcą czytać już dziesięcio-, dwunastolatki. Czy to dla nich odpowiednia lektura?

Te gazetki chcą czytać również młodsze dziewczynki, ale nie powinniśmy na to pozwalać. Jeśli jednak córka aż piszczy, żebyś jej kupiła taką gazetę, zrób to. Ale usiądźcie razem, czytajcie głośno artykuł po artykule i rozmawiajcie o tym. I pokaż jej delikatnie, jakie to głupoty. A jeżeli nie będzie chciała z tobą oglądać fotohistoryjki o tym, jak to chłopak spotkał dziewczynę i poszedł z nią do łóżka, spytaj: „Dlaczego? Skoro uważasz, że jesteś na tyle dorosła, by czytać tę gazetę, to chyba nie krępujesz się oglądać jej ze mną?". Trzeba córkę skonfrontować z jej własnymi emocjami, własną wiedzą. Czytacie list: „Mam czternaście lat i nie mam jeszcze chłopaka, a wszystkie moje koleżanki mają". Rozmawiacie o tym: co to znaczy mieć chłopaka, co się z nim robi. W ten sposób pokazujesz córce, że tak naprawdę sensowną, mądrą odpowiedź dostanie od ciebie, a nie od pani redaktorki, która na odczepnego odpowiada wszystkim panienkom, a często sama te listy redaguje. A jeśli mimo wysiłków widzisz, że córce błyszczą oczy, że przyjmuje za dobrą monetę wszystko, co w tym pisemku piszą, to znaczy, że gdzieś popełniłaś błąd. Bo dziecko nie ma dystansu do tego, co czyta. I teraz musisz wykonać potwornie ciężką pracę, żeby je poustawiać w głowie.

A nie jest już na to za późno?

Jeżeli masz dobry kontakt ze swoim dzieckiem, dasz radę. Jeżeli my, dojrzałe kobiety, rozmawiając ze sobą, jesteśmy w stanie przekonać siebie nawzajem do swoich argumentów i zmienić swoje myślenie na jakiś temat, to dlaczego nie mogłaby tego zrobić dwunastolatka? Musimy tylko przeprowadzić tę operację umiejętnie. Trzeba dziecko zainteresować, przekonać argumentami albo podać przykłady z życia.

Powiedzmy, że się udało. Córka wyciągnęła wnioski, ale mówi: „Zgadzam się z tobą, że treść jest głupawa, ale w tej gazecie są fajne sesje mody i dlatego chciałabym ją kupować".

W porządku. Wtedy jeszcze przez najbliższe pół roku tę gazetę z córką oglądamy, czytamy, upewniamy się, że interesuje się tylko modą i nie czyta kretyńskich rad. Ale możemy jej też zaproponować poszukanie lepszego pisma o modzie. To zawsze kwestia tego, czy widzimy, czy tylko patrzymy. Jeśli tylko patrzymy, nic nie zobaczymy, a jeśli widzimy, jesteśmy w stanie zmienić.

A jak jest z przyjaźnią w tym wieku? Pamiętam, że to czas papużek nierozłączek. Nie wiem, jak jest u chłopców, ale dziewczynki potrafią być w stosunku do siebie wręcz zaborcze.

Rzeczywiście zaczynają się zawiązywać przyjaźnie, chociaż nie tak trwałe jak te z czasów liceum. W podstawówce nie mamy silnych bodźców, które nas mogą złączyć. Istotna jest grupa rówieśnicza, chęć posiadania kogoś. Przyjaźń jest bardzo ważna, zwłaszcza dla dziewczynek, które tak jak dojrzałe kobiety chcą mieć przyjaciółkę na wyłączność. Widać to bardzo wyraźnie, kiedy dzieci mają się w szkole ustawić w pary: u dziewczynek jest zawsze jedna na jedną, u chłopców czasami przypada jeden na piętnastu. Dziewczynkom jest ciężko nawet wtedy, gdy przyjaciółka spojrzy w drugą stronę. One potrzebują wyłączności. Dlatego tak często przyjaźnie się rozpadają, kiedy pojawia się chłopak.

Chłopak, który jest pierwszą świadomą miłością?

Co znaczy świadomą? A jak dwudziestopięcioletnia panienka zakochuje się w czterdziestoletnim szefie, to jest to świadoma miłość czy nie?

Chodzi mi o to, że dzieci w wieku przedszkolnym mówią: „Mam dziewczynę, mam chłopaka". Ale chyba trochę inny sens mają te słowa, kiedy mówią je dzieci dwunastoletnie.

Myślę, że nie. Za tym stoją wzorce medialne. Dzieci widzą, że wszyscy wokół mają narzeczonych, chłopaków, że wszyscy ze sobą chodzą. Ale gdy spytasz, co znaczy chodzić ze sobą, nie potrafią sensownie odpowiedzieć. Zapytałam pewną dwunastolatkę, co to znaczy, że chodzi z chłopakiem. Czy to oznacza, że chodzą razem do kina? Odpowiedziała: „Chodzimy ze sobą, bo jesteśmy parą". „A co to znaczy, że jesteście parą?". „Chodzimy do jednej klasy". Drążę dalej: „Ale w twojej klasie jest więcej chłopców". Na co ona: „Ale ten mi się podoba. Siedzimy w jednej ławce i on mnie odprowadza do domu". W klasie mówią o nich jako o parze. I tak właśnie ze sobą chodzą. Chociaż zdarzają się już teksty: „Pocałował mnie, wziął za rękę, zatańczył ze mną na szkolnej dyskotece". A teraz dyskoteki dzieci mają już od pierwszej klasy, i tańczą na nich w parach, jak dorośli. Ale my, dorośli, nie jesteśmy tu bez winy. Opowiadałam już, jak na bal na zakończenie podstawówki matka ubrała córkę w suknię bez pleców. Zobacz, jak wyglądają ubrania dla dziewczynek: to kopie ubrań dla dorosłych. Przebieramy je za lolitki.

Mówiłyśmy wcześniej o zagrożeniach, o tym, że dzieci wyrządzają sobie krzywdę, wysyłając głupie filmiki czy SMS-y, rozmawiają w sieci z nieodpowiednimi osobami. Jako rodzice powinniśmy być czujni, ale jak to pogodzić z prawem dziecka do prywatności?

Według konstytucji dziecko ma prawo do tajemnicy korespondencji. Rodzic nie ma prawa grzebać mu w komórce, sprawdzać maili, czytać rozmów na portalach internetowych. No, ale jak mówił klasyk, ufaj, ale kontroluj. Jeżeli widzimy, że dziecko rozmawia z kolegami z klasy albo z ludźmi, których znamy, możemy być spokojni. Ale jeśli zauważymy, że pojawia się ktoś nowy, a na nasze pytanie: „Skąd go znasz" dziecko odpowiada, że poznało go przez internet, trzeba wzmóc czujność. Nie mówię, że trzeba sprawdzać. Trzeba po prostu spytać, kim jest ta osoba, o czym rozmawiają. Dziecko, jeśli mamy z nim dobry kontakt, na ogół odpowie, ale jeśli będzie z tym miało kłopot, będzie w tym dla niego coś wstydliwego, będzie się krygowało. I wtedy trzeba z nim o tym bardzo delikatnie porozmawiać. Nie namawiam do czytania jego korespondencji, ale czasem sytuacja może nas do tego zmusić.

Na przykład gdy dziecko jest prześladowane SMS-owo przez kolegów?

Tak, ale tylko wtedy, gdy zauważymy, że po otrzymaniu SMS-a dziecko blednie lub się czerwieni, ucieka do swojego pokoju, nie chce o tym rozmawiać, a na pytanie: „Kto ci przysłał wiadomość?" odpowiada: „Nikt".
Ale najpierw musimy powiedzieć, że jesteśmy gotowi mu pomóc, że jeżeli dzieje się coś złego, może z tym przyjść do nas – do taty, babci, cioci, siostry czy pani w szkole. Dajemy dziecku możliwość wyboru, to nie zawsze musimy być my. Powinniśmy dziecko uspokoić, zapewnić, że jest bezpieczne. Jeżeli to nie pomaga i widzimy, że w czymś grzęźnie – a tego się nie da nie zauważyć, bo zachowuje się inaczej niż zwykle – możemy porozmawiać z nauczycielem, psychologiem, zapytać jego najbliższą koleżankę lub kolegę, czy nie wiedzą, co się dzieje. Jestem też skłonna rozgrzeszyć rodziców, którzy w tej wyjątkowej sytuacji, trudnej, lękowej, zajrzą do szuflady dziecka. Bo tu chodzi o jego dobro – jego zdrowie, a czasem życie. Ale to musi

być wyjątkowa sytuacja i dobrze przemyślana decyzja. Lecz jeśli nie mamy powodu, jeżeli dziecku ufamy i wiemy, że rozmawia z nami o wszystkim, nie czytamy jego pamiętnika nawet wtedy, gdy leży na wierzchu. Tego absolutnie robić nie wolno!

Czy dziecko, które chodzi do szkoły podstawowej, ma większą potrzebę posiadania tajemnic niż dziecko w wieku przedszkolnym?

Dzieci zawsze lubią mieć tajemnice, ale oczywiście im dziecko młodsze, tym mniejsza ich waga. Maluchy wyklepią: „Ja mam tajemnicę i nie powiem ci, że cię kocham", „Mam tajemnicę i nie powiem, że tatuś kupił ci pierścionek". Starsze dzieci też zbyt długo nie potrafią jej dochować. Traktują ją jak wiadomość, którą można się podzielić: „Powiem ci coś na ucho, ale nikomu nie mów". Ale kiedy dziecko powierza nam tajemnicę, nie możemy zawieść jego zaufania i na imieninach u cioci wyklepać, że nasza Kasia właśnie się zakochała.
Dziecko w każdym wieku ma tajemnice i ma prawo nie wyjawiać ich rodzicom, pod warunkiem że nie sprawiają mu bólu, że nie są dla niego niebezpieczne. My też je mamy. Są sprawy, o których nie mówimy. I nie dlatego, że są jakoś wyjątkowo ważne, po prostu dlatego, że nie chcemy.

A jeśli dziecko nam powie, że kolega z klasy łyka podejrzane tabletki, prosząc, żebyśmy to zachowali dla siebie?

Wtedy trzeba zrobić wszystko, żeby się dowiedzieć, jakie tabletki łyka. Zwołać sztab kryzysowy – rodzic, nauczyciel, psycholog – i na przykład doprowadzić do tego, żeby niby przypadkiem te tabletki wysypały mu się z torby. I oczywiście nikt poza dorosłymi nie może się dowiedzieć, że powiedziało o tym nasze dziecko. Dorośli powinni sobie w takich sytuacjach pomagać. Dobrze jest mieć pewność, że kiedy nasze dziecko zrobi jakąś głupotę, rodzic, który dowie się o tym od swojego dziecka, przyjdzie do nas lub zatelefonuje i powie: „Usłyszałam od córki, że pani syn podbiera kolegom pieniądze". To wiadomość, którą strasznie trudno przełknąć, ale powinniśmy zrozumieć, że przekazano nam ją w dobrej wierze, że wynika z troski o nasze dziecko. I wtedy również musimy zwołać sztab kryzysowy.

Tajemnica korespondencji, tajemnica szuflady, pokoju, tajemnica tajemnicy – jak najbardziej, ale trzeba być bardzo wrażliwym. Dom powinien być najbezpieczniejszym miejscem na świecie, miejscem, gdzie możesz powiedzieć wszystko. Co nie znaczy, że na zewnątrz jest niebezpiecznie. Ale dom jest jak ptasie gniazdo: pisklęta robią kupę, a rodzice sprzątają.

Czyli musimy tłumaczyć dzieciom, co jest dobre, a co złe. Tylko tyle – a może aż tyle – możemy zrobić.

Musimy ustawić prawidłowo ich relację ze światem. Pracowałam z trzynastoletnią dziewczynką maltretowaną psychicznie przez koleżanki. Matka całymi dniami roztrząsała, jak to jej nie lubią, nienawidzą, nakręcając w ten sposób córkę, utwierdzając w przekonaniu, że świat jest zły. Każdemu zdaniu wypowiedzianemu przez koleżanki przypisywała negatywne znaczenie. Nawet gdy przyszedł mail, w którym ktoś z klasy pytał, dlaczego nie było jej w szkole, matka uznała to za mobbing. Ja takich treści w tym nie znalazłam.

Pracowałam też z rodzicami, którzy z miłości do dziecka – żeby się rozwijało w zdrowych warunkach, bliżej natury – kupili stary dom i zamieszkali na wsi. Ich syn wyszedł kiedyś na podwórko, żeby się pobawić się z dziećmi. Te go popchnęły, jak to dzieci, i przewrócił się w błoto. Zapłakany przybiegł do rodziców, a oni stwierdzili, że wiejskie dzieci go maltretują. Matka wpadła na pomysł, że nie będzie się z nimi kontaktował, że stworzy mu w domu raj. Potem urodziło się drugie dziecko. Od razu mu wpojono, że wiejskie dzieci są okropne, bo chciały zrobić krzywdę jego bratu. Ci chłopcy są wychowywani w klatce. Mają wszystko, czego zapragną. Rodzice poświęcają im tyle czasu, robią z nimi tyle rzeczy, że nie mogłam wyjść z podziwu. Co z tego, skoro ich dzieci mają ogromne problemy społeczne. Starszy, dwunastoletni, jest zawożony i przywożony ze szkoły. W klasie siedzi sam, bo jest uważany za dziwaka. Młodszy, ośmioletni, nie odpowiedział mi na pytanie, ile ma lat. Matka uważa, że jest bardzo inteligentny. Być może, ale nie ma żadnych umiejętności społecznych. Kontaktuje się tylko z mamusią, tatusiem i bratem. Rodzice zgłosili się do mnie przerażeni, nie wiedzieli, co się z ich dziećmi dzieje. Stworzyli dla nich wizję groźnego świata: świat jest okropny i najlepiej schować się przed nim w bunkrze. Niestety wielu rodziców tak straszy dzieci. Tymczasem powinniśmy mówić, że świat jest, jaki jest, że ludzie są różni, dobrzy, ale też źli i że trzeba się starać nie brać tego, co mówią do siebie. Jeżeli ktoś na ciebie krzywo patrzy, to nie dlatego, że cię nienawidzi czy chce ci zrobić krzywdę, tylko dlatego, że ma problem ze sobą.

Nie możemy trzymać dziecka w klatce, nawet gdyby miała być ze złota. Musimy mu dostarczyć różnych bodźców – po to, by jak najwięcej się o życiu dowiedziało.

A dlaczego tak ważny jest ten okres w życiu dziecka, o którym rozmawiamy?

Jest taki ważny dlatego, że w tym okresie dziecko ma szansę najwięcej z otaczającego je świata zrozumieć. W zasadzie wszystkiego uczy się do trzeciego roku życia, nabywa wszystkich umiejętności, ale między szóstym a dwunastym rokiem najwięcej rozumie, najwięcej przyswaja na poziomie emocji. Potem już tylko porządkuje – to, czego się dowiedziało, co zaobserwowało, co zrozumiało, dobrze lub źle. Ten czas jest niebywale ważny, ponieważ wtedy tak naprawdę dziecko po raz pierwszy wychodzi samo do świata i albo jest na to gotowe, umie sobie poradzić w różnych sytuacjach, albo nie. My w ciągu tych dwunastu lat wyposażaliśmy je w narzędzia. Im więcej ich damy, tym lepiej. Im więcej pokażemy, im więcej będziemy rozmawiać, tym lepiej. Na tej bazie dziecko zaczyna tworzyć własne koncepcje, zaczyna być samodzielne, zaczyna myśleć. Jeżeli je dobrze wyposażymy, te koncepcje będą ciekawe, mądre, dające pozytywne efekty, a jeśli wyposażymy źle, będzie wymyślało głupoty. Przez pierwsze dwanaście lat wkładamy do tej miski składniki. Wkładamy, ile się da: moralności, odpowiedzialności, empatii, zasad społecznych. A potem już tylko doprawiamy do smaku, czyli pomagamy wszystko poukładać. Na początku dziecko opiera się na naszej opinii, mówi: „Zdaniem moich rodziców...", ale kiedy ma trzynaście lat, zaczyna przetwarzać to, co od nas słyszało i mówi: „Według mnie... Uważam... Sądzę".

Jest jeszcze jedna ważna rzecz: im więcej czasu i pracy poświęcimy dziecku w tym okresie, tym łatwiej nam będzie przeżyć okres nastoletni. Więc dla własnej wygody warto inwestować.

W serii **Bez tabu** ukazały się:

Książki przeznaczone dla czytelników 4–7 lat

Pernilla Stalfelt
Mała książka o przemocy

Pernilla Stalfelt
Mała książka o śmierci

Pernilla Stalfelt
Mała książka o kupie

Pernilla Stalfelt
Mała książka o miłości

Pernilla Stalfelt
Mała książka o strachach

Pernilla Stalfelt
Mała książka o włosach

Książki przeznaczone dla czytelników 9–15 lat

Marie Oskarsson
Mała książka o miesiączce

Dan Höjer
Gunilla Kvarnström
Wielka księga siusiaków

Dan Höjer
Gunilla Kvarnström
Wielka księga cipek

Sassa Buregren
Mała książka o demokracji

Sassa Buregren
Mała książka o feminizmie